나의 도전挑戰

나의 도전挑戰

초 판 인 쇄	2016년 7월 20일	
초 판 발 행	2016년 7월 25일	
저　　자	안택수	
펴　낸　이	박현숙	
펴　낸　곳	도서출판 깊은샘	
등　　록	1980년 2월 6일 제2-69	
주　　소	서울특별시 용산구 원효로80길 5-15 2층	
전　　화	02-764-3018~9	
팩　　스	02-764-3011	
이 메 일	kpsm80@hanmail.net	
인　　쇄	임창P&D	
I S B N	978-89-7416-244-3 03300	

이 도서의 국립중앙도서관 출판예정도서목록(CIP)은 서지정보유통지원시스템 홈페이지(http://seoji.nl.go.kr)와 국가자료공동목록시스템(http://www.nl.go.kr/kolisnet)에서 이용하실 수 있습니다.(CIP제어번호: CIP2016016671)

안 택 수
회 고 록

나의 도전
挑戰

—시련과 역경을 딛고

3선 국회의원,
안택수의
증언

깊은샘

나의
도전
| 차 례 |

제4장
신문기자가 되다

제10장
대한민국을 위한 나의 제언

나는 원래 못나고 부족한 점이 많은 사람이다. 심성은 비교적 착한 편이나 자존심이 너무 강해 오해를 받기도 했다. 그런 점에서 애당초 대성하기는 틀린 사람인지도 모른다.

직업은 한 우물을 파지 못하고 다섯 번이나 바꾸었다. 역마살이 끼어 팔자가 센 사람인 모양이다. 한국일보 기자, 보건사회부 대변인, 국민연금공단 재정이사, 국회의원, 신용보증기금 이사장 등을 거치면서 많은 것을 배웠고 경험도 했다. 평생을 주로 공익을 위해 일해온 것에 대해서는 남다른 자부심을 가지고 있다.

만 70세까지 일하고서도 인생이 무엇인지 아직 잘 모르고 있다. 그러면서 회고록을 출간하기로 했으니 한참 모자라는 사람이다. 글을 쓰면서도 나 자신이 워낙 부끄럽고 흠이 많은 사람인지라 몇 번을 절필하고 싶은 충동에 빠지기도 했다.

그런 고비를 여러 번 넘기고 책을 내기로 결심하게 된 데에는 나름대로 까닭이 있다. 국회의원이 되겠다는 나의 꿈을 이루기까지의 처절한 도전정신과 국회의원으로서 좌파 세력과 싸운 활동상 등을 세상에 기록으로 남기고 싶었기 때문이다. 아울러 사람이 정의롭고 떳떳하게 사는 것이 불의와 타협하는 것보다 얼마나 고달프고 힘겨운 것인가도 알리고 싶었다.

아무것도 제대로 갖추지 못한 사람이 치열한 경쟁을 뚫고 국회에 진출할 수 있었던 것은 나의 절실한 소망을 하느님께서 들어주신 것으로밖에 달리 설명할 수가 없다. 사람이 하는 일에서 진심으로 간절히 바라고 지성으로 노력한다면 기적을 낳을 수도 있다는 것을 체험했다.

영국의 철학자 프라케트는 "한 가지 뜻을 세우고 그 길을 걸어가라. 잘못도 있으리라. 실패도 있으리라. 그러나 다시 일어서서 앞으로 가라"는 명언을 남겼다. 나는 이 말을 학창 시절부터 좌우명으로 삼고 나의 꿈을 이루기 위해 포기하지 않고 줄기차게 노력해왔다. 아마도 이 좌우명이 오늘날 나의 인생을 이 정도라도 만들어주지 않았나 하고 감사하게 생각하고 있다.

인생은 자기 의사와는 달리 오묘한 자연의 섭리에 의해 결정되는 것 같은 느낌을 가질 때가 있다. 나는 내가 종사했던 각 분야에서 크게 성공하지는 못했다. 그렇지만 나 자신은 우리 사회에서 내 능력보다 과분한 대접을 받았다고 생각한다. 오로지 겸허하게 국가와 국민 그리고 지도편달·성원해주신 모든 분들에게 고개 숙여 감사를 드린다.

때로는 나의 인생이 시련과 역경을 딛고 일어서는 한 편의 '인간승리' 드라마와도 같다고 생각했다. 하늘은 스스로 돕는 자를 돕는다고 했다. 나는 나 자신이 스스로 노력한 만큼 세상은 보답해준다고 믿고 실패가 있어도 흔들리지 않고 앞만 보고 달려왔다.

중국 사람이 좋아하는 철어(哲語) 중에 '소즉시다(少卽是多)'라는 말이 있다. '적은 것이 곧 많다'는 말이다. 정확한 해석인지는 몰라도 정의롭게 최선을 다해 얻은 것이 비록 적을지라도 스스로 만족한다면 이는 곧 많은 것이라는 뜻이 아닌가 하고 생각한다. 『아함경』에 나오는 지족(知足)이라는 말과 뜻이 비슷하기도 한데 무척 오묘하고 흥미롭다. 나도 내 인생에서 이룬 것들이 보잘것없는 것이지만 올바르게 최선을 다해 얻은 것이기 때문에 이에 만족할 따름이다.

요즘 세상을 보면 나라 걱정이 자주 생겨난다. 자유민주주의 체제로 '선진 통일 복지국가' 건설이 우리의 소원인데 이것을 달성하기가 여간 어렵지가 않다. 종북·좌파 세력 척결을 비롯하여 국가이익 최우선 정치와 지속적인 신성장동력(첨단고부가가치기술 신산업) 개발 및 사회를 올바르게 만드는 길만이 우리의 꿈을 이룩하게 하는 열쇠라는 점을 강조해두고 싶다.

젊은 시절 신문기자를 했다는 자신감을 가지고 회고록을 직접 써보았다. 그러나 그동안 글 솜씨가 무뎌져 독자들이 읽을 때 부담스러울까봐 송구스럽다. 너그러이 혜량해주셨으면 한다.

끝으로 부끄럽기 짝이 없는 회고록을 쓰는 데 큰 도움이 된 것은 신문 스크랩이었다. 이것을 젊은 시절부터 40여 년 동안 꾸준히 도와준 집사람(具昭苑 여사)에게도 깊은 감사를 드린다.

2016년 6월. 용인 구성에서

제1장

평범했던 유소년기

나의 유년기 / 대구초등학교 입학 _6·25 전쟁

나의 유년기

나는 1943년 경북 예천군 예천읍 백전동에서 태어났다. 읍내 노하동에서 대창학교로 올라가다가 산 중턱의 골목길 오른쪽에 있는 양철지붕을 한 작은 집에서였다.

11월 13일 아침. 상주농잠학교를 졸업하고 예천군청 농업기수로 일하시던 아버님(故 安永鎬·순흥 안씨27세손)과 어머님(故 金英子·의성 김씨 남악공파)의 8남매 중 2남으로 출생했다. 어머님은 나를 낳기 전에 큰 잉어를 타고 하늘로 오르는 꿈을 꾸셨다고 한다. 또 태어나서는 나의 왼쪽 가슴에 점 일곱 개가 북두칠성 모양을 하고 있어 장차 큰 인물이 될 것이라고 좋아하셨다고 한다.

그 당시는 일제 말기인지라 생활이 넉넉지 못했고 모두들 어렵게 살았다고 한다. 골목 입구 노하동 쪽에는 한의사인 외할아버지의 한의원이 있었다.

세 살 되던 해 해방이 됐지만 다섯 살 때까지는 이렇다 할 기억이 별로 없다. 기억이 정확치는 않지만 여섯 살이 되기 이전에 우리 집은 읍내에 있는 잠사공장 관사로 이사를 간 것 같다. 여섯 살 되던 해 여름, 남동생 명수(明秀)가 태어나던 일은 생생하게 기억난다. 또 공장 건조장에서 동네 꼬마들과 어울려 달리기를 하다가 기둥에 부딪쳐 이마를 크게 다쳐서 어머님에게 야단을 맞았던 일도 생각난다.

일곱 살 때 어머님은 나를 예천유치원에 입학시켰다. 노하동에 있는 예천교회에서 처음으로 유치원을 개원했을 때였다. 예천극장에서 가진 졸업 기념 학예발표회 때 토끼 모습을 하고 춤을 췄던 기억이 떠오른다.

여덟 살이 되는 해 봄, 예천유치원을 1회로 졸업하자마자 아버님은 경북도청으로 전근 발령이 나서 온 가족이 대구로 이사를 가게 됐다. 예천유치원은 나에게 교육적으로 큰 의미를 가진다. 그 뒤 학교를 다니면서 공부를 잘할 수 있는 토대를 그때 쌓았다는 점에서 여간 다행스러운 일이 아니었다. 유치원 교육을 받기 어려웠던 그 시절에 조기교육을 시켜주신 부모님께 깊은 감사의 말씀을 드리지 않을 수 없다.

대구초등학교 입학 _6·25 전쟁

1950년 3월 초, 대구로 이사한 우리 집은 남구 남산동에 자리를 잡았다. 남문시장에서 가까운 650번지, 골목길의 막다른 오른쪽 기와집이었다. 방 두 칸에 마루가 있는 작은 집이었다. 그곳에서 대가족이 살아야 했다.

박봉에 시달리는 공무원인 아버님의 심경은 어땠을까. 앞마당도 좁았고 화장실은 마당 왼쪽으로 돌아서 따로 떨어져 있었다. 그 시절에는 화장실이 요즘과 달리 모두 따로 분리돼 있었다. 한 방에 다섯 명의 남매가 살아야 했으니 불편함이 오죽했겠는가. 그러나 그 시절에는 부잣집 빼고는 다 그렇게 살았다.

그해 4월 초 대구초등학교에 입학하는 날, 나는 어머님의 손을 잡고 학교에 갔다. 학교는 건물 중앙에 큰 혹불(돔)을 이고 있는 것이 특이했다. 일제시대에 지은 것으로 꽤 크게 보였고 교사는 앞뒤로 두 동이 있었다.

예천 출신의 촌 어린애가 입학한 지 3개월도 안 돼 6·25 전쟁이 발발했다. 탱크를 앞세우고 남쪽으로 밀고 내려오는 북한 인민군은 파죽지세였다. 한글과 산수 배우기에 재미를 붙이고 재롱떨던 나는 그만 학교에 갈 수 없게 됐다. 7월 초 무렵인가 학교가 휴업을 하고 말았다.

인민군의 남하가 대전을 지나자 부모님은 중대 결심을 했다. 대구까지 인민군이 쳐들어오면 온 가족이 피난을 갈 수밖에 없는 상황이었다. 공무원인 아버님은 도청 명령에 따라 근무해야 하는 까닭에 어머님이 8남매를 데리고 남쪽으로 피난을 가야 하므로 참으로 막막했을 것이다. 그래서 부모님은 누님 두 분과 형님 그리고 나까지 이렇게 위로부터 4남매를 먼저 고향인 예천군 풍양면 흔효리로 피난을 보내기로 결심했던 것이다.

7월 중순, 나는 영문도 잘 모른 채 북구 원대동에 있는 버스터미널에서 삼한여객 버스를 타고 고향으로 피난을 갔다. 부모님은 우리가 고향엘 가면 밥은 굶지 않을 것으로 생각하셨던 것 같다. 큰아버님과 작은아버님이 면사무소에서 일도 보고 농사도 짓고 계셨기 때문에 설마 조카들을 굶기기야 하겠는가 하고.

대구에서 북동쪽으로 약 100킬로미터 떨어져 있는 고향에 도착해 보니 친척들은 피난 갈 준비를 하고 있었다. 며칠 후 우리를 포함한 친척 대부대는 큰아버님의 지휘 아래 남쪽으로 피난길에 올랐다. 그러나 10킬로미터쯤 걸어가서 하룻밤을 노숙으로 보낸 뒤 큰아버님은 다시 고향으로 되돌아가기로 결심하셨다. 고생할 것 없이 죽어도 내 집에서 죽겠다는 심정이 더 강해지신 것 같았다. 우리 남매들은 큰아버님을 따라 다시 고향으로 돌아왔다. 그러나 삼촌 가족은 계속 남쪽으로 피난을 떠났다. 노숙할 때 멀리 떨어진 낙동강 부근에서 아군 비행기가 야간에 불똥을 쏟으면서 폭격하던 장면이 지금도 눈에 선하다.

고향에 돌아와서는 비어 있는 삼촌 집에 묵었다. 얼마 뒤 고향 마을로 진주해온 인민군 정훈부대 치하에서 1개월 가까이 살았다. 그러다 국군이 반격해 올라오던 9월 초순이 되자 인민군은 온데간데없이 새벽에 줄행랑을 쳤다.

인민군이 퇴각하기 하루 전날, 남로당원들이 구구식 장총을 들고 우리 집으로 찾아왔다. 큰누님의 가슴에 총을 겨누면서 삼촌 행방을 대라고 협박하던 그 장면이 아직도 뇌리에 선명하게 떠오른다. 인근 마을에서는 쫓겨 가는 인민군이 여러 명의 민간인을 살해했다는 소문이 돌았다. 그러나 우리 마을에서는 단 한 명도 다치지 않았다.

9월 중순이 되자 아버님이 우리를 데리러 고향으로 오셨다. 차편이 없어서 아버님은 대구에서 그 먼 거리를 자전거를 타고 오신 것이었다. 자식에 대한 놀라운 큰 사랑이셨다. 우리 가족은 아버님의 자전거를 타거나 걸어서 상주로 갔다. 그리고 그곳에서 트럭을 타고 대구로 갈 수 있었다.

낙동강을 지나자 신작로 양옆으로 누워 있는 인민군과 국군의 시신들이 끊임없이 이어졌다. 동족상잔의 처참한 현장은 어린 나이의 나에겐 큰 충격이었으며 반공의식과 반전의식을 심어주는 계기가 되었다.

학교에 복학해보니 보름 정도 수업을 빼먹은 셈이 됐다. 늦었지만 박용해 담임선생님의 친절하신 배려로 잘 적응해서 1학년을 상위 성적으로 마쳤다. 초등학교 5학년 때에는 운 좋게도 교습능력이 탁월하신 이계조 선생님이 담임이셨다. 2학기 때에는 아버님이 경북 청송군수로 발령이 나서 나는 첫째삼촌 집에서 기숙을 하게 되었다. 삼촌댁이 남구 봉덕동에 있어서 버스를 타고 중구 봉산동에 있는 학교를 다녀야만 했다.

갑작스럽게 부모님과 떨어지게 되자 학업에 지장이 좀 생겼다. 그렇지만 담임선생님의 철저한 가르침으로 최상위 수준을 유지할 수 있었다. 6학년 때도 담임선생님은 바뀌지 않았다. 나에게는 큰 행운이었다. 그분의 교습방법은 똑같은 시험문제를 세 벌씩 등사해놓고 번갈아가며 시험을 치르는 반복식의 교육이었다. 처음에 한두 번 틀린 문제라도 세 번씩 되풀이해 시험을 보는 동안 학생들은 문제를 거의 다 완벽하게 익히게 되는 특별한 지도방식이었다.

　나의 초등학교 6학년 생활은 가히 전투적이었다. 쉴 틈을 주지 않고 반복을 거듭하는 선생님 덕분에 명문학교인 경북중학교 입시에 거뜬히 합격할 수 있었다. 그 뒤 내가 대학까지 명문으로만 갈 수 있었던 것도 모두 그 당시 담임선생님의 덕분이 아닐 수 없다. 지금은 어디에 계시는지조차 잘 모르는 선생님께 경의와 깊은 감사의 말씀을 드린다.

　6학년 때 반장은 못했으나 학생자치위원회 대의원으로 활동하여 좋은 경험을 간직하게 됐다. 초등학교 때 키는 크지 않아 중간 정도였다. 꿈은 의사가 되는 것이었다. 아픈 사람을 고쳐주는 것이 매우 보람 있게 생각되었기 때문이다.

제2장

순탄치 않았던 중·고교 시절

경북중학교 시절 / 경북고 1학년 _2·28 데모 /
고교 2학년 / 고3 _한때 방황

경북중학교 시절

내가 입학한 경북중학교는 새로운 세상이었다. 담임은 계셨지만 시간마다 선생님이 바뀌어가면서 수업을 하는 등 초등학교 때와는 많이 달랐다.

1학년 6반에 배정됐는데 김헌출 군(전 삼성생명 사장)과 한 반이었다. 입학시험을 보고 나서 학교 앞 중국음식점에서 어머님과 함께 점심을 먹었는데, 그때 옆자리에서 김군도 부친과 함께 점심을 먹고 있었다. 첫인상이 좋았다. 그 뒤 같은 반 급우가 되자 그를 금방 알아볼 수 있었다. 김군과는 나중에 고교와 대학까지 동기동창이 되고 평생을 교류하는 죽마고우가 되었다.

명문 중학교에 진학했다는 자부심에 들떠서 입학 초에는 학업을 게을리 했다. 흰색 삼선이 달린 교모와 양 소매에 삼선을 두른 교복을 입고 하늘 높은 줄 모르고 기쁨을 만끽했다. 부모님과 떨어져 살고 있으니 간섭이나 충고하는 사람도 없었다. 기숙도 삼촌댁에서 나와 학교에서 가까운 봉산동에 있는 칠촌 아저씨 집으로 옮겨서 하게 됐다. 아저씨는 집에서 소규모 양초공장을 하고 계셔서 공부하는 환경은 좋지 않았다.

자연적으로 책과 멀어지고 놀기만 좋아했다. 그 바람에 영어 공부가

1958년 여름. 중3 때 부산항 부두로
수학여행 가서.

신통치 않게 되어 두고두고 후회했다. 중1·중2·중3을 통틀어서 상위
권에는 들었다. 그러나 시험 볼 때만 벼락치기 공부로 일관해 알찬 실
력은 쌓지 못했다. 그렇다고 나쁜 친구들을 사귀지도 않았고 사춘기
고비도 잘 넘어갔다.

　"참되이 살고 부지런히 일하여 자주독립하는 사람이 되자"는 교훈
은 참으로 훌륭했다. 그러나 부지런히 공부를 하지 않았으니 지금도
부끄럽기만 하다.

　어느덧 중3이 되었다. 고교 입시 준비를 해야 했다. 공부는 제대로
안 하면서 걱정만 늘어갔다. 아버님은 중1 겨울방학 때 봉화군수로 전
근을 가셨다. 방학 때마다 나는 봉화에 가서 그곳 친구들을 사귀게 되

었다. 아버님이 봉화에 4년 동안이나 계셨기 때문에 지금까지도 가까운 친구가 많아 여간 흐뭇하지 않을 수 없다. 강동호(새누리당 서울중랑을구 당협위원장), 김철수(부원전기 회장), 강수창(전 파라다이스그룹 사장), 박준구(우신켐텍 회장), 권순환(소이산업 회장, 한국외국어대학 총동창회장) 등이 대표적 인물들이다.

1959년 3월 초 대명동에 있는 경북고등학교에 입시를 보러 갔다. 어머님도 응원을 하러 오셨다. 그날따라 춘설이 난분분하던 광경은 걱정이 많은 내 심경을 잘 대변하는 것 같았다. 다행히 수학 과목을 그런대로 잘 봐서 무난히 합격할 수 있었다. 꽉 막혔던 체증이 내려가는 기분이었다. 나의 중학 시절은 평범한 모범 학생으로 잘 보낸 것 같다.

경북고 1학년 _2 · 28 데모

　내가 입학했던 당시 경북고등학교는 대구시 남구 대명동에 있었다. 1959년 4월 초에 열린 입학식에서 나는 그만 실신해 쓰러지고 말았다. 일사병이라고 했다. 햇살이 따가운 운동장에서 교장선생님의 말씀을 듣던 도중 정신이 몽롱해졌다. 그 뒤는 기억이 잘 안 나는데 앞에서 있는 친구의 등 뒤로 내가 넘어졌다는 것이다. 입학식장이 어수선해졌다. 급우들이 업어줘서 양호실에 가서 얼마쯤 쉬었더니 회복이 되었다.

　우리 반 학생들은 내가 입시 공부를 너무 많이 해 몸이 쇠약해져서 졸도했다고 수군댔다. 그러나 사실은 입시가 끝나고 봉화에 있는 친구들과 너무 열심히 놀아서 과로로 일사병에 걸린 것에 불과했다. 선생님들과 급우들에게 송구스럽고 미안했다. 그러면서 한 가지 다짐을 했다. 공부를 열심히 해서 이 망신스런 일을 명예 회복 하겠노라고.

　고교 생활 한 달도 안 돼 큰 일이 생겼다. 현대식 멋진 교사를 갓 생긴 대구고에 양보하고 학교 전체가 대봉동에 있는 경북중학교로 이사를 가는 것이었다. 학생들은 자기가 쓰던 책상과 걸상을 들고 2킬로미터가 넘는 길을 걸어 가야만 했다. 교육청 예산이 빈약했던 시절인지라 선생님의 지시에 따라 군말 없이 도보로 이사를 했다.

나는 1학년 8반에 배정됐는데 담임은 지리를 가르치는 이득수 선생님이셨다. 우리 교실은 6·25 전쟁 이후에 지은 가건물이었다. 또 교실 바로 앞에 구내식당이 있었다. 점심시간이 다가오면 음식을 조리하는 냄새로 수업에 지장이 많았다. 식당이 가까워서 빵 사먹는 재미로 용돈이 늘 부족할 정도였다.

1학년 학기 말이 다가온 1960년 2월 28일 일요일, 이날 경북고 학생들은 민주 역사에 길이 남을 학생 시위를 일으켰다. 대통령 선거(3월 15일)가 임박한 이날 야당인 민주당은 대구 수성천변에서 대규모 유세를 예정하고 있었다. 그런데 대구교육청은 고교생들을 유세장에 가지 못하도록 시내 모든 고교에 휴일에 등교하도록 지시했다.

일요일에 학교에 불려나온 경북고생(주로 1·2학년생)들은 한동안 웅성대다가 오전 11시께 스크럼을 짜고 일요일 등교에 반대한다는 구호를 외치면서 가두시위를 벌이게 됐다. 나는 영문도 잘 모르면서 시위대에 합류하여 반월당을 거쳐 경북도청까지 뛰어갔다.

이 시위는 그 뒤 3·15 부정선거 마산항쟁으로 번져갔으며 마침내 4·19 혁명으로 이어지는 위대한 민주혁명의 효시가 되었다. 자유당 독재에 항거하는 첫 횃불을 들어올린 '2·28 경북고 시위'는 하루 전날 2학년 이대우 선배가 대구시내 몇몇 고교 대표들과 만나서 합동으로 시위를 갖기로 모의한 데서 시작됐다.

나도 참가한 이 시위는 이 나라의 민주 역사 발전에 큰 계기가 되기도 했으나 반면에 우리 가정에는 큰 시련이 다가오는 단초가 될 줄은 꿈에도 몰랐다. 또한 이 시위에 가담한 경험은 나에게 대학에 가서도 학생운동에 적극적으로 참여하게 되는 전기가 되기도 했다.

1학년 내내 공부는 그렇게 열심히 하지 않았다. 시험 볼 때가 되면 '제날치기' 공부를 하느라고 경황이 없었다. 운이 좋았던 것일까. 어찌

하다보니 1학년 학년 말 성적이 우리 반에서 1등이었다. 도저히 믿어지지가 않는 일이었다. 고교 1학년 생활은 그저 우수한 학생으로 별 탈 없이 보냈다.

고교 2학년

1960년 4월이 되자 나는 고교 2학년이 되었다. 2·28 데모로 시작된 자유당 정권 규탄 시위는 3·15 부정선거에 항거하는 마산사태로 확산되었다. 곧이어 4·19 혁명으로 승화되어 이승만 대통령이 하야하면서 마침내 자유당 정권은 무너지고 말았다.

야당인 민주당은 기세가 등등하여 이성을 제대로 가누지도 못 할 정도였다. 이 무렵 아버님은 봉화군수에서 영천군수로 전근이 되셨다. 봉화에서만 만 4년을 근무하셨다. 당시 자유당 전원위원장인 정문흠 의원이 아버님을 붙잡고 있어서 다른 근무지로 전근을 갈 수 없었다고 한다. 그 바람에 나는 많은 친구를 사귀었고 봉화는 나의 제2의 고향이 되었다.

곧이어 참의원과 민의원을 뽑는 7·29 총선이 실시됐다. 민주당은 압도적인 지지를 받아 집권에 성공했다. 정치·사회적으로 큰 변화가 하루가 멀다 하고 일어났다. 장면 정권은 9월 초 일대 개혁 작업에 착수하여 가장 먼저 전국의 시장·군수·경찰서장을 한꺼번에 교체해버렸다. 여기에 아버님도 예외 없이 해당되어 강제 면직을 당하시고 말았다. 그 당시 47세의 젊은 나이에 8남매를 키워야 하는 아버님의 심경은 어땠을까. 기가 꽉 막히는 청천벽력, 바로 그것이었을 것이다.

아버님은 6년 만에 군수 생활을 마치고 대구로 이사를 오셨다. 그러나 준비된 집 한 칸이 없었다. 명색이 군수를 오랫동안 하셨는데도 청렴하신 성격 탓으로 재력은 약했다. 아버님은 빚을 내고 하시더니만 경북고에서 가까운 대봉동에 있는 허름한 기와집을 사셨다. 집의 반 정도는 세를 내줬다. 요즘처럼 공무원 연금제도도 없었고 퇴직금도 자신이 납부한 기여금 정도를 받는 것이기 때문에 아버님은 생계 대책을 마련하시느라고 고민이 많으셨다.

그래도 나는 부모님과 함께 생활하게 되어 처음에는 기분이 좋았다. 그러나 쪼들리는 가정 형편을 직접 눈으로 보게 되니 슬슬 마음이 뒤틀리기 시작했다. 곧고 원리원칙주의자이며 청렴한 모범 공무원이신 아버님이 이 같은 대접밖에 못 받다니, 참으로 서운했고 분통이 터졌다. 정권이 바뀌었다고 옥석을 가리지 않고 모조리 목을 자른다면 누가 공무원으로 열심히 일하겠는가. 은근히 민주당 정권에 대해 원망과 분노가 치밀기 시작했다.

이런 생각에 사로잡히게 되니 공부가 제대로 될 턱이 없고 책은 멀어져만 갔다. 학업에 충실하기보다는 사회 현실에 대한 근본적인 불만이 머릿속에 가득 차다 보니 학교 성적은 중위 그룹으로 처지고 말았다. 결국 학기 말에는 22등을 하고 말았다.

나도 이 성적을 보고 깜짝 놀라지 않을 수 없었다. 충격적이었다. 이렇게까지 내려가다니 하고 반성을 하면서도 책은 손에 잡히지 않았다. 성적표를 받아보신 부모님께 호된 꾸중을 들었지만 한동안은 딴생각만 하고 지냈다.

이때부터 나는 교과서보다는 『사상계』 같은 잡지를 읽는 것을 더 좋아했다. 또 신문에 실린 정치·사회문제에 관한 사설이나 평론 및 대담 등을 주로 읽었다. 한편 이 무렵 사회주의 군부 쿠데타에 성공한 이집

트의 나세르 대통령 전기를 탐독하는 등 관심은 세상 밖으로 줄곧 치
닫기 시작했다.

고3 _한때 방황

나의 고3은 참으로 분주하고 위험한 시기였다. 그리고 대학 입학을 위해 난생 처음 열정적으로 공부한 시간이기도 했다.

1961년 4월, 3학년이 됐음에도 나는 여전히 방황 상태에서 벗어나지 못하고 있었다. 학업보다는 세상일에 더 관심이 많아지다 보니 그달 초에 실시된 학생회장 선거에도 도전하게 되었다. 그러나 여러 가지 면에서 부족했던지 떨어지고 말았다.

이 무렵 서울대학교에서는 민족통일운동이 일어나기 시작했다. '민족통일연맹(민통연)'이 조직되고 학생대표들이 판문점으로 달려가서 북측 학생대표와 통일회담을 갖겠다고 주장하는 등 대학 사회는 어수선해지기 시작했다. 또한 서울대 민통연은 조직 강화의 일환으로 고교생 규합에 나서기도 했다. 고교 선배이자 서울대 정치학과 3학년인 박한수 형은 이 무렵 경북고에 민통연 지부를 결성하려고 대구에 내려왔다.

나도 관심이 있어 그 모임에 나가 봤는데 10여 명의 동기생들이 참석했다. 무엇인가 잘 모르기도 하고 또 고3인지라 입시 준비에도 쫓겨 얼마 안 가 다른 친구들은 떨어져 나가고 백승홍 군(제15·16대 국회의원)과 나만 열심히 뛰어다녔다. 다른 고등학교 학생들과도 회합을 가지는 등 조직 활동을 한 달 동안 벌였다.

그러면서도 나는 한편으로 입시 준비가 은근히 걱정되어 적극성이 차츰 줄어들어 나보다 훨씬 열성적이고 적극적인 백군이 대표성을 가지게 됐다. 백군은 나와 같은 예천 출신으로 동향인이지만 통일·사회운동이 적성에 맞는지 적극적으로 활동하는 데 있어서는 내가 감히 따라갈 수가 없었다.

그렇게 지내던 중 5·16 군사혁명이 일어났다. "반공을 국시의 제1의로 삼고…" 혁명을 주도한 박정희 육군소장의 카랑카랑한 육성과 함께 세상은 하루아침에 달라지기 시작했다. 나도 충격을 받아 놀라지 않을 수 없었다. 황망 속에 당황 바로 그것이었다.

며칠 뒤 백군이 계엄군에 검거됐고 나도 잡히게 될까봐 근심이 가득했다. 그러나 별일 없이 며칠이 지나가자 안심을 하게 됐다. 민통연 활동에 적극적으로 나섰던 백군에게 또 다른 일이 있었는지는 모르겠지만 그는 혁명재판에 회부되어 몇 개월간 옥고를 치렀다.

이 모든 일이 지나가고 7월에 들어서자 나도 충격에서 어느 정도 벗어나 제정신이 들기 시작했다. 이제는 입시 준비에 매진하는 길 하나밖에 없었다. 반성의 회초리를 나 자신에게 내려치면서 차근차근 공부를 해나갔다.

어느 대학 무슨 학과에 지망할 것인가가 문제였다. 나는 곰곰이 생각해보았다. 초등학교 때의 꿈은 사람의 병을 고쳐주는 의사가 되는 것이었다. 그러다가 고2부터는 철학과 역사학에 관심이 많았으나 그 분야의 교수가 되려면 학비가 많이 드는 것이 문제였다. 우리 집 형편상 언감생심이었다.

그래서 무슨 일이 있어도 대학은 서울대학교이고 학과는 정치학과에 가기로 결심을 했다. 사람의 병을 고칠 일이 아니라 잘못되고 병든

1962년 2월. 경북고 졸업식을 마치고 어머니와 함께.

이 국가와 사회를 내 손으로 한번 고쳐보겠다는 원대한 포부를 그때 가지게 된 것이었다.

군사 정부는 1962학년도 입시를 국가시험으로 치른다고 발표했다. 학과목에 체능까지 포함해서 본다는 것이었다. 더구나 체능 점수가 50점이나 됐다. 영어·수학·국어 과목과 비중이 똑같았다. 공부도 잘해야 되지만 체력 단련도 게을리 할 수가 없었다. 고2부터 학업을 소홀히 한 탓으로 입시 공부는 가히 비장하고 치열함 바로 그것이었다. 하루에 잠은 5시간도 채 못 자고 책과 씨름을 해댔다.

밤에 잠을 쫓으려고 담배를 피우기도 했고 온 정성을 다 쏟았다. 그 결과 그해 연말에 실시된 국가시험에서 나는 전국 정치학과 지원자 중에서 20등 안에 간신히 들어갈 수 있었다. 당시 서울대 정치학과 정원이 20명이었기 때문에 체능 시험만 45점 정도 받으면 서울대에 합격할 수 있다는 계산이 나왔다.

그런데 대학 선택 문제로 아버님과 의견이 달라 한동안 진통을 겪어야만 했다. 아버님은 내가 서울로 가서 공부하게 되면 학비 조달에 어려움이 있다고 하시며 집에서 밥 먹고 장학생으로 경북대에 가기를 줄기차게 권하셨다.

그러나 나는 완강하게 버텼다. 나는 대안으로 입학 등록금과 한 달치 하숙비만 주시면 그 뒤는 가정교사를 하면서 학업을 마치겠다고 큰소리를 쳤다. 나는 이미 고1 때 담임이셨던 이득수 선생님께 도움을 청해 입학만 하면 가정교사를 할 수 있도록 약속을 받아놓고 있었다.

서울대에 합격하고도 남을 아들을 지방 대학에 가라고 설득하는 아버님의 심경은 얼마나 괴로웠을까. 어쨌든 나는 이 진통 과정에서 아버님을 설득하여 서울대 정치학과에 입학원서를 내게 됐다. 1962년 1월 추운 날씨에도 나는 서울대에서 실시된 체능 시험에서 48점을 받았다. 그리하여 꿈에서도 그리고 그리던 서울대 정치학과에 무난히 합격할 수 있었다.

고3 때 나는 1반이었다. 수학의 대가인 이원복 선생님이 담임이셨다. 공부 잘하는 학생들이 참으로 많았다. 중1 때 같은 반이었던 김헌출을 비롯하여 김경한(법무부장관), 박삼옥(창원경륜사업공단 이사장), 박영조(대구대 교수) 등과 가까이 지냈다. 우리 반에서 서울대에 합격한 학생 수가 무려 17명이나 되어 전교에서 가장 많았다. 박삼옥 군과 박영조 군은 모두 서울대 정치학과에서 동문수학하게 됐다. 김헌출 군은 서울대 사회학과에, 김경한 군은 서울대 법대에 각각 합격했다.

제3장

시위로 지샌 대학 시절

서울대 입학 _가정교사 / 대학 2학년 _'민비연' /
대학 3학년 _6·3 학생운동 / 대학 4학년 _학생회장 대리

서울대 입학 _가정교사

입시를 보기 위해 대구에서 밤 열차인 통일호 입석을 타고 잠 한숨 못 자고 이튿날 새벽녘 서울역에 내렸다. 돈 좀 아낀다고 참아냈던 그 고생도 1962년 3월 초에 열린 서울대 문리대 입학식장에서는 아름다운 추억으로 미화될 수 있었다. 그 당시에는 모두가 어렵게 살던 때인지라 사실 그 정도는 아무것도 아니었다.

부모님께 큰소리치고 막상 상경은 했지만 정작 낯선 서울 땅에 와보니 앞으로 헤쳐 나갈 일이 막막하기만 했다. 우선 종로구 동숭동 옛 서울대 문리대 인근에 하숙집을 정했다. 그러고는 이득수 선생님이 소개해준 경동고교의 신현덕 선생님을 찾아뵈었다. 인사를 드리고 가정교사 할 자리를 간청했다.

부모님과 약속한 한 달간의 하숙 생활이 끝나갈 무렵 신 선생님의 소개로 입주 가정교사를 할 수 있게 됐다. 그 시절에는 많은 지방 출신 대학생들이 가정교사 아르바이트를 했다. 가정교사는 입주제와 시간제로 나뉘는데 형편이 더 어려운 학생들이 입주제를 선호했다. 지금도 두 분의 선생님께 깊이 감사를 드리지 않을 수 없다.

입학 초부터 기쁨과 낭만을 느껴볼 겨를도 없이 나는 생활 문제 해결이 최우선일 수밖에 없었다. 생활과 학업을 동시에 해결한다는 것이 여간 어려운 일이 아니었다. 검게 염색한 군복에다가 군화(워커)를 신고 학교를 다녔지만 서울대생이라는 자부심 하나로 패기를 살려나 갔다.

돈이 부족해 학교 앞에 있는 학림다방은 물론 제과점에 가서 빵 한 개도 여유 있게 사먹지 못했다. 쫓김과 각박함에 사로잡혀 악을 쓰고 살아갔으나 어둠의 포로는 되지 않았다. 마로니에와 라일락 몇 그루, 대학본부, 고색창연한 강의실 및 도서관으로 구성된 문리대 캠퍼스는 좀 좁은 듯했지만 나에게는 더없이 아름다운 꿈의 요람이었다.

그해 9월쯤 됐을 때 내가 가르치던 학생(중3)의 부모님 마음에 차지 않았던지 의견 차이로 그 집을 나오게 됐다. 대안도 없이 그만뒀기 때문에 하는 수 없이 정치학과 동기생인 박삼옥 군의 자취방으로 쳐들어 갔다.

박군은 성북구 정릉 입구에 있는 청암사 바로 앞에서 자취를 하고 있었다. 여러 날 신세를 지다보니 내가 가진 돈도 다 떨어졌고 박군 호주머니도 말라버렸다. 박군 부모님도 송금을 제때에 못해주시는 것 같았다. 쌀마저 깡그리 떨어졌다. 하는 수 없이 우리는 굶으면서 며칠을 견뎌보기로 했다. 젊은 대학생 두 명이 밥을 못 먹고 하루를 완전히 굶었다. 물론 학교에도 나가지 않고 말이다.

다음 날 아침까지 거르고 나니 허기가 심해 견딜 수가 없었다. 내가 제안했다. 학교로 가서 끼니를 해결해보자고 했다. 친구한테 돈을 좀 빌리든지 무슨 수를 내자고 했다.

오전 11시쯤 되어 학교에 와보니 마침 동기생들은 체육시간인지라 운동장에서 구기운동을 하고 있었다. 나와 박군은 친구들의 책가방을 뒤져 도시락을 꺼내 몇 개인지를 정신없이 먹어치웠다. 배는 가득 찼으나 뒤늦게 나타난 동기생들에게 사과하느라고 혼이 났다. 미안하기 짝이 없는 일이었지만 어쩔 수가 없었다. 친구들도 이런 사정을 이해했던지 양해를 해주었다.

당시 자취 생활을 하는 친구들이 많았다. 잘 해먹을 수가 없어서 밥해먹는 것을 '화학 실험'한다고 했다. 밥에다가 마가린이나 버터 그리고 간장을 넣고 쓱쓱 비벼서 간단히 먹어치우는 것을 말하는데 돈은 적게 들었지만 영양 상태는 엉망이었다. 가난한 지방 출신 학생들은 그렇게라도 공부할 수만 있어도 오감할 정도였다.

얼마 뒤에 다시 가정교사 자리를 얻게 돼 나는 위기를 모면해갔다. 입주제 또는 시간제 가정교사를 번갈아 하다가 또 그만두고 친구들을 괴롭히며 공부하는 나의 대학 생활은 불안정의 연속이었다. 그러나 예견된 일이었기 때문에 어쨌든 참고 견뎌내는 수밖에 없었다.

또다시 가정교사를 그만뒀을 때는 고교 동기이자 서울대 철학과에 다니던 김영배 군(전 중앙일보 편집국장대리)의 하숙집에 며칠간 얹혀 신세를 졌다. 밥 한 그릇을 반씩 나누어 먹었으니 김군이 얼마나 배가 고팠을까. 그 하숙집의 총각김치는 어찌 그리도 맛이 좋았던지 밥이 적은 것이 한이었다. 나는 지금도 총각김치만 보면 춥고 어려웠던 그 시절이 생각나서 한동안 멈칫하기도 한다.

그해 10월쯤으로 기억된다. 정치학과 선배들이 주도하는 '학원 자유수호' 궐기대회가 교정에서 열렸다. 고교 때 2·28 시위에 이은 두 번째의 학생운동 참여였지만 단순 가담에 불과했다. 나는 그 당시 가정교사 일에 바빠서 학교 행사에는 크게 관심을 둘 수 없었다. 목구멍이 포도청이라 다른 생각은 할 수 없었던 것이다. 팔자 좋은 친구들은 데이트도 하고 대학 생활을 낭만에 젖어 만끽하고 있을 때였다.

정치학과 1학년생 20명 중에는 경북고와 경기고 출신이 각각 4명이나 되어 다른 고교 출신들의 부러움을 사기도 했다. 나는 고교 동기생인 박삼옥, 박영조, 박용환(전 중앙공무원교육원장) 등과 어울리며 청운의 꿈을 키워나갔다. 또한 틈이 날 때면 선배나 동기생들과 어울려 학교 앞 쌍과부집에서 막걸리를 마셔가며 현실을 비판하는 등 학구적인 사고 훈련도 쌓아나갔다.

우리를 가르치는 교수진은 민병태, 김두희, 김성희, 김영국, 구범모 등 쟁쟁한 분들이셨다. 공부할 시간이 없어 강의시간에만 열중할 뿐 가히 엉터리 학생에 불과한 대학 1학년 생활이 쏜살같이 지나갔다.

지금도 잊을 수 없는 것은 국문학 교양과목 시간에 장덕순 교수가 내준 그 유명한 소설 『메밀꽃 필 무렵』(이효석 작품)의 속편 쓰기 숙제였다. 나는 허 생원과 동이 부자가 제천에 사는 동이 엄마와 재회하여 행복하게 잘 살았다는 내용의 해피엔딩으로 제출한 것이 지금도 기억에 생생하게 남아 있다.

대학 2학년 _ '민비연'

1963년 3월, 2학년으로 진학하자 대학 생활과 가정교사 일도 조금 익숙해져서 어느 정도 마음의 안정을 찾아갔다. 대학에서 새 친구들과 선배들도 많이 알게 됐고 연극 관람 등 학내 활동에도 관심을 가지기 시작했다. 정치학 관련 전공 분야의 강의는 다소 난해하기도 했지만 책을 읽고 또 읽어 이해하려고 노력했다.

그해 2학기가 되자 나는 서울시내 주요 대학 정외과 학생들과 학술 연구 겸 친목단체인 '정치문제연구회'(정연회)를 결성하는 데 주도적인 역할을 했다. 여기에는 고려대 양휘부(전 한국방송광고공사사장), 연세대 오정일(전 외교부 대사), 이화여대 손봉숙(전 국회의원)·차정자, 숙명여대 김선옥·조행자 등 15명 내외의 학생이 참여했다. 우리는 주요 정치 이슈가 생길 때마다 수시로 모여 토론회를 가졌다.

한편 문리대 안에서는 이종률(전 국회의원), 김중태(시민운동가), 현승일(국민대총장, 전 국회의원), 김도현(전 문화체육부차관) 등의 선배가 주축이 되어 '민족주의비교연구회'(민비연)가 조직되어 활동에 들어갔다. 황성모 교수님(문리대 사회학과)이 지도교수를 맡으셨다. 나는 민비연에 평회원으로 가입했다.

민비연 가입을 계기로 나는 민족주의에 관심을 가지기 시작했다. 이

1963년 10월. 서울대 문리대 동숭동 교정 마로니에 아래에서 선후배들이 한자리에 모였다. 앞줄 맨 오른쪽이 필자. 뒷줄 오른쪽에서 두 번째부터 김지하, 김중태 선배, 박용환, 김영배 군, 성유보 선배, 그리고 앞줄 필자 왼쪽이 박삼옥 군. 뒷줄 가운데가 송진혁 선배.

때부터 나는 국가와 민족의 이익에 관해 많은 생각을 하게 됐다. 이 단체에는 무려 40명에 가까운 회원이 참여했다. 나는 가정교사를 하기 때문에 선배·동기·후배들과 많은 교류를 갖지 못했다. 모임이 끝나고 회식을 하러 갈 때 나는 늘 빠져야만 했다. 섭섭하고 안타까웠지만 어쩔 수 없었다.

이 무렵 청계천5가 헌책방에서 많이 팔던 해방 직후의 사회주의 관련 서적들이 주로 일본어로 되어 있어서 나는 학교 주변의 일어학원에도 다녔다. 많은 일본어 책을 읽지는 못했지만 이념 서적에 관심이 많은 편이었다. 고2 때부터 시작된 이념 서적 편력을 통해 나의 세계관은 어렴풋하게나마 윤곽이 잡혀가는 것 같았다. 대충 이런 것이었다. 공산주의 이념은 지나치게 이상에 흘러 현실성이 결여돼 있는 것으로 생각됐다. 그런데 사회주의는 공산주의와는 달리 분배 개념이 구체적이어서 연구해볼 가치가 있는 것으로 느껴졌다.

그 뒤 대학 졸업 때까지 나름대로 탐구해봤지만 사회주의 유형 중에서도 유연성이 떨어지는 사회민주주의보다는 민생·진보의 성격이 좀 더 강한 민주사회주의가 우리 현실에 더 적합하지 않을까 하는 생각이 들고 있었다.

오스트리아 태생의 영국 철학자 칼 포퍼(1902~1994)가 "젊었을 때 공산주의자가 아니었던 사람은 바보이고 늙어서까지 공산주의자로 남아 있는 사람은 더 바보다"라고 설파한 것을 보면 공산주의 이념은 중독성이 매우 강한 마약과 같은 이데올로기임에 틀림없는 것 같다.

대학 3학년 _6·3 학생운동

내 인생에서 1964년 3월부터 시작되는 대학 3학년 시절은 매우 중요한 의미를 가진다. 첫 번째로 맞이하는 큰 변동의 시간이 되는 줄은 그 당시에는 잘 몰랐다.

굴욕적 한일회담 반대를 위해 쏟아 부은 나의 열정적인 투쟁 노력은 내 자신이 생각해도 놀라울 정도였다. 가정교사를 해가면서 학교에 등교만하면 학생 데모에 가담하거나 시위를 주동하느라고 여념이 없었다.

물론 선배·동기·후배들과 함께하는 시위였지만 나는 가정교사를 해야 하기 때문에 사전 모의나 기획 활동에 자주 참여하지는 못했다. '3·24' 서울 문리대 학생 데모를 시작으로 6·3 계엄령 사태까지 70일 동안 한국의 대학 사회는 격동과 혼란의 소용돌이 바로 그것이었다.

'김종필-오히라' 메모로 드러난 한일회담의 핵심 내용은 일본 측이 어느 정도로 우리에게 지원하느냐에 압축돼 있었다. 일본이 우리나라에 건네는 각종 자금은 청구권 자금 3억 달러와 경제개발 지원자금 3억 달러(정부 차관 2억 달러, 민간 상업차관 1억 달러) 등 고작 6억 달러에 불과했다.

그뿐만 아니라 어업 문제와 문화재 반환 문제 등에서 한국 측의 지나친 양보가 저자세로 보여 결국 민족감정에 불을 붙이고 말았다. 군사혁명으로 집권한 박정희 대통령은 경제 발전에 드라이브를 걸기 위해 국교 정상화를 빌미로 일본 자금의 도입이 시급한 과제였다. 그러다보니 국민정서와는 동떨어진 헐값 흥정을 했다는 비난을 면치 못하게 되었던 것이다.

이런 상황이 전개되자 3월 중순께부터 문리대 학생들은 삼삼오오 모여 시국 토론을 통해 가만히 있을 수만 없다는 결론에 다다르게 됐다. 학생 시위 거사를 3월 24일에 하기로 결정했다. 3·24 거사에는 김중태, 현승일, 김도현, 김지하, 박재일 선배 등이 앞장섰고, '민비연' 회원들도 대거 동참했다. 이에 경북고 출신이면서 민비연 회원인 김헌출, 박삼옥, 박영조 등 동기생과 나도 적극 가담했다.

우리는 파트별로 나누어져 시위 준비물을 만들기로 했다. 3월 23일 밤 나는 현 선배와 한 조가 되어 삼선동에 있는 그의 하숙집에서 JP와 오히라 일본 외상의 마네킹을 만들었다. 이튿날인 24일 아침 우리는 리어카에 마네킹을 싣고 2킬로미터 이상을 끌면서 학교로 갔다.

그날 아침 10시 문리대 학생들은 '한일굴욕외교' 규탄 선언문을 낭독하고 마네킹 화형식을 갖는 등 궐기대회를 열고 가두시위를 벌였다. 이것은 전국 대학 중 최초의 시위로, '6·3 학생운동'의 도화선이 됐다.

학생들은 "굴욕적인 한일회담을 즉시 중단하라"고 외치면서 종로5가 쪽으로 진출했다. 그러다가 긴급 출동한 경찰에 의해 시위대 전원이 검거되고 말았다. 200명에 가까운 학생들이 모두 동대문 경찰서에 잡혀 가서 조사를 받았다. 경찰은 일손이 달리자 중부서와 남대문서의 인력까지 투입하여 조사를 서둘렀다. 나는 남대문서 형사에게 조사를 받게 됐는데 가정교사 일도 걱정이 되고 해서 신분을 거짓으로 꾸며댔다. 서울대 법대생이고 이름은 김상규(金相圭)라고 둘러댔던 것이다.

1964년 3월 24일.
서울대 문리대생들이 굴욕적인 한일회담 반대 시위에 앞서 제국주의자 및
민족반역자 화형식을 하고 있다. 앞줄 중앙 흰 점퍼를 입은 학생 오른쪽이 필자.

그날 밤 11시쯤 경찰은 단순 가담자들을 분리해 귀가 조치했다. 나도 여기에 포함되어 경찰서 회의실에서 막 나오려던 참이었다. 동대문경찰서에서 문리대를 담당하던 차익수 정보과 경위가 나를 발견하고 의아한 표정을 지었다. 그러나 그는 더 이상 어떤 일도 벌이지는 않았다. 아마도 주동자도 아니고 중급 정도의 데모 가담자니까 묵인해주는 것 같기도 했다.

이튿날인 3월 25일 아침, 학교에 나오니 경찰은 동대문경찰서에 잡혀 있는 학생들에 대해 엄중 조치를 한다는 소문이 돌고 있었다. 나는 가만히 있을 수가 없었다. 위장 석방된 것도 마음 한구석에 남아 미안하기도 해서 함께 석방된 대구 출신의 심재주 군(사학과)과 의논하여 데모를 벌이기로 결심했다. 그래서 중앙도서관으로 달려가 '지금은 공부할 때가 아니라 행동할 때'라고 선동하며 학생들을 4·19 기념탑 앞으로 모이게 했다. 30분쯤이 지나자 150여 명의 학생이 모여들었다.

나는 한일회담의 굴욕적인 내용을 잠시 규탄하고 검거돼 있는 학생들을 구출해내자고 열을 올렸다. 처음으로 데모 주동자가 되어 앞장서서 동대문경찰서로 향했다. 법대 앞을 지날 때 법대생 50여 명도 호응해줘 제법 대부대가 됐다. 저지하는 경찰과 맞서서 싸우기도 힘들었지만 우리는 동대문서 앞까지 진출하는 데 가까스로 성공했다.

나는 경찰서장과 담판을 두세 차례 벌이면서 경찰서 안으로 진입하겠다고 위협을 가하자 서장은 어딘가와 무전기로 통신을 한동안 하더니만 연행됐던 학생들을 모두 석방시켜주었다. 우리는 서로 얼싸 부둥켜안고 기뻐했다. 하루 만의 반가운 재회였다. 문리대 학생들은 이를 계기로 더 한층 데모에 열을 올리기 시작했다. 거의 매일 일과처럼 전국적으로 시위가 확산됐다. 나는 가정교사 일 때문에 적극적으로 시위에 참여할 수 없었으나 그래도 가능하면 데모에 가담했다.

이 무렵 김종필 중앙정보부장은 학생들의 요구를 받아들여 학생 대표들과 토론을 하기 위해 문리대로 왔다. 김 부장은 강당에서 열린 토론회에서 한일회담을 조기에 성사시켜야 하는 정부의 입장과 당위성을 열정적으로 설파했다. 그러나 학생들을 완전하게 설득시키지는 못했다. 그렇지만 당시 38세의 청년 JP는 해박한 지식과 논리의 정연성 그리고 참신한 용기로 학생들의 인기를 끄는 데는 성공했다.

당시 JP는 '민족적 민주주의'를 주장했는데 학생들은 이에 맞서 대규모 시위를 구상하기 시작했다. 이것이 바로 '5·25 민족적 민주주의 장례식'이었다. 이 대규모 시위를 앞두고 선배들은 전국 지명수배 중인 나를 비롯한 후배들을 예비인력으로 남겨두기 위해 대구로 피신하기를 권했다.

나는 3일 정도를 대구에서 쉬고 다시 서울로 올라왔다. 이때 학교 측에서는 나에게 무기정학 조치를 내렸다. 지명수배 중인지라 조심스럽게 학교 부근에 왔다가 잠복근무 중인 경찰에 그만 붙잡히고 말았다. 나는 꼼짝없이 어려움을 겪게 됐다고 체념하고 있는데 뜻밖에 석방되는 행운을 잡게 됐다.

나중에 알고 보니 당시 석봉상 서울대본부 학생과장님이 자기가 책임지고 나를 선도할 테니 풀어달라고 경찰에 하소연했다는 것이다. 석 과장님은 과거 경북도청에 근무했었는데 그때 가친과 가까이 지내던 분이셨다. 그 뒤 문교부로 옮겨 근무하다가 서울대로 오셨다고 한다.

그러나 석 과장님의 각별한 배려에도 불구하고 나는 또 데모 대열에 합류하고 말았다. 전국적으로 학생 데모는 점차 가열되기 시작했다. 우리는 민족적 민주주의 장례식 다음의 대규모 시위를 또다시 기획했다.

드디어 6월 3일 나는 문리대와 법대생 200여 명을 이끌고 시청 앞

1964년 3월 24일. 서울문리대생들이 교문을 나와 가두시위를 벌이고 있다.
대열 맨 앞이 김중태 선배, 세 번째 대열 오른쪽 끝이 필자.

으로 진출했다. 그 당시 지금의 백남빌딩 옆에 신축 중이던 S빌딩 앞
으로 나아갔다. 그때 이 고층 빌딩은 일본계 자금으로 지어지고 있다
고 알려졌었다. 이것이 사실이라면 매판자본에 의해 지어지는 건물이
되는 셈이었다. 이것을 규탄하기 위해 우리 시위대는 이 빌딩 앞에 진
을 쳤다.

규탄대회는 나의 사회로 시작됐다. 여러 명의 발언자들은 매판자본
으로 짓는 이 빌딩을 불태워 없애야 한다고 주장했다. 이 주장이 너무
강경해 온건파는 반대하고 싶어도 목소리를 내지 못하고 있었다. 이때

조선호텔 쪽에서 40대의 한 장년이 큰 기름통을 양쪽 손에 하나씩 들고 우리 시위대 쪽으로 다가왔다. 그는 시위대 앞에 기름통을 갖다놓고는 슬그머니 사라졌다. 냄새를 맡아보니 석유 냄새가 진동했다.

나는 육감적으로 외부 세력이 개입하고 있다고 판단했다. 잘못했다간 우리 모두 방화범이 될 것이 명백했다. 나는 강경 발언을 중단시키고 이성적인 판단을 하자고 목소리를 높였다. "이 빌딩이 설사 매판자본으로 지어진다고 해서 불태워버리면 학생운동의 순수성이 무너진다. 나중에 우리가 매판자본 빚을 갚는다면 이 건물은 우리의 것이 되니 방화하지 말고 건물 간판을 떼내어 국회의사당 앞 계단에서 태워버리면 우리의 진의도 전달되고 그것이 더 좋지 않겠는가."

숨죽이고 있던 온건파 학생들이 대거 찬성하여 나는 방화범이 될 위기를 간신히 넘길 수 있었다. 이때 그 건물은 12층까지 올라갔었는데 외부에는 갈대로 만든 가림막이 쳐져 있었다. 석유를 끼얹고 불만 당기면 그 건물뿐만 아니라 다른 이웃 건물에도 불이 번질 것이 틀림없었다.

우리는 마침내 그 건물의 간판을 떼어 들고 국회의사당(태평로 소재) 앞으로 갔다. 이때 서울시내 각 대학교 학생 1만여 명이 광화문에서 시청 앞까지의 거리를 꽉 메우고 한일회담 반대 구호를 외쳐대고 있었다. 우리는 갖고 온 간판의 화형식을 하고 난 다음 이효상 국회의장(경북고 선배)과의 면담을 요구했다. 나는 국회의장을 만나 한일회담 내용에 대한 국회의 입장을 학생들에게 그대로 밝혀줄 것을 요구했다.

이 의장과 나는 국회 앞 현관으로 나와 대규모 학생 시위대 앞에 섰다. 나는 이 의장과 일문일답을 하게 된 경과를 설명하고 대학생들이 궁금해 하는 문제들을 압축해서 물었다. 그러나 이 의장의 답변이 딱 떨어지게 나오지 않자 학생들은 야유와 함성을 질러댔고 청와대로 가자고 술렁대기 시작했다. 의사당 현관에서 바라보니 청와대로 향하는 인파의 물결이 이미 움직이기 시작하고 있었다.

그때가 오후 5시쯤 됐을까. 나는 문리대 학생들을 이끌고 국회의사당에서 중앙청 쪽으로 걸어 나가기 시작했다. 시위대의 움직임은 예상보다 더디었고 중앙청에서 청와대로 꺾어지는 효자동 입구에 다다르자 경찰의 저지가 심해 일진일퇴를 거듭했다. 그러나 학생 데모대의 기세는 꺾이지 않았고 세력은 더 한층 커져만 갔다. 경찰은 최루탄에다 노란색 연기가 피어나는 구토탄까지 처음으로 사용하며 필사적으로 저지했다.

오후 6시쯤이 됐을 때였다. 정부가 비상계엄령을 선포한다는 소문이 파다하게 돌기 시작했다. 아니나 다를까, 정부는 오후 5시로 소급해서 계엄령을 발령했다. 나는 라디오 뉴스로 그 소식을 듣고 놀라 정신없이 학교로 돌아와 보니 계엄군이 이미 트럭을 타고 와서 교내 곳곳에 주둔하기 시작했다. 나는 가까운 친구 4명(서울상대 정성호 등)과 함께 학교 운동장 북쪽 철조망을 타넘고 피신하기로 했다.

위기의 순간에 닥치면 인간은 괴력을 발휘하는 걸까. 철조망은 높이 2.5미터에 꼭대기가 밖으로 꺾여 있어서 타넘기가 여간 어렵지 않은 것이었다. 우리는 가까스로 담장을 뛰어넘는 데 성공했다. 가히 기적 같은 일이었다.

나의 괴력 발휘는 그전 시위 때에도 있었다. 법대 앞을 지나 종로5가로 향하다가 이화동에서 저지 경찰에 의해 앞뒤로 포위됐을 때였다. 나는 이화동 동쪽 편에 있는 높이 2.5미터 정도의 양철 담장을 단숨에 뛰어넘었다. 그러고는 가정집 지붕을 타고 어느 집 화장실에 숨어 화를 면할 수 있었다. 여담이지만 그때 그 집으로 경찰이 뒤늦게 달려와 나를 찾았지만 집주인 아주머니는 학생이 들어온 적이 없다고 말해 검거되지 않았다. 그 당시 일반 국민도 학생 데모에 대해 긍정적인 반응을 보여주고 있었다.

학교 철조망을 뛰어넘어 탈출에 성공한 우리는 각자 따로 피신하기로 하고 헤어졌다. 나는 청량리 쪽에 있는 봉화 친구 김철수 군의 자취방으로 몸을 피했다. 정부의 계엄령 선포로 학교는 휴업에 들어갔고 나는 두 번째로 전국 지명수배를 당했다. 대학교에서도 역시 나에게 두 번째로 무기정학 조치를 취했다. 많은 선배들과 동기생들이 잇달아 검거되고 투옥되기 시작했다. 우리의 앞날이 어떻게 될지 암담했다.

나는 김군의 자취방 한 곳에 오래 머물 수가 없어서 경북 봉화군 춘양에 있는 막내삼촌댁으로 무작정 달려갔다. 당시 춘양면장으로 재직하시던 삼촌의 입장도 날이 갈수록 난감해졌다. 일주일 가까이 지났을 무렵 대구에 계시는 아버님에게 연락이 왔다. 경찰이 나를 찾아내라고 아버님을 괴롭힌다는 것이었다. 그것도 아침저녁으로 아주 심하게 못살게 군다는 것이었다. 그러면서 일단 자수하면 요로에 선처를 해보겠다고 말씀하셨다.

나는 어쩔 수 없이 대구로 가서 오후 3시께 남대구경찰서에 자수를 했다. 경찰은 나를 달성제사공장 안에 있는 대공분실(공작반)로 데려갔다. 그들은 나의 정강이를 모질게 걷어차는 등 고문을 하면서 선배들과의 조직적인 시위 음모 내용을 털어놓으라고 윽박질렀다. 나는 사실상 가정교사 일로 인해 모의 회합에 자주 참석하지 못했고 결정된 사항을 다음 날 전해 받고 함께 행동했을 뿐이라고 진술했다. 한 시간 이상 고문을 받았지만 나올 것은 사실상 거의 없었다.

아버님이 아는 분께 부탁을 하셨는지 그날 밤 11시께 나는 대공분실에서 풀려났다. 아버님께 심한 꾸중을 들었다. 데모만 하려고 대학을 다니느냐. 그러려면 당장 학교를 그만두라고 심하게 야단을 치셨다.

3학년 1학기는 강의 몇 번을 듣지 않고 끝나버렸다. 동기생 중 몇 사람은 한 달 가까이 옥고를 치르고 석방됐지만 1년 선배들 중 김중태, 현승일, 김도현, 김지하 등은 실형을 선고받고 장기 복역을 했다. 학교는 6·3 계엄령 후유증으로 쑥대밭이 되었고 그해 10월 초가 돼서도 정상화될 기미가 보이지 않았다.

나는 또다시 가정교사 자리를 잡았다. 10월 중순 이후에는 학교 강의도 제대로 받게 되는 등 학내는 차츰 안정을 찾아갔다. 이때 '민비연'은 조직을 개편했는데 내가 조직부장이 됐다.

한편 2학기 동안에 나는 대학생 학술 토론에 관심을 가져 경희대 학

서울대 정치학과 3학년 때인 1964년 가을.
문리대 씨름선수들과 함께.(뒷줄 첫 번째가 필자)

술대회와 고려대 '아남민국 모의국회'에 참석해 각각 최우수상을 수상했다. 그러나 육사 학술대회에서는 칼 만하임의 '사회적 민주화' 이론을 바탕으로 논리를 전개했으나 너무 급진적이라는 이유로 우수상을 받는 데 그쳤다. 그 당시 나 자신도 놀랐지만 나의 학술 토론 재주는 남다른 데가 있었다고 생각됐다.

대학 4학년 _학생회장 대리

1965년 3월, 만물이 생동하는 새봄이 찾아왔다. 그러나 나의 마음은 무겁기만 했다. 밤에는 가정교사, 낮에는 길거리의 데모 학생으로 살아온 지난 1년간의 대학 생활. 무엇을 얻기 위해 그토록 뜨겁게 투쟁하며 희생을 했단 말인가. 국가와 국민의 이익을 위해서였다고 말할 수 있지만 가슴속으로 밀려오는 안타까움과 공허함은 솔직히 막을 수가 없었다.

그러나 이젠 돌이킬 수 없는 과거지사가 되고 말았다. 나의 희생은 아무것도 아니었다. 징역형에 집행유예를 선고받은 선배들이나 짧았지만 옥고를 치르고 나온 많은 동기생의 아픔과 고통은 얼마나 더 큰 것이었겠는가.

대학 4학년, 이제 졸업반 학생이 됐으니 마음을 다잡고 공부도 좀 해야 되겠다고 각오를 하고 있을 때였다. 3월 말쯤일까, 문리대 학생회에 문제가 생겨 회장과 지도부가 사퇴하는 유고가 생겼다. 어떻게 수습해볼 가닥이 잡히지 않자 학교 측이 주선에 나섰다. 문리대 학생처장인 김영국 교수(정치학과)가 학생회 재건에 앞장섰다. 김 교수님은 학생들의 중의를 물어 나에게 학생회장 직무대리를 맡아달라고 권유했다.

그러나 나는 당시의 괴로운 심경과 가정교사 문제를 들어 정중하게 거절했다. 그렇지만 김 교수님은 물러서지 않고 집요하게 나를 설득했다. 존경하는 교수님의 뜻에 따라 하는 수 없이 학생회 일을 4학년 1학기 동안 맡기로 했다.

또다시 나는 책과 멀어질 수밖에 없었다. 학생회도 학생 활동과 관련한 예산도 짜서 대의원회에 넘겨 확정을 지어야 하고 대외 활동도 자질구레한 것이 많이 있었다. 나와 김 교수님은 경북 의성군에 있는 한 자매 촌락에 지원물품을 전달하기도 했다. 김 교수는 그때 대구에 있는 우리 집에서 하룻밤을 유숙하기도 하여 나와는 끈끈한 인연을 쌓아갔다.

내가 학생회 일을 맡아본 5개월 동안 학생들은 겉으로는 비교적 조용하게 지냈다. 한일회담과 관련해 소규모 시위는 간헐적으로 있었지만 큰 규모로 확대되는 일은 없었다. 왜냐하면 그해 3월 28일 한일협정은 한일외무장관회담을 통해 최종합의를 보게 됐고 4월 3일에는 가조인까지 이뤄졌기 때문이다. 그러나 수면 아래에서는 3학년 후배들이 조직적인 활동을 활발하게 벌이고 있었다.

드디어 6월 22일 한일협정 조인식이 체결되고 말았다. 나는 그날 신문을 보고 대성통곡을 하지 않을 수 없었다. 우리의 그 큰 희생에도 불구하고 굴욕적인 한일회담이 저지되지 않고 성사되다니! 그러나 한 가지 위안이 되는 것은 있었다. 바로 경제협력자금 중 민간 상업차관 액수가 2억 달러가 더 늘어난 것이다. 그래서 청구권 및 경제협력자금은 당초 6억 달러에서 총 8억 달러로 늘어났다.

그 당시 2억 달러는 엄청나게 큰돈이었다. 결국 정부는 6·3 학생운동을 빌미로 일본으로부터 2억 달러를 더 받아낸 꼴이 됐다. 이 돈은 그 뒤 우리나라의 눈부신 경제 발전을 가져오게 되는 종자돈이 됐다.

따지고 보면 '6·3 학생운동'에 참여한 그 당시 학생들은 모두 대단한 애국자가 된 셈이었다.

나는 그 당시 학생운동에 참여한 것에 대해 큰 자부심을 갖고 있으며 지금까지도 때때로 마음이 뿌듯해오는 감동을 숨길 수가 없다. 6·3 학생운동 참가자들은 자신의 엄청난 희생에 대해 지금까지 그 어떤 대가도 바라지 않고 있으니 참으로 순수하고 고귀한 애국정신의 소유자들이다. 4·19 혁명과 민주화운동에 참여한 학생들이 국가로부터 크고 작은 보상을 받았지만 우리는 단 한 푼도 받은 것이 없으니 이 얼마나 떳떳하고 자랑스러운가.

우리 희생의 대가로 대일 차관 특혜를 받아 사업을 일으켜 거부가 된 이 나라의 재벌들은 한 번쯤 6·3 학생운동의 의의를 되새겨보고 우리에게 감사하는 마음을 가져야 할 것이다. 또 재벌 2세들도 국민경제의 올바른 발전을 위해 항상 바른 마음가짐으로 애국적인 사업을 후원하는 데 인색하지 않아야 할 것이다.

그해 9월이 되자 나는 학생회 일도 끝났고 2학기를 맞아 졸업 준비를 하지 않을 수 없었다. 취업 준비도 해야겠지만 공부해놓은 것이 없으니 걱정만 태산 같았다. 한편으로는 취업보다 다가오는 병역 의무를 마치는 일이 더 시급하기도 했다. 그래서 공군 장교 시험을 보기로 하고 준비를 해나갔다.

졸업 마지막 학기는 공부를 좀 해보기로 하고 아버님께 염치없게도 간청을 드려 하숙을 하기로 했다. 고교 동기생이고 문리대 동기인 김영배 군과 이화동에서 한 방을 같이 사용했다. 1년 반 이상을 학생운동을 한답시고 헤매다가 책을 잡으니 글자가 눈에 제대로 들어오지 않았다.

12월 중순쯤인가. 대구 동촌비행장에서 공군 간부 후보생 신체검사가 본시험에 앞서 실시됐다. 나는 고교 친구 김용태 군(작고)과 자신 있게 신검에 응했으나 김군은 합격하고 나는 불합격되고 말았다. 전혀 예상치 못한 뜻밖의 일이었다. 군의관 말로는 '평발'이 주원인이고 치질 등이 있어 안 된다고 했다. 난감하고 앞날이 캄캄했다. 장교 필기시험 준비만 해오다가 신검에 떨어졌으니 할 말이 없었다.

이젠 취업의 길로 갈 수밖에 없는데 당시 정치학과 학생의 진로는 행정고시를 보거나 한국은행원 또는 신문기자가 되는 길밖에 없었다. 국영기업체와 일반 기업체는 물론 다른 은행에서는 응시할 기회를 주지 않았다. 그것도 병역필을 전제조건으로 내거는 곳이 많았다.

나는 곰곰이 생각해봤다. 사실 공무원은 하고 싶지가 않았다. 아버님의 말로가 나를 그렇게 만들었다. 또 행정법 과목이 적성에 안 맞아 행시를 보기가 싫었다. 그래서 생각 끝에 신문기자 시험에 응시하기 위해 준비를 해나가기로 했다.

이런 방향으로 마음을 먹고 있을 때 졸업이 다가왔다. 1966년 2월 26일 문리대 교정에서 열린 서울대 졸업식을 마치고 나는 패잔병처럼 세월에 떠밀려 사회로 나올 수밖에 없었다. 아무도 알아주지 않는 '6·3 애국훈장'을 가슴속에 달고 나는 미취업자 신세로 쓸쓸히 정든 교정을 떠나야만 했다. 졸업 동기생 중에는 미취업자가 훨씬 더 많았다. 그 당시에도 취업난은 심각했었다.

졸업을 하고 나니 입학 초기의 그 컸던 꿈은 잿빛 하늘 속으로 무산되고 말았다. 가정교사 생활만 3년 반. 쓰라리고 황량했으며 각박했던 나의 멍들었던 대학 생활. 그래도 학점을 다 따고 졸업을 했다니 꿈만 같기도 했다.

그러나 보험 사업을 하시면서 학비와 한시적이었지만 하숙비를 보내주시느라고 더 없이 쪼들리고 고생하신 부모님을 생각하면 눈시울

이 붉어질 수밖에 없었다. 또 집안 형편이 어려워지자 대학 진학을 포기해야만 했던 누이동생들을 생각하면 안타깝기 이루 말할 수 없었고 가난이 무엇이라는 것을 절감하지 않을 수 없었다.

　대학 생활을 통해 관심이 쏠렸고 인상에 남는 강의는 많았다. 그중에서도 민병태 교수의 정치학 특강은 압권이었다. 졸업을 앞둔 마지막 종강에서 민 교수는 "정치학의 목적은 이상과 현실의 갭(격차)을 좁혀나가는 것"이라고 설파했다. 참으로 멋진 결론이라고 생각된다. 그밖에도 김두희 교수의 산업연관분석이론과 황성모 교수의 사회변동이론, 박희범 교수의 후진국경제이론 등은 지금까지도 기억에 남아 있는 명강의였다.

신문기자가 되다

귀향과 취업 준비

대학을 졸업하고도 취직도 못하는 백수 생활이 시작됐다. 서울대학교만 나오면 괜찮은 직장 하나 꿰찰 줄 알았던 부모님의 실망하시는 모습을 보자니 참으로 면목이 없었다. 애국이고 6·3 학생운동이고 자랑은커녕 실업자라는 현실 앞에 고개를 떨굴 수밖에 없었다.

실력도 문제지만 병역 문제 또한 큰 문제였다. 공군 장교 시험 신체검사에 불합격된 나는 그 무렵 병무청에서 실시한 장병 신체검사에서도 낮은 등급인 3을종을 받았다. 논산훈련소 입영일은 1966년 12월 29일로 통보를 받았다.

3월부터 연말까지 9개월을 어떻게 활용하느냐가 문제였다. 신문기자 시험에 합격한다고 해도 입사도 하기 전에 군 입대를 해야 하니 나를 합격시켜줄 신문사도 없을 것 같았다. 그래도 한국일보는 당시에 병역미필자는 물론 고교 졸업 이상의 학력이면 합격시켜준다고 해서 실오라기 같은 희망을 걸어보기로 했다.

대구 집에서 신문사 시험 준비를 시작하기로 했다. 당시 우리 집은 생활난에 쫓겨 대봉동 집을 팔고 봉덕동에 있는 삼촌 집 아래채에서 전세를 살다가 같은 동네에 있는 방 세 칸짜리 작은 전셋집으로 이사를 가 있었다. 그곳에서 버스를 타고 경북대학교 도서관으로 가서 시

험 준비 공부를 했다

한 달쯤 지났지만 입대가 연말로 정해져 있어서 그런지 도무지 공부가 되질 않았다. 한편으로는 고생하시는 부모님 뵙기가 여간 괴롭지 않았다. 그때 서울로 가서 내 힘으로 취업 준비를 하자는 생각을 하게 됐다. 서울대 측에 부탁해서 출판부에서 교정 아르바이트를 하기로 했다. 오전 3시간만 일하고 오후에는 종로2가에 있는 시사영어학원에 나가면서 신문기자 시험 준비를 했다.

11월경으로 생각이 난다. 병역 문제에 상관없는 한국일보에 합격하기 위해 동아일보·중앙일보에 연습 삼아 시험도 봤고 이어 한국일보에 응시했다. 운 좋게도 1차 시험에는 모두 합격했으나 2차 면접 시험에서 모조리 낙방했다. 한국일보 면접에서 '연말 입대 예정자'라고 말했더니 면접관의 표정이 달라지는 것을 보고 합격은 어렵겠다는 생각이 들었다. 결국 낙방을 하고 말았다.

12월 29일 육군 논산훈련소로 가기 위해 경북 북부 지방 장정들은 성주군의 어느 초등학교 교정에 집결했다. 본적지별로 모였는데 예천군 출신 장정들도 꽤 많았다. 김천에서 기차를 타고 논산훈련소에 입대했으나 연말연초를 휴무로 그냥 보내고 이듬해인 1967년 1월 3일부터 신검에 들어갔다.

그런데 나는 신검 직전에 적성검사를 보다가 내 뒤에 앉은 동향 장정이 질문의 내용을 잘 몰라 나한테 물어와 얼떨결에 대답을 해주다가 감독하는 병장에게 찍혀버리고 말았다. 나는 얼굴을 무수히 구타당했는데 그만 왼쪽 귀의 고막이 파열되고 말았다. 그해 겨울은 유난히도 추웠다. 옥외 세면장에서 아침저녁으로 발을 씻을 때 얼마나 추웠던지 지금도 잊을 수가 없다.

1월 7일이 되자 내가 소속된 논산훈련소 5중대 5소대 대원 중 일부가 신검을 통과하여 훈련을 받으러 차출되기 시작했다. 나는 평발, 치질, 시력 등에 문제가 있었다. 여기에 뜻밖의 고막 파열로 귀에서 진물이 줄줄 흐르니 군의관도 난감한 표정이었다. 그렇다고 고막 치료를 해주는 것도 아니었다. 군의관이 내일 또 보자고 해서 하루하루씩 자꾸 지연되다 보니 나는 초조해지기 시작했다. 머리를 박박 깎을 때부터 이발병에게 특별히 부탁하기까지 하고 훈련을 잘 받기 위해 만반의 준비를 다 해왔는데 이게 무슨 일인가. 낭패가 아닐 수 없었다.

고막에서 나오는 진물은 열흘이 지나도 계속 흘러 내렸다. 드디어 1월 13일 군의관은 나에게 귀향 판정을 내렸다. 입대도 못하고 집으로 돌아가야 한다니 착잡하기만 했다. 집으로 돌아가면 병역 문제가 해결되는 것이 아니라 다시 신체검사를 받고 또다시 입대해야 한다는 것이었다. 그때부터 병역 문제는 나의 가장 큰 고민거리가 됐다. 귀향하자마자 나는 대구에서 귀를 고치려고 병원엘 다녔으나 치료가 쉽지 않으니 서울대학병원으로 가라고 권유했다. 서울로 올라가서 보름 만에 간신히 고칠 수 있었다.

앞으로 어떻게 되든지 간에 취업시험 준비에 매달리는 수밖에 다른 도리가 없었다. 그해 4월이 되자 또다시 병무청에서 신검 통지가 나와서 장정 신체검사를 받았다. 결과는 첫 번째와 마찬가지로 3을종이었다. 입대 통지가 나올 때까지 기다리는 수밖에 없었다. 3을종은 입대 대상자 중에서 신체 등급이 가장 낮은 등급이다.

대구와 서울을 오가면서 우울한 심정으로 공부를 하다 보니 어느덧 시험 볼 때가 다가왔다. 11월쯤일까, 나는 정치학도이면서도 경제학 분야에 관심이 많아 제2지망으로 한국은행에 원서를 내고 응시해보기로 했다. 제1지망인 한국일보에 합격하지 못할 경우에 대비하여 한은을 지망하기로 한 것이다. 한은도 병역미필자를 차별하지 않는다고 해서 조금이나마 기대를 걸었다. 그러나 행인지 불행인지 불합격되고 말았다. 낙심은 되었으나 곧 있을 한국일보 시험에 최선을 다하기로 하고 준비에 매진했다.

12월 초에 실시된 한국일보 1차 필기시험에 무난히 합격했다. 면접 때 나는 병역사항을 사실대로 말하고 선처를 호소했다. 신문사 측에서는 지난해에도 1차 시험에 합격했었다는 사실을 높이 평가했는지 이번에는 합격을 시켜줬다. 그것도 상위 성적으로.

얼마나 기쁘고 속이 후련한지 지난 2년 동안 마음고생이 있었는지 조차 까맣게 잊어버릴 정도였다. 70대1의 경쟁을 뚫고 그토록 하고 싶었던 신문기자가 되었으니 늦었지만 부모님과 형제자매들에게도 체면이 조금 서는 것 같았다.

한국일보 입사 _경찰기자

1968년 1월 4일 아침, 쌀쌀한 날씨였다. 한국일보 견습기자 21기로 합격한 나의 첫 출근길 발걸음은 유난히도 가벼웠다. 그토록 하고 싶었던 신문기자였기에 당연하기도 했다.

서울 종로구 중학동에 있었던 당시의 한국일보는 2층 목조건물로 작고 볼품이 없었다. 그러나 유수한 신문의 하나였기에 명성이 있는 건물이었다. 발행인 겸 사장은 세상에서 알아주던 장기영 사주였다. 근면하고 불도저 같은 적극적인 성격으로 한국은행 부행장에서 언론계로 전업하여 성공한 분으로 별명은 '왕초'였다. 유명하고 든든한 사주 밑에서 기자 생활을 시작한다는 것이 자랑스럽고 신바람이 났다.

나의 첫 발령 부서는 편집부였다. 외근 부서에서 넘어온 기사에다 제목을 달고 공장에 내려가서 판을 짜는 등 지면 디자인을 하는 내근 부서였다. 마음속으로는 젊으니까 휠휠 뛰는 사회부나 정치부에서 일을 배우고 싶었지만 수습기간 6개월 동안은 먼저 편집을 배우는 것도 좋을 것 같았다.

맡은 일은 지방판 편집이었다. 당시에는 신문 발행이 고작 8면밖에 되지 않아 지방판의 넓이는 마지막 면에 손바닥 두 개쯤 되는 크기였다. 일 잘하는 고참이면 20분만 하면 되는 일을 두 시간 가까이 끙끙

대면서 일을 배웠다. 수습기자에게 배당된 업무는 하루 두 판인데 야근 당번 날에는 경기도판까지 만들어야 했다. 선배들의 가르침은 하루 정도로 끝났고 모르면 그때그때 물어가며 일을 익혀나갔다.

첫 월급날이 왔다. 그 당시에는 월급을 보름씩 나누어서 지급했는데, 원래 신문사 봉급이 너무 적어서 가불이 많아 업무 편의상 반으로 쪼개어 준다고 했다. 한 달치는 7천 원 정도였다. 나는 첫 월급봉투를 받아들고 당황하지 않을 수 없었다. 당시 하숙비가 6천 원이었으니 걱정이 이루 말할 수 없이 커졌다. 나는 비상대책으로 밤에 시간제 가정교사를 하면서 억지로 버텨나가기로 했다.

그해 7월 1일 나는 편집부에서 견습 6개월 딱지를 떼고 사회부 경찰기자로 발령이 났다. 사건기자로도 불리지만 경찰기자는 가히 사람으로서 못할 짓도 해야 하는 험하고 고생스런 업무를 감당해내야 했다. 사생활도 제한될 정도로 엄격한 규율도 지켜야 했다.

나의 첫 담당은 마포경찰서였다. 일 잘하기로 이름난 시경 캡 안병찬 선배는 나를 취재 차량인 지프에 태우고 가다가 마포경찰서 앞에다 내려놓고 "잘해봐" 한마디 하고는 그대로 시경으로 떠났다. 황당했지만 혼자 개척해나가라는 스파르타식 훈련이었다.

경찰기자는 육하원칙에 따라 취재도 잘해야 하지만 사건의 중요도에 따라 인물 사진을 구하는 것도 필수였다. 새벽 1시 한밤중에 병원 시체안치실에 혼자 들어가 시신의 경직된 팔을 들어 올리고 안주머니에 든 주민등록증에 붙어 있는 사진을 떼어내기도 했고, 포도를 먹다 기도가 막혀 질식사한 세 살 박이 외동아들의 부모를 상대로 아들 사진을 달라고 조르다가 쫓겨나기도 했다. 이 밖에도 살인, 강도, 절도, 네다바이(지능사기) 사건 등은 경찰기자들이 좋아하는 기삿감이었다. 어느 때는 남의 불행까지도 파헤쳐서 신문기사로 만들면서 좋아했으니 참으로 고약한 직업이었다. 물론 미담도 가끔 있었지만 말이다.

경찰기자의 애환은 참으로 많았다. 사건 담당 형사들과 친하게 지내는 것도 매우 중요했다. 사건 기사를 낙종했을 경우 선배들로부터 받는 스트레스는 엄청났고 그 뒤 다른 기사로 특종을 하지 못하면 무능한 사람으로 평가받아 인사에서 뒤로 밀려나기도 한다.

당시 서대문경찰서의 최중락 형사반장은 일 잘하는 베테랑으로 기자들의 인기를 독차지했다. 최 반장이 경찰서에서 안 보이면 강력사건이 일어났다고 보면 될 정도로 그의 일거수일투족은 기자들의 초미의 관심사였다. 마포서에서는 윤기식 경감이 민완 형사과장으로 이름을 날렸다. 나는 그분 집에서 하숙까지 하면서 가깝게 지냈다. 그러나 윤 과장이 공평무사하여 특종 할 기회는 한 번도 주지 않았다.

당시 한국일보 편집국에는 기라성 같은 선배들이 많았다. 홍유선 선배님(당시 주필)을 비롯해 이원홍(전 KBS사장·문공부장관), 김성우(전 한국일보 사장), 김창열(전 한국일보 사장), 이문희(전 한국일보 편집국장), 문은모(전 한국일보 편집국장대리), 김해도(전 한국일보부국장 겸 사회부장, 언론중재위원회 사무총장), 오인환(전 한국일보 편집국장·문공부장관), 박용배(전 한국일보 정치부장·논설위원) 선배 등이 포진하고 있었다.

정치부에는 정성관(전 국회의원), 임삼(전 국회의원), 박현태(전 국회의원), 김상진(전 정치부장), 송효빈(전 한국일보 논설위원), 안희명(전 정치부장), 이동복(전 국회의원), 이수정(전 문공부장관), 염길정(전 국회의원), 박실(전 국회의원), 이성춘(전 한국일보논설위원·이사) 선배가 재직했다. 한편 경제부에는 권혁승(전 한국일보 편집국장·고문), 지동욱(전 한국일보 경제부장·논설위원), 김영렬(전 서울경제신문 사장), 김진동(전 한국일보경제부장·논설위원), 이재승(전 한국일보 경제부장·논설위원), 최승모(전 한국일보 부국장) 선배 등이, 외신부에는 봉두완(전 주미특파원·국회의원), 조순환(전 외신부장·국회의원) 선배 등이 자리 잡고 있었다.

이분들은 가히 당대의 언론 엘리트들로 1960년대 후반부터 1970년 대 후반까지 10년 가까이 한국일보를 우리나라 최고의 신문으로 부상 시키는 데 그 공로가 매우 컸던 선배들이었다.

동기생 기자인 신중식(전 국회의원), 이병일(전 한국일보 논설위원), 황 소웅(전 국회의장비서실장), 김시복(전 청와대 비서관·보훈처차장), 조원영 (전 서울경제편집국장), 김병무(전 한국일보 주미특파원), 한기호(기업인), 채의석(전 한국일보 편집부국장), 김기경(전 한국일보 편집부국장), 박점순 (전 한국일보 체육부장), 이재희(전 한국일보 문화부장), 주우춘(작고) 등이 편집국에서 함께 일했다.

특히 사회부 경찰기자 선배인 최상태(전 서울경제 편집국장), 구용서 (전 한국일보사회부장대우·작고) 형들과 나는 형제처럼 친하게 지냈다. 셋이서 워낙 술도 좋아하고 일도 잘해 명콤비 삼총사로 소문이 날 정 도였다. 경찰기자로 2년간 활동하면서 마포·서대문·청량리·동대문경 찰서를 거쳐 김해도 시경 캡(반장)을 돕는 부반장까지 지냈다.

정인숙 사건

1970년대 초반 조간 신문사 경찰기자들은 4일에 한 번씩 야근을 해야 했다. 통행금지가 있던 시절이라 밤 10시부터 신문이 나오는 다음 날 새벽 4시까지 시내 경찰서와 종합병원을 돌면서 사건과 사고를 취재했던 것이다. 야근을 마치고도 당일 아침 9시까지는 출입 경찰서에 나가야만 하니 참으로 고달픈 일이었다. 그래도 젊은 기자들은 내일의 희망을 안고 열심히 일했다.

1970년 3월17일 저녁, 이날 나는 야근 당번이 되어 무교동에서 최상태 선배와 함께 저녁을 먹고 헤어진 뒤 밤 10시 취재용 지프에 올랐다. 나는 동쪽 담당이고 최 선배는 서쪽 담당이었다. 서울 시내를 광화문과 시청을 중심으로 동·서로 나누어 야근하는 것이 당시의 관행이었다.

종로경찰서를 체크하고 서울대학병원으로 가고 있는데 모토롤라 무선전화기가 울어댔다. 최 선배였다. "세브란스병원 응급실에 30대 청년이 다리에 총상을 입고 실려 왔는데 여동생은 차 안에서 총을 맞고 죽었다고 한다. 급히 서쪽 야근을 지원하라"는 비상연락이었다. 최 선배와 업무를 나누어 나는 내 담당 출입 경찰서인 마포서로 가서 기본 취재를 마치고 지원 취재에 나섰다.

사건 현장은 마포구 합정동 절두산에서 제2한강대교 북쪽 진입로로 가는 사이의 강변북로 노상이었다. 그때가 밤11시 30분께였다. 이미 현장은 경찰이 깨끗이 치운 뒤여서 죽은 젊은 여자 시신이 어디에 있느냐가 초미의 관심사였다. 경찰도 모르겠다고 했다.

모르쇠로 일관하는 경찰의 태도가 매우 수상하기 짝이 없었다. 일반적인 살인사건의 시신은 병원 영안실로 옮겨지는데 이 사건은 처음부터 의문투성이였다. 또 총 맞고 병원에 온 청년도 의식이 없다는 이유로 취재 금지조치를 내리고 있어 보통 살인사건이 아닌 것이 분명했다. 사건 개요도 경찰이 밝히는 것이 전부였다. 나보다 입사 2년 위인 최 선배는 직감적으로 사건의 중요성을 감지하고 경찰기자 비상동원령을 내렸다. 이리하여 4명의 기자들이 집에서 불려나왔다.

한동안 세상을 떠들썩하게 했던 정인숙 사건은 이렇게 시작됐다. 차 안에서 죽은 사람은 정인숙 씨(당시 26세)였고 총상을 입고 병원에 실려 간 사람은 그녀의 오빠 정종욱 씨(당시 34세)였다. 경찰의 초기 사건 개요 발표에 따르면 여자는 현장에서 총을 맞아 죽었고 남자는 다리에 총상을 입고 병원으로 실려 갔다는 것이다. 누가 총을 쐈는지는 수사 중이라고 했다.

취재의 중요 대목은 사건 정황 파악, 가족 상황 및 시신 안치 장소 확인, 피살자 인물사진 확보 등이었다. 나는 사건 현장에서 가까운 서교동에 있는 정인숙 씨의 집으로 달려갔다. 그녀의 집 안 분위기는 침통함 바로 그것이었다. 아버지는 대구시 부시장을 지낸 분이었고 기와집에 겉으로는 유복하게 사는 것처럼 보였다.

밤 12시가 넘어가고 있어 취재에 속도를 내야만 했다. 인적 사항과 간단한 가족사 취재는 쉬웠지만 정인숙 씨의 인물사진 구하기가 쉽지 않았다. 그 집 가정부를 상대로 입씨름을 벌인 지 20여 분 만에 고교 시절 학생증에 붙어 있는 정인숙 씨의 사진을 간신히 얻을 수 있었다. 그때 그 집 방 안에 아기가 누워 있었다. 정인숙 씨의 아들이라고 했다. 얼굴 모습은 둥글게 잘생겼는데 엄마의 죽음도 모른 채 곤히 잠들어 있었다. 사진을 구하고 그 집을 나서는데 경쟁사인 조선일보 기자가 헐레벌떡 뛰어 들어왔다.

전화로 구두 송고를 하고 어렵게 구한 정인숙 씨 사진을 신문사로 막 보내고 났더니 반가운 소식이 기다리고 있었다. 정인숙 씨의 시신 안치 위치를 쫓던 후배 신상석 기자(전 한국일보 사장)가 그녀의 시신이 있는 곳을 찾아낸 것이었다. 경찰이 끝까지 함구하자 신 기자가 시경 상황실에 경찰비상전화로 마포서 이거락 서장이라고 둘러대고 위치를 알아낸 것이었다. 시경 상황실 당직자가 "서장님은 알고 계시지 않습니까"라고 말하자 "무슨 말이 그렇게 많아" 하고 윽박질러 알아냈다고 했다.

시신이 있다는 신촌 인근의 노고산파출소 주차장에 신 기자와 함께 도착했다. 3월 18일 새벽 2시 정도가 됐을 때였다. 주차장에는 아무 것도 없고 교교한 달빛 아래 검은색 코로나 한 대가 서 있었다. 특이한 것은 차량 앞 번호판이 보이지 않았고 차 지붕은 때마침 조금 내린 눈을 살짝 이고 있었다는 점이었다.

차량 쪽으로 다가가서 살펴보니 뒤 시트에 여자 시신이 비스듬히 누워 있는 게 아닌가. 차량 뒷문을 열려다가 지문이 남을까봐 손수건을 꺼내어 차 손잡이 위를 덮고 문을 여니 열리는 것이었다. 시신을 자세히 살펴보니 왼쪽 귀 뒤편 두부에 총탄이 들어간 구멍이 보였고 거기서 나온 피가 목을 타고 가슴으로 흘러 들어가 온통 피범벅을 하고 있었다.

그것만으로도 즉사할 상처였기에 사인 규명은 그것으로 충분했다.

이 여인이 바로 정인숙이었는데 시신으로 봐도 큰 키에 살은 조금 쪘지만 갸름한 얼굴의 전형적인 미인이었다. 정인숙은 죽고 나서도 후속 수사를 위해 하루 가까이 차량 속에 있어야만 했다.

이 살인사건은 그날 아침 한국일보 1면 머리기사로 크게 보도됐다. 조선일보가 정인숙의 시신 현장을 놓치는 바람에 대형 특종을 하는 쾌거를 올렸다. 물론 한국일보는 노고산파출소 주차장에 서 있는 차량 사진을 크게 실었다.

사건 다음 날인 3월 18일 오전 10시가 되자 검찰은 정인숙 살인사건 특별수사본부장에 최대현 서울지검 공안부장을 임명했다. 여느 사건과 달리 공안부장이 살인사건 수사를 지휘한다고 하니 아무래도 중요하고 큰 사건이라는 것을 시사하고 있었다. 마포경찰서는 이날부터 취재 전쟁터가 되어 20여 일 가까이 수많은 경찰기자들로 붐볐다. 최 본부장은 기자들의 질문에 답변을 안 하기로 유명해 기자들의 원성을 많이 샀다.

취재 경쟁이 한창 달아오른 3월 20일 무렵이었다. 이날 마포경찰서에서 취재를 하고 있는데 평소 가깝게 지내던 형사과 P형사가 신촌으로 가야겠는데 차편이 없으니 신문사 지프를 타고 갈 수 없느냐고 졸라댔다. 나는 그가 정인숙 사건을 담당하는 형사라는 것을 알고 뭐 좀 건질 것이 있을까 하고 얼른 응해줬다.

당시 형사들은 박봉에 시달렸기 때문에 교통비도 아껴 써야 할 정도로 어렵게 살았다. 나는 그와 함께 지프를 타고 신촌으로 가면서 농담으로 차비 대신 기사거리를 달라고 눙쳤다. 그는 처음에는 없다고 딱 잡아떼다가 한참을 망설이다 털어놓기 시작했다.

P형사가 사건 직후 정인숙의 사물함을 조사하다가 그녀가 갓난아기와 함께 미국에 있을 때 받은 편지 5~6통을 봤다고 말하는 것이었다.

편지를 보낸 사람은 당시 정부 고위층 인사였다고 말했다. 편지의 내용은 사사로운 애정 표현에서부터 그녀의 귀국을 연기하라고 종용하는 것이었다고 했다.

P형사의 이 말은 정인숙 사건의 성격과 중요성을 한꺼번에 꿰뚫는 중요한 발언이었다. 나는 신이 나서 이 내용을 곧바로 송고했는데 작은 기사로밖에 취급받지 못했다. 당시에는 요즘과 달리 언론의 자유가 매우 위축되어 있어서 권력의 눈치를 많이 볼 때였다.

정인숙 사건의 가해자는 아직도 불분명하다. 사건 당시 검찰 발표는 오빠 정종욱 씨가 방탕과 음란행위를 일삼는 여동생을 언쟁 끝에 격분한 나머지 살해했다는 것이었다. 그러나 그 뒤 장기간 옥살이를 하고 나온 오빠는 자기가 죽이지 않았다고 주장하고 나섰다. 지금 이제 와서 재수사가 가능할지도 모르지만 정부 고위층 인사가 개입된 섹스 스캔들 성격이 짙어서 뒷맛이 개운치 않은 것 또한 사실이다.

정인숙 사건은 최근까지도 신문, 방송, 인터넷 매체 등에서 수없이 보도됐다. 사실과 다르게 왜곡 보도된 것도 있어서 당시 내가 취재한 것 중 정설을 모아 요약해보기로 한다. 단, 당사자들의 명예를 위해 실명은 사용하지 않기로 한다.

퇴직한 지방 고위 공무원의 딸로 대학 진학에 실패한 정인숙은 20세 어린 나이에 서울로 올라온다. 플라자호텔 뒷길에 있는 K라는 고급 한식당에서 종업원으로 일하면서 정부 고위층 인사를 처음 만나게 된다. 그 뒤 두 사람은 가까운 사이가 되어 정인숙은 옥인동에 있는 작은 요정으로 옮겨 간다. 시간이 갈수록 정부 고위층 인사와 더욱 깊은 관계로 발전해 정인숙은 그의 아들을 낳게 된다.

아이가 태어나자 상황은 꼬여갔다. 결국 아이의 아버지인 정부 고위층 인사는 그녀의 반대를 무릅쓰고 모자를 미국으로 보낸다. 낯선 미국 생활에 지친 그녀는 얼마 안 있어 귀국하겠다고 졸라댄다. 그때마다 고위층 인사는 참고 견디라고 달랜다. 화가 치민 그녀는 일방적으로 귀국 통보를 하고 비행기를 탄다.

일본 하네다 공항에서 정부 고위층 인사가 보낸 사람들이 그녀의 귀국을 만류하지만 정인숙은 그대로 귀국한다. 귀국 후 그녀는 타워호텔 등 유흥업소 출입을 자주 했고 고위층 인사와 갈등의 골도 깊어갔다. 생활에 쪼들리는 오빠 정종욱은 동생의 운전사로 일했는데 유흥업소 출입을 할 때에도 볼 꼴 못 볼 꼴 다 보면서 운전을 해주었다. 사건 당일인 그날도 유흥업소에서 놀다가 귀가하던 중 정인숙는 마포구 합정동 강변북로에서 살해당하고 오빠 정종욱은 다리에 총상을 입었다.

석연찮은 대목이 한두 가지가 아니었던 정인숙 사건이지만 이미 고인이 된 정인숙 씨와 정부 고위층 인사가 말을 할 수 없으니 사건의 진상이 제대로 밝혀지기는 어려운 것으로 보인다.

와우아파트 붕괴 사고

1970년대 초 서울에 서민 아파트가 본격적으로 지어지기 시작했다. 1970년 4월 8일 아침 8시께였다. 곤하게 자다가 깨어나 출근준비를 하고 있을 때였다. 마포구 망원동 하숙집(윤기식 마포서 형사과장 자택) 대문을 두드리는 소리가 요란했다. 나의 이름을 불러대면서.

대문 밖으로 나가보니 한국일보 수송부의 김덕성 과장이었다. "와우아파트가 무너졌으니 빨리 취재하러 가자"고 성화를 부렸다. 나는 대뜸 몇 동이 무너졌냐고 물었다. 15동이라고 했다. "에이, 거짓말하네" 하고 믿지 않으려고 하자 나보다 연배가 많은 김 선배는 농담할 때가 아니라면서 정색을 했다.

14동이 무너졌다면 말이 맞는데 15동이라니 도무지 믿어지지가 않았다. 그 당시는 정인숙 사건을 장기간 취재하느라고 거의 녹초가 되어 있었던 때였다. 내가 서대문서와 마포서 담당 출입 기자였기 때문에 일복이 많아 또다시 와우아파트 붕괴 사고를 취재하게 되었던 것이다.

헐레벌떡 김 과장과 함께 지프를 타고 아침 8시 20분경에 사고 현장에 도착하니 그야말로 목불인견이었다. 5층짜리 아파트 한 동이 통째로 무너져 20미터가량 산비탈 아래로 흘러내린 것이었다. 사고는 아침 6시 40분경에 발생했는데 1시간 40분 정도가 지나서 현장에 도착한 것이었다. 구조하는 사람들도 모두 어찌할 바를 모르고 비스듬히 누워 있는 콘크리트 더미를 바라다보고만 있을 뿐이었다. 포클레인 같은 중장비가 귀한 시절이라 곡괭이로 파내자니 엄두를 못 내고 발만 동동 구르고 있었다. 이 사고로 인한 사망자만 44명, 부상자는 40여 명에 달했다.

세상에는 참으로 이해할 수 없는 일들이 많다. 와우아파트 붕괴 사고가 나기 하루 전날이었다. 정인숙 사건의 마무리 취재에 열중하고 있을 무렵인 4월 7일 오후 3시께였다. 와우아파트 주민 5명이 서대문 경찰서 기자실로 찾아왔다. 서대문서 출입 기자들이 마포서 일까지 관할하고 있었고 마포서에는 기자실이 없었기 때문이었다. 주민들은 아파트가 곧 무너질 정도로 위험하니 함께 가보자고 졸라댔다. 그들은 마포구청에도 민원을 넣었는데도 아무런 조처가 없으니 언론에 호소하게 되었다고 찾아온 사연을 설명했다.

주민들과 함께 마포구 창전동 산1번지에 있는 와우아파트에 도착해 보니 전체 다섯 동 가운데 14동이 가장 위험해 보였다. 주민들은 한 달 전부터 균열된 아파트 벽면에 종이를 붙여 체크해왔다고 했다. 처음에는 1센티미터쯤 틈이 났다가 이날은 4센티미터쯤으로 더 벌어진 것으로 날짜별로 기록돼 있었다. 곧 무너질 것같이 불안하기 짝이 없었다.

그때 무너진 15동은 균열 상태가 2센티미터 정도로 14동보다는 덜해 보였다. 곧바로 사진부에 연락해 현장 사진을 찍고 송고했다. 이날 오후 7시 신문사에 들어가 지방판 신문을 보니 사회면에 2단기사로 아주 작게 취급되어 있었다. 이날 각 신문사의 보도 태도는 와우아파트 균열 상황에 대해 축소 보도를 하거나 아니면 아예 취급하지 않는 등 들쭉날쭉했다. 그 이유는 따로 있었다. 마침 그때가 김현옥 서울시장의 취임 4주년 직후여서 언론에서 봐주기로 했다는 소문이 파다했다.

와우아파트 붕괴 사고와 관련해 나에게는 지금도 아쉬운 것이 두 가지가 있다. 하나는 주민들이 며칠만 더 일찍 기자실에 찾아와 민원을 제기해주었으면 사고를 막을 수 있었다고 생각한다. 또 다른 한 가지는 주민 제보를 받고 현장 취재 갔던 그날 좀 더 사태의 심각성을 깨닫고 내가 나서서 구청이나 경찰에 주민 대피령을 내리도록 강력하게 주장하지 않았다는 점이다.

사실 기자는 기사로 말하는 것이 전부라고 자위를 하지만 수많은 희생자를 생각하면 안타깝기 이루 말할 수 없었다. 마포구청과 서울시 관계자들의 무신경이 바로 대형 사고의 주범이었다고 말해도 과언이 아니었다.

와우아파트 사고는 개발연대의 수많은 시행착오 중 하나였지만 시공건설사의 죄질은 참으로 끔찍했다. 공사 현장이 산비탈인지라 기둥 철근을 70개를 사용했어야 하는데도 고작 5개만 사용했고 또 콘크리트 배합 비율도 시방서대로 하지 않은 전형적인 부실공사였다. 그래서 1969년 12월 26일에 준공된 와우아파트는 준공 4개월도 채 안 되어 무너져 내리고 만 것이었다.

얼마나 주먹구구로 지었으면 첫해 해빙기를 넘기기가 무섭게 지층이 내려앉아 아파트가 무너졌을까. 산비탈과 고지대 무허가 불량주택을 헐고 240억 원을 들여 서민아파트 10만 호를 3년 동안에 지으려던 '불도저' 김 시장은 사고 일주일 만인 4월 16일 결국 사임할 수밖에 없었다.

현재 와우아파트는 이미 철거되어 옛 모습은 사라졌다. 그 부지는 녹지공간으로 보존돼오다 현재 와우공원으로 조성되어 주민들의 사랑을 받고 있다.

정치부 기자가 되다

정인숙 사건, 와우아파트 붕괴 사고 등 잇따른 대형 사건·사고 보도로 나는 신문사 안에서 취재능력을 인정받게 됐다. 1970년 7월 17일 제헌절을 맞아 사회부에서 정치부 근무로 발령이 났기 때문이다. 나는 성격상 윗사람에게 아부하거나 남에게 부탁하는 것을 잘 못하는 사람인지라 정치부로 가는 것도 전혀 모르고 있었다. 그러나 평소에 나는 정치부 기자로 일했으면 하는 소망이 간절했던 터라 기쁜 마음은 숨길 수가 없었다.

정치부에서 취재하는 일은 사회부와는 많이 달랐다. 부지런히 현상의 변화를 열심히 챙기는 것도 중요했지만, 정치인들로부터 신뢰받는 기자가 되는 것이 더 중요했다. 믿음이 가지 않으면 사실대로 말을 안 해주니까 신뢰가 쌓일 때까지 정성을 들여야 하는 것이 어려움이었다. 그래서 일거수일투족에 조심하면서 뛰어야 하니 무척 힘이 들었다.

선배들을 따라 처음 출입한 곳은 국회였다. 태평로에 있는 옛 국회의사당이었다. 그 당시만 해도 광화문이나 시청 주변에 큰 건물이 거의 없어서 의사당 건물이 가장 크고 높았다. 김상진·안희명·이동복 선배들을 따라 내로라하는 국회의원들을 만나 취재하고 다니니 신명이 나고 보람도 있었다. 그러나 신출내기 정치부 기자는 허드렛일 정도나

하면서 먼저 사람과 취재하는 방법을 배워야만 했다. 이때 만난 조선일보 기자 중에 최병렬(전 한나라당 대표), 김대중(조선일보 논설고문) 선배 등이 계셨는데 점심도 같이 먹으면서 귀동냥하는 것이 취재에 큰 도움이 됐다.

그 당시 기자들은 유력 정치인 집을 매일 아침 방문해서 얼굴을 익히고 그날의 기사거리를 찾아내야 하는 등의 고역을 마다하지 않았다. 나는 노량진의 유진산 신민당 총재(珍山·7선) 댁과 사직동의 이재형 신민당 부총재(雲耕·7선) 댁을 담당하여 번갈아가며 출입했다. 10여 명의 기자들이 이른 아침부터 떼 지어 몰려와서 북새통을 이루니 당사자와 그 가족들은 비명을 질러대야만 했다.

이듬해인 1971년 4월이 되자 제7대 대통령 선거가 임박해와 정국은 연일 소용돌이 쳐댔다. 그러나 햇병아리 정치부 기자는 큰 기사는 쓸 수 없었고 지방 출장을 다니면서 선거 지원 유세 등을 취재하고 송고하느라고 분주했다.

4월 27일 선거가 끝나고 그해 5월이 되자 개각으로 김종필 민주공화당 부총재가 제11대 국무총리에 임명됐다. 공교롭게도 6월에 나의 출입 부서가 국회에서 중앙청으로 바뀌어 JP를 집중적으로 취재하게 됐다. 그 당시 45세 약관의 JP는 리버럴하면서도 소신 있는 리더십으로 국민적 인기가 날로 치솟고 있을 때였다. 그러나 그 무렵 JP는 자신의 처신에 남달리 신경을 써서 박정희 대통령의 눈치를 많이 보는 듯했다.

중앙청 출입 기자는 총리실과 총무처를 비롯해 문화공보부, 통일부, 법제처 및 행정개혁위원회 등을 담당했다. 이들 부처를 한 바퀴 돌자면 꽤 많은 시간이 걸렸다.

그해 7월 1일 중앙청에서 제7대 대통령으로 취임한 박정희 대통령은 집권 11년째를 맞아 경제 발전과 내정 개혁에 박차를 가하고 있었다. 그 무렵 정부는 국정 추진 의욕이 너무 강하여 언론과도 자주 충돌하는 모습을 보이기 시작했다. 박 대통령은 취임하자마자 '유신'체제로의 전환을 극비리에 추진하고 있었는데 아무도 이를 눈치 채지 못했었다.

해가 바뀌어 1972년이 됐다. 연초부터 각 신문사는 새해 각 부처의 업무 보고 내용을 미리 알아내는 취재 경쟁에 열을 올리고 있었다. 1월 말쯤으로 기억된다. 중앙청에 함께 출입하는 동아일보 최시중 기자(전 방송통신위원장)가 정부의 각 부처를 통폐합하는 행정 개혁 방안을 크게 보도해 우리는 그것을 확인하느라고 야단법석을 피운 일이 있었다. 행정개혁위원회에서 검토 자료를 입수한 것이라고 했다. 정부는 아직 확정되지도 않은 방안이라고 부인하면서 오히려 취재 경위를 문제 삼고 나왔다. 중앙정보부에 연행돼 고문을 당한 최 기자가 이틀 뒤 얼굴에 멍이 든 채 기자실에 나타나자 분위기가 뒤숭숭했다.

이와 관련한 상황 보고를 받은 JP총리는 며칠 뒤 출입 기자들을 삼청동 총리공관으로 초청했다. 반주를 곁들인 저녁을 함께하면서 최 기자 사건의 자초지종을 설명하고 유감의 뜻을 표명했다. 우리 출입 기자들은 중앙정보부의 고문 사건은 언론 탄압이라고 지적하고 재발 방지를 요구하는 등 항의성 발언을 많이 했다.

JP는 기자들이 귀가할 때 타이완산 오가피술 한 병씩을 선물했는데 나는 그것을 신발 신는 댓돌 위에 패대기치고 말았다. 출입 기자를 고문하고 나서 적당히 얼버무리려는 것이 영 마음에 들지 않아 항의성 해프닝을 벌인 것이다.

나는 처음에 그것이 술인지도 몰랐다. 총리공관 식당 앞 댓돌 주변이 불그스레한 오가피주로 술 범벅이 됐다. 그때는 JP가 내실로 들어간 뒤라서 직접 현장은 못 봤겠지만 그 뒤에 보고는 받았을 것으로 보인다. 그러나 그 뒤 나의 그런 행동은 객기 어린 실수였음을 스스로 인정하고 반성을 했다.

최 기자 사건이 있은 직후인 2월 초 정부는 각 부처 사무실의 여직원에 대해서까지 함구령을 내려 언론 보안에 철저를 기하도록 주의를 환기시키고 나섰다. 그러나 이 무렵 정부와 언론의 마찰과 갈등은 눈이 쌓이듯 점점 커져가고만 있었다. 오가피술 사건 때문이라고 생각하지는 않지만 오비이락 격으로 4개월 뒤인 1972년 5월 26일 나는 정치부에서 지방부로 전근 발령이 나고 말았다.

중앙청을 출입하며 가까이에서 본 JP는 참으로 인간적으로 매력이 넘치는 정치가였다. 기자들과 만나 담소할 때에 드러나는 그의 해박한 지식과 경륜 그리고 카리스마가 적당히 가미된 그의 인품은 자연스레 젊은 기자들의 흠모와 존경을 받고도 남았다. 나 자신도 모르게 어느덧 JP는 닮고 싶은 인물(롤 모델)로 내 마음속에 자리 잡기 시작했다. 그해 9월 나의 첫딸이 태어나자 나는 딸의 이름을 JP의 장녀 이름을 그대로 본떠서 '예리'라고 지었는데 한자는 다르게 작명했다.

나의 결혼

정치부 2년 차 기자였던 1971년 가을, 나는 일생에서 가장 중요한 선택을 하게 된다. 바로 신부를 맞이하여 장가를 들기로 결정한 것이다.

그해 10월 중순께 신부는 브라질 상파울루에서 나와 결혼을 하기 위해 김포공항을 통해 귀국했다. 나는 강동호·김철수 등 봉화 친구 두 명과 함께 꽃다발을 준비하고 공항으로 마중을 나갔다. 신부 될 사람은 혼자서 그 먼 길을 단신으로 날아왔다. 우리는 구면이었기 때문에 그럴 수 없이 반가웠고 기뻤다. 친구들만 보지 않았다면 포옹도 했을 것이다.

나의 반려자가 될 사람은 구소원(具昭苑) 양, 능성 구씨로 대구 출신이었다. 치과의사를 하던 장인께서 1969년 6월께 전 가족과 함께 브라질로 가톨릭 이민을 가는 바람에 나의 신부는 상파울루에서 2년여를 살다가 귀국 한 것이었다.

그 당시 내 나이는 스물아홉, 서른 살이 되기 전에 장가를 들고 싶었다. 신부가 독실한 가톨릭 집안이라 나는 입교를 약속해야만 했다. 우리는 먼저 서울 중구에 있는 청구성당에서 간소한 관면혼배성사를 보았고, 그 뒤 10월 30일 신문회관에서 두 번째로 일반 결혼식을 올림으로써 어엿한 부부가 됐다.

우리의 결혼 스토리가 재미있게 시작되는 데에는 그럴만한 사연이 있다. 1968년 1월 신문사에 입사한 뒤 나의 첫 하숙집은 이화여자대학교 앞 서대문구 대현동에 있었다. 그때 집사람은 하숙집 동기생으로 바로 내 옆방을 사용하고 있었다. 신문기자의 퇴근시간이 일정하지 않아 대면할 시간도 별로 없어 한참 뒤에 집사람 얼굴을 볼 수 있었다. 어느 날 마당에서 세수하는 집사람의 옆모습을 보고 괜찮은 인상을 가지게 됐다.

그 뒤 자정을 넘겨 귀가할 때에는 넉살 좋게 집사람 방 창문을 두드려 대문을 열어달라고 하기도 했다. 한두 번이 아니었다. 그때마다 나는 미안한 마음이 생기면서 집사람이 예의 바르고 정숙하며 배려심이 많은 사람이라는 것을 알게 됐다. 또 밤늦게까지 공부도 열심히 하는 것을 보고 참한 규수감으로 생각하기 시작했다.

고맙기도 해서 한번은 집사람을 불러내어 신문사 최상태 선배하고 셋이서 북한산으로 드라이브도 하면서 답례를 하기도 했다. 그러나 신문사 월급이 워낙 적어서 당장 장가갈 형편은 안 되어 감히 정식으로 데이트 신청은 하지 못했었다.

이화여대 식품영양학과 4학년이던 집사람은 이듬해인 1969년 2월 대학을 졸업하고 몇 달 뒤 브라질로 이민을 떠나고 말았다. 그렇게 인연이 끝나는가 했는데 사람의 인연은 알 수 없는 것이었다.

정치부로 이동된 지 얼마 안 되어 사회부의 박용배 선배 댁에 저녁식사 초대를 받아 사회부 사람들과 어울려 놀고 있을 때였다. 목이 말라 부엌으로 가서 형수한테 물을 달라고 했다. 그때 형수께서 "소원이를 아세요" 하고 물었다. "잘 알지요" 하고 답하면서 대화가 시작되어 집사람의 브라질 주소를 알게 됐다. 형수와 집사람은 이종사촌 사이로 그 당시 서신 왕래가 있었다고 했다.

그 뒤 브라질로 편지를 보내려고 하니 왠지 쑥스럽고 용기가 잘 나지 않았다. 그러나 장가는 가야 되고 사람을 정해야 하는데 기왕이면 내가 좀 아는 사람이 좋을 것 같기도 하여 편지를 보내게 됐다. 우리는 1년 정도 편지 교환을 하면서 사랑을 확인하고 가진 것은 없지만 열심히 노력해서 잘 살아보자고 다짐하면서 결혼에 골인하는 데 성공했다.

결혼 약속은 해놓았지만 막상 준비는 거의 돼 있지도 않았다. 부모님께서도 여력이 없었고 나도 저축이라고는 못해봤으니 빚을 내기로 했다. 때마침 중앙청에 같이 출입하던 동아일보 이경식 선배(전 문공부 차관, 경북고 졸업)가 큰돈을 빌려주어 그럭저럭 결혼식을 올리게 됐다. 내 평생의 은인인 이 선배님께 지금도 감사를 드린다.

우리는 온양온천과 법주사로 신혼여행을 다닌 뒤 대구에 계시는 부모님께 인사를 드렸다. 신혼살림은 서울 성북구 미아동에서 방 두 칸을 전세로 얻어 시작했다.

지방부 기자

지방부는 내근 부서였다. 편집국 안에서도 업무 연관성이 높은 사회부 바로 옆에 배치돼 있어 제2사회부로도 불렸다. 주로 내근이 많아 지방 기사만 모아놓는 소위 지방판 기사를 보완·수정하고 기사의 크기를 정하는 소위 데스크 일을 하는 부서였다.

나의 첫 번째 담당은 강원도판이었다. 강원도 내의 큰 도시에 주재하는 기자들이 기사와 사진을 봉투에 넣어 기차나 버스 편으로 서울로 보낸다. 매일 아침 사환이 서울역이나 시외버스터미널에 가서 봉투를 찾아와 오전 9시까지 신문사 편집국 지방부에 갖다놓는다. 이것을 각 도별로 분류하여 도판 데스크에 넘겨주면 그날의 지방부 일이 시작되는 것이었다.

물론 긴급하고 큰 기사가 터지는 날에는 주재 기자들이 전화로 송고해오고 데스크의 지침을 받아 취재를 보완하는 시스템으로 일을 한다. 또 대형 사고나 사건이 발생하면 사회부나 지방부에서 임시취재반을 구성해 현지로 출장을 보내어 취재 보도하기도 한다.

지금도 생각이 나지만 춘천의 마일연 반장, 속초의 지일권, 원주의 오용운 선배들은 그 지역의 베테랑 기자들로 한가락씩 하는 분들이었다. 앞의 두 분은 벌써 고인이 되셨는데 모두들 인정 많은 형님 같아 좋아하지 않을 수 없었다. 나는 그분들 덕분에 강원도 곳곳의 사정을 훤하게 알게 됐다. 특히 설악산 일대는 그때의 인연으로 지금까지도 나의 단골 휴가지로 정해져 있다.

지방부 근무 첫해인 1972년 10월 17일 국회를 해산하고 헌법을 정지시키는 박정희 대통령의 특별선언, 바로 '유신(維新)'이 단행됐다. 우리나라는 유신체제 사회로 급격하게 변모해가기 시작했다. 나는 지방부 기자로 사회의 급격한 변화를 앉아서 구경만 하고 있었으니 좀이 쑤셔 견딜 수가 없었다.

1973년 4월 한국일보는 사상 처음으로 '이동독자부'를 만들어 활동에 나섰다. 강원도 파견이 그 첫 번째였다. 나는 사회부의 정달영 선배(취재반장)와 함께 강원도 주요 도시를 일주일간 돌면서 그 지역의 숙원사업과 민원 중에서 10여 건을 선택해서 집중 취재·보도하여 큰 호응을 받았다. 그 당시 이동독자부 기사 중에서도 특히 '의암호 폐수 방류'(1973년 3월 23일자 보도), '민원 쳇바퀴 여행'(1973년 4월 10일자 보도) 등이 관심을 끌었다.

'이동독자부'는 그 지역 독자들에 대한 서비스 향상이 목적이었지만 부수 확장에 더 큰 속셈이 있었다. 반응이 좋게 나타나자 다른 지방으로도 이동독자부가 출장을 가게 됐다. 이어 다른 신문사에서도 '이동독자부'를 만들어 활동에 나서기도 했다.

그해 11월 6일부터 12월 29일까지 나는 매우 분주한 시간을 보냈다. 지방부 일을 하면서도 오후에 틈을 내 한국 외교사의 산 증인인 소죽(小竹) 임병직(林炳稷) 제2대 외무부장관의 '나의 이력서'를 댁으로 방문·취재하여 연재 보도했다. 한 번 취재하면 2회분 정도를 쓰곤 했는데 모두 39회를 보도했다.

임 장관은 일제시대 이승만(李承晩) 박사를 도와 조국 광복에 앞장섰고 해방 후에는 외무장관과 주유엔대표부 대사로 활약하며 건국의 기초를 다듬었던 우리나라 외교계의 원로였다. 서대문 자택으로 이틀에 한 번씩 방문했는데 품위 있고 인자한 노신사로 이 박사와 얽힌 많은 비화를 공개해주어 독자들을 즐겁게 해주었다.

강원도판을 맡은 지 1년이 지나자 대구·경북판 담당 기자가 됐다. 내가 그 지역 출신이라고 그렇게 바꾸어준 것 같았다. 이때 대구에서는 이갑문·최은호 반장과 김경득·이동수 선배, 안동에서는 이도환 선배 등이 활약했었다.

대구·경북 지역 기사에서 기억에 남는 것은 1974년 1월 29일에 발생한 경북 제1지구 고교 입시 부정 사건이다. 이 사건으로 경북교육감이 자살하는 등 사회적 파장이 매우 컸다. 4지선다형 답안 중에 정답 번호만 정자로 되어 있고 오답 번호는 30도가량 비뚤게 인쇄된 웃지 못할 원시적 입시 부정 사건이었다.

그 당시 한국일보는 박원구 지방부장의 아이디어로 '팔도 기인전'을 시리즈로 연재했다. 그 기사들을 데스크 보면서 나의 기사 작성과 데스크 보는 능력도 크게 향상됐다. '팔도 기인전'은 전국적으로 기인 행세를 하는 특이한 개성을 가진 분들을 소개하는 읽을거리 코너였다.

지방부에서 일한 2년여는 나에게는 유익했고 재미있는 시간이었다. 그해 8월 2일 나는 뜻밖에도 경제부로 발령이 났다. 마음속으로는 정치부로 다시 가고 싶었지만 세상일은 내 뜻대로 되는 것은 아니었다.

병역 소집 면제

지방부 근무 2년 차인 1974년 1월 1일, 그 날짜로 나는 병무청으로부터 병역 소집 면제 결정을 받았다. 이어 집체교육훈련을 받고 예비군에서 복무하라는 통보를 받았다. 8년 이상을 끌어온 병역 문제가 해결되는 순간이었다. 나는 얼마 뒤 해당 대상자들과 함께 노고산 예비군훈련장에 가서 제식 훈련, 총검술, 사격 훈련 등을 마친 뒤 한국일보 예비군중대에 편입됐다. 그 뒤 5년 동안 직장 경비 등 예비군 복무를 마침으로써 병역 의무를 마무리할 수 있었다.

공군 장교 시험 신체 검사 불합격에 이어 논산훈련소 장병 입대 신체검사 불합격 등으로 사실상 마음고생이 이루 말할 수 없이 많았었다. 소집 면제 결정으로 머리는 가벼워졌으나 나의 뇌리 한구석에는 지금까지도 현역 복무를 마치지 못한 사나이로서의 국가에 대한 송구스런 마음이 자리 잡고 있다.

나의 병역 스토리는 앞에서도 언급했지만 우여곡절이 많았다. 1967년 논산훈련소에서 신검 불합격으로 귀향한 후 재신검에서 나는 3을종 판정을 다시 받았다. 그 이듬해인 1968년 11월 다시 입영 영장을 받았으나 건강이 좋지 않아 한 차례 입영 연기를 하게 됐다. 그 당시에는 입영 대상 장정 자원이 남아돌아 입영 연기는 문제가 되지 않을 정도로 쉬웠다. 이듬해인 1969년에 뜻밖에도 나는 3급 보충역에 편입되었고 5년 뒤인 1974년에 고령으로 현역 소집 면제를 받게 된 것이었다.

경제부 기자 _세계를 일주하다

경제부에 와서 보니 일하는 방법이 또 달랐다. 다소 생소하기도 했다. 배정받은 출입처는 전국경제인연합회, 대한상공회의소, 한국경영자총연합회 등의 경제단체와 전매청 및 조달청이었다. 올챙이 경제부 기자의 출입처인지라 기초부터 배우는 것은 당연한 것이었다.

경제부에서 특종을 하기란 참으로 어려운 일이었다. 보도 자료가 질서 있게 잘 공급되던 때였다. 그 당시 청 단위 출입처에는 기자들이 잘 다니지 않는 것을 보고 나는 더 열심히 취재를 하고 다녔다.

경제부에 온 지 두 달쯤 됐을 때인 1974년 9월 12일, 나는 조달청에서 선물거래제도를 처음으로 도입한다는 기사를 특종 보도했다. 7단 해설기사까지 곁들인 이 기사는 우리 경제 발전에 크게 기여하는 '퓨처 마켓'에 관한 첫 보도였다.

국제 원자재 가격의 폭등으로 인한 인플레를 방지하고 적기에 소요 원자재를 확보하기 위해 도입되는 '선물거래제'는 생고무, 전기동(銅), 아연 등 3개 품목에 대해 그해 11월부터 실시됐다. 곧이어 다음 해 1월부터는 원당, 원면, 소맥, 원피, 원모, 옥수수, 대두 등 7개 품목이 추가되어 중요 물자를 보다 값싸고 제때에 확보할 수 있게 됐다.

나는 그때 특종 보도로 남다른 기쁨을 만끽했으며 경제부 일도 잘할 수 있겠다는 자신감을 가지게 됐다. 그해 9월 29일 서울에서 열린 제1회 국제인삼심포지엄과 경기 침체로 어려움을 겪고 있는 업계 현황을 주로 보도하는 등 경제부 기자로서의 역량을 키워나갔다.

이듬해인 1975년 2월에는 해방 30주년을 맞아 조선업의 미래를 보도하기도 했다. 그 당시 우리 조선업의 세계 선박 수주고는 랭킹 13위로 세계 7위를 목표로 열심히 뛰고 있을 때였다. 그해 2월 26일에는 김성곤 대한상의회장이 타계하는 등 취재할 일들이 넘쳐났다. 4월이 되자 뜻밖에도 제2회 국제인삼심포지엄이 스위스 루가노에서 9일부터 열리게 되어 난생 처음 해외 출장을 갈 기회를 갖게 됐다. 전매청에서는 조충훈 청장이 직접 출장을 가는 등 우리 인삼의 해외 수출시장 다변화를 위해 전력을 쏟고 있었다. 루가노에서 심포지엄이 열리게 된 이유는 우리 인삼을 수입해 화장품을 만들어 유럽 지역에 판매하는 '파마톤'이라는 회사가 그곳에 소재해 있었기 때문이었다.

해외 출장 준비를 한창 하고 있는데 심각한 문제가 생겼다. 신원 조회를 담당하는 중앙정보부가 나에게 '신원특별이상자'라는 이유로 브레이크를 걸었다. 그 당시에는 해외 여행이 드물 때였고 해외에 나가 북한 정보원하고 접촉을 할 수도 있었기 때문에 정보부는 신원특이자에게 제동을 거는 일이 많았었다.

나는 영문을 몰라 그 이유를 물어봤더니 대학 시절에 한일회담 반대 데모를 많이 한 전력이 문제가 됐다고 했다. 참으로 분통이 터지고 억울했다. 6·3 학생운동은 일본으로부터 경협자금을 2억 달러나 더 받아내게 한 애국적 학생운동인데 이럴 수가 있는가.

할 수 없이 중정에 연락하여 어떻게 하면 해외에 나갈 수 있느냐고 다시 알아봤다. 그랬더니 1급 공무원 두 명의 신원 보증을 세우라고 했다. 그래서 부랴부랴 전매청과 조달청 1급 공무원 두 분에게 신세를 지고 신원 조회 고비를 간신히 넘겨 출장을 떠날 수 있었다. 그러나 신원 조회 늑장으로 또 문제가 생겼다. 스위스로 갈 일행들은 그해 4월 3일에 먼저 출발해버려 나 혼자 4월 5일에 떠나게 됐다.

KAL도 그 당시에는 유럽 가는 항공편이 없을 때인지라 도쿄로 가서 에어프랑스를 타고 파리로 향했다. 영어 회화도 서툰데 홀로 가는 여행이라 걱정도 되었지만 기쁘기는 이루 말할 수 없었다. 더구나 귀로에는 런던, 뉴욕, 샌프란시스코, 하와이를 거쳐 돌아와도 좋다는 신문사의 허락도 받아놓아 기쁨은 두 배로 커져 있었다.

파리에 도착해 한국일보 특파원인 김성우 선배님의 신세를 지고 센 강변 라틴쿼터에 있는 어느 호텔에 묵게 됐다. 그때 변기와 비데를 혼동해 고생한 것을 생각하면 지금도 실소를 금할 수 없다. 비데에 대해 상식이 없었으니 실수할 수밖에 없었다.

비행기로 스위스 취리히로 가서 다시 기차로 알프스산맥을 넘어 심포지엄이 시작되기 전날 저녁에 루가노에 어렵게 도착했다. 루가노는 아름다운 조그마한 휴양 도시였다. 호수와 알프스산맥이 만들어내는 절경은 정녕 그림 같았다.

국제인삼심포지엄에는 유럽 각국의 인삼과 화장품 업자 등 500여 명이 참석하여 대성황을 이루었다. 이 심포지엄의 개막과 폐막을 취재하여 송고했더니 박스 기사(4월 9일자)와 4단 스트레이트 기사(4월 13일자)로 보도됐다. 자신의 이름이 해외특파원으로 기사화되는 기쁨과 보람은 기자만이 맛볼 수 있는 특별한 것이었다.

귀로에는 벨기에 브뤼셀에 들러 그곳 해외공보관인 이경식 선배와 네덜란드 공보관인 이수정 선배를 만나 회포를 풀었다. 나는 신문사에 밥값은 해야겠다고 생각하고 우리나라의 '대EEC 경제협력'에 관한 현황과 전망을 취재·송고하여 4월 30일자 6단 박스 기사로 보도됐다.

런던을 거쳐 뉴욕에 도착하여 미국을 보니 세계 최강대국이라는 것이 간단하게 하루아침에 만들어지는 것이 아니라는 것을 알게 됐다. 4월 30일 베트남이 패망했다는 뉴스를 뉴욕에서 접하고 나니 불길한 생각이 갑자기 떠올랐다. 이렇게 부강한 미국이 도와주고 군사력도 월맹의 10배나 많은 베트남(병력 100만 명)이 패배했다는 것은 큰 충격이 아닐 수 없었다.

그때 한국도 북한의 남침으로 나라가 위태로워질 것 같은 염려가 돌연 내 뇌리를 짓눌러왔다. 베트남 패망은 한 나라의 국가 안보는 자국민의 강력한 의지가 중요하지 강대국이 도와준다고 해서 해결되는 것은 아니라는 큰 교훈을 우리에게 깨닫게 해주었다. 나는 남은 일정을 앞당기고 서둘러 5월 2일 부랴부랴 귀국했다. 귀로에 들린 샌프란시스코에서는 정치학과 동기생인 성정경 군(총영사관 2등서기관·나중에 LA 총영사), 하와이에서는 유학 중인 손봉숙 씨(대학 재학 당시 정연회 회원·전 국회의원) 및 그의 부군 안청시 서울대 교수의 신세를 많이 졌다.

귀국 직후 다시 '대유럽 인삼 수출 새 전략 시급'이란 박스 기사(5월 8일자)를 써서 인삼심포지엄 해외 출장을 마무리했다. 그해 11월 17일에는 타이베이에서 열리는 제8회 한·중 경제협력위원회 합동회의를 취재하기 위해 타이완에 다녀오는 등 해외특파원 활동을 충실히 했다.

그 밖에도 경제 관련 좌담 또는 토론 등을 기록하는 등 경제부 근무에 익숙해지려고 하는데 1976년 1월 8일 다시 정치부로 발령이 났다. 경제부에서 1년 5개월을 일했지만 나는 많은 것을 배웠고 세상을 폭넓게 알게 됐다. 당시 경제부장인 지동욱 선배님께 깊은 감사를 드리지 않을 수 없다.

외무부 출입 기자

1976년 새해 벽두에 정치부로 다시 온 나는 국회 출입을 하게 됐다. 주로 또 하나의 여당인 유신정우회(유정회)를 담당했다. 국회 본회의와 상임위원회 활동 등도 취재했다. 유정회의 백두진 의장은 워낙 과묵한 분이어서 기억에 남는 것은 별로 없으나 3년 뒤 국회의장에 내정됐을 때 '백두진 파동'의 주인공이 됐다.

정치부에 오자마자 나는 1월 21일부터 3월 24일까지 석운(石雲) 이상철(李相喆) 전 국회부의장(제6대 국회, 청양 출신)의 '나의 이력서'를 취재하여 연재 보도했다. 우리나라 야당사의 산 증인인 석운 옹은 제2대 국회에 입성하여 민주당 중앙위 부의장, 간사장 등을 역임했다. 진산과는 야당 내에서도 입장을 달리하는 패기와 집념과 식견을 갖춘 정치가였다. 45회에 걸쳐 연재된 석운 옹의 이력서를 취재하기 위해 서울 은평구 응암동에 있는 이 부의장 자택을 방문했다. 그때마다 추운 날씨 탓에 이불을 뒤집어쓰고 취재에 응하는 석운 옹의 모습이 지금도 아련히 생각난다. 3남 소유의 조그마한 단독 주택에 살고 있었지만 생활에는 여유가 없어 청빈한 노정객임을 증명하고도 남았다.

그해 3월이 되자 임시국회, 여당과 원내 요직 개편, 최규하 총리 임명동의안 처리 등 굵직한 기사거리를 취재하느라고 바쁜 시간을 보냈다. 그러다가 4월 14일 외무부 출입 기자로 발령이 났다.

외무부에 와보니 취재거리가 참으로 많아서 신바람이 났다. 비동맹 국가 외교정책과 유엔에서의 한반도 문제(북한의 주한미군 철수와 대미 평화협정 체결 주장) 대책 및 유엔해양법 대책 등을 취재하느라고 정신이 없었다. 정치부 기자가 되면 외무부를 한 번은 출입하게 되는 것이 상례였다. 나의 경우 외무부 출입 경험은 외교·안보 분야의 균형 잡힌 시각을 갖게 되는 데 큰 도움이 됐다.

그 당시 외무부는 노련한 외교통인 박동진 장관이 지휘하고 있었다. 박 장관은 외무부의 뿌리 깊은 전통 세력인 김동조 전 장관 사단이 아닌 사람으로는 처음으로 장관이 되어 주목을 받고 있었다. 개인적으로는 경북고 선배님으로 쉽게 가까워질 수 있었다.

1977년 1월이 되자 지미 카터 미국 대통령의 취임(1월 20일)과 함께 국제 정세가 크게 요동을 치기 시작했다. 카터 대통령이 한국에 대해 주한미군 철수 문제를 취임 초부터 강력하게 들고 나올 줄은 아무도 예측하지 못했었다.

그해 2월이 되자 박 장관은 파푸아뉴기니, 호주, 뉴질랜드 등 3개국 순방 계획을 세우고 있었다. 가는 길에 도쿄에서 한·일 외상회담을 가지고 시드니에서는 아주지역 공관장회의를 주재할 예정이었다. 외무부 장관이 해외 순방길에 오르면 출입 기자들은 수행 취재를 하고 싶어 한다.

그러나 그 당시에는 신문사 형편이 어려웠던 때인지라 가고 싶다고 해서 모두 해외 출장 승인이 나는 것은 아니었다. 그 무렵 기자실의 몇몇 타사 동료들이 해외 취재 신청을 자기 신문사에 냈으나 불가 판정이 나서 표정이 시무룩해져 있었다. 나도 정치부장을 경유하여 해외 출장 신청을 해놓고 있었는데 '왕초'(장기영 사주)께서 결정을 보류하고 있었다. 출장 기일이 가까워지던 어느 날 왕초는 나를 사장실로 오라고 호출했다. 다른 신문사에서도 모두 퇴짜를 맞았는데 나도 그렇게 될 것 같아 예감이 좋지 않았다.

왕초께서는 입사한 지 몇 년째냐, 다른 신문사 결정은 어떠한가, 취재 계획은 잘 세웠는지 등을 묻고 나서는 "내가 큰마음 먹고 자네한테 투자하기로 했다"고 하면서 해외 출장을 허락했다. 뜻밖의 결정인지라 역시 왕초답다고 생각하지 않을 수 없었다. 왕초와는 개인적으로 잘 알지도 못하는 관계인데 어려운 신문사 경영에 수천 달러를 지출 승인한다는 것은 쉽지 않은 일이었다. 나는 성실하게 취재해서 보답하겠다고 다짐하면서 정중하게 감사의 인사를 드렸다.

드디어 2월 17일 나는 박 장관과 함께 일본으로 떠났다. 외무부 출입 기자로는 유일하게 수행 취재를 하게 된 것이었다. 한·일 외상회담을 취재 송고한 뒤 파푸아뉴기니 수도인 포트모르즈비에 도착했다. 박 장관이 의장대 사열을 하는데 열대 국가에다 가난한 나라인지라 의장병들이 슬리퍼를 신는 수준이어서 깜짝 놀라지 않을 수 없었다. 일반 국민은 맨발로 뜨거운 땅을 밟고 다녀 딱딱하게 굳은살이 1센티미터 이상이나 돼 또 한 번 놀랐다. 파푸아뉴기니에서 박 장관은 소형 조선소를 양국이 합작 건설하는 문제를 원칙적으로 합의하는 등 주로 경제 협력 증진 방안을 협의했다.

아주지역 공관장회의는 2월 26일 호주 시드니에서 열렸다. 이에 앞서 박 장관은 말콤 프레이저 호주 수상을 만나 방한토록 초청하여 수락을 받아냈다. 3일간 열린 공관장회의의 분위기는 조금 무거운 편이었다. 그 이유는 주한미군 철수 문제에 대한 주재국의 반응을 종합하고 대책을 세우느라고 긴장을 했기 때문이었다.

나는 17개국 공관장들의 주재국 정세 보고서를 분석하여 대부분의 아시아 국가들이 주한미군 철수에 반대하고 있다는 내용의 기사를 송고하여 1면 머리기사로 보도했다. 아시아 국가 중 일본·호주·인도네시아 등 12개국은 적극 반대, 인도·미얀마 등 3개국은 소극적 반대, 파키스탄 등 2개국은 무반응을 보인 것으로 나타났다. 또 아시아 주요 국가들은 미군이 한국에서 철수하는 것은 미국이 아시아를 경시하는 데서 나오는 발상이라면서 반대 목소리를 높이고 있다는 것이었다. 나는 이때 박 장관이 아주지역 공관장회의를 호주에서 갖고 아시아 각국의 주한미군 철수에 대한 반응을 취합하는 한편 대응책을 대대적으로 논의하는 것은 다분히 미국 정부에 대한 시위 성격을 띠고 있다고 판단했다.

이어 박 장관은 뉴질랜드 방문에 들어가 멀둔 수상과 회담하고 어업 협력과 펄프공장 합작 건설 문제 등을 논의한 뒤 3월 4일 오후 미국으로 떠났다. 미국에 가서는 한·미 외무장관회담을 갖고 카터 미국 대통령을 예방할 예정이었다.

나는 오클랜드 공항에서 하와이로 떠나는 박 장관을 배웅하고 작별 인사를 했다. 그런데 한 가지 인상적인 것은 공항까지 송별 인사를 나온 톨 보이스 뉴질랜드 외상이 박 장관이 떠난 뒤에도 공항에서 30분 동안이나 기다리고 있다는 점이었다. 그 까닭인즉 비행기가 이륙했다가 잘못되어 회항할 수도 있기 때문에 돌아올 것에 대비해 기다려주는 것이 귀빈에 대한 전통적인 의전 관례라고 했다. 이런 의전 방식은 영국 외무성의 전통이었는데 뉴질랜드가 영연방국가인 탓으로 이 방식을 답습하고 있다는 것이었다. 나는 귀국길에 인도네시아를 경유하여 3월 11일 서울로 돌아왔다.

박 장관은 미국으로 가서 카터대 통령을 비롯하여 밴스 국무장관과 브라운 국방장관 등과 차례로 회담하고 주한미군 철수에 반대하는 정부 입장을 설명하느라고 진땀을 뺀 뒤 3월 24일 밤에 귀국했다. 이때부터 한국과 미국 정부 간에 주한미군 철수 문제를 둘러싼 본격적인 신경전과 줄다리기가 시작됐다.

카터 대통령의 주한미군 철수 구상은 어떻게 해서 시작됐을까. 당시 외교 소식통에 따르면, 첫째, 박정희 대통령은 자주 국방 의지(핵 개발 추진 등)가 워낙 강해 미국 정부의 말을 잘 듣지 않았고, 둘째, 박동선 사건(코리아게이트) 여파로 한·미 양국 정부 간에 좋지 않은 감정이 쌓였으며, 셋째, 미국 대통령 선거 당시 한국 정부가 공화당의 제럴드 포드 후보에 비해 카터 민주당 후보를 홀대했다는 점 등이 주요 원인이 되었을 것이라는 추측이 압도적이었다.

3월 중순부터 우리 정부는 주한미군 감축 종합대책으로 작전지휘권 인수 등을 검토하기 시작했고 단계적으로 새로 만들어질 한·미 연합사령부를 거쳐 전면 이양을 받을 방침까지 세우기도 했다.

그러던 중 4월 11일 장기영 한국일보 사주께서 심근경색으로 돌연 별세하셨다. 불도저 같은 열정과 밝은 혜안으로 한국일보를 창간하여 최고의 신문으로 키워내신 왕초가 61세의 젊은 나이로 가시다니, 두 달 전에 나에게 해외 출장 기회를 승낙해주실 때도 건강이 좋으셨던 분이셨는데 도무지 믿어지지가 않았다. 독특하고 탁월한 리더십으로 우리를 곧잘 감동시켰던 왕초께 감사하는 마음 지금까지도 여전히 살아 있다.

그 무렵 미군 철수 스케줄을 탐색하는 미국 의원단과 홀브루크 미 국무성 동아시아 및 태평양지역 담당차관보가 방한하는 등 미국 정부는 강온 양면으로 우리 정부를 압박해오고 있었다. 4월 중순부터 5월 초순까지는 한·일 대륙붕 협정 비준동의안 처리 문제로 긴장이 고조되는 등 우리 정부는 미국과 일본 정부에 대해 매우 불편한 관계에 놓이게 됐다.

5월 중순이 되자 브라운 미 합참의장과 하비브 국무차관이 5월 24일에 방한해서 미군철수 문제를 협의할 것이라는 외신 보도가 나왔다. 이어 한·미 간에 실무협의체가 구성될 움직임이 나타났다. 한편 정부에서는 5월 14일 박정희 대통령 주재로 고위대책회의가 처음으로 열려 미군 철수에 관한 정부의 기본 입장과 철군에 따르는 외교·군사적 측면에서의 대응책을 광범위하게 검토하기에 이르렀다.

이틀 뒤인 5월 16일 오후 2시 반께 나는 외무부 장관실에서 청와대 회의에 참석한 박 장관이 돌아오기를 기다리고 있었다. 이병기 장관비서관(전 청와대비서실장)과 이런저런 이야기를 나누고 있었다. 그 당시 이 비서관은 젠틀맨이었고 외무부 내에서도 장래가 촉망되는 엘리트 직업 외교관이었다.

오후 3시쯤 사무실에 들어온 박 장관은 상기된 표정이 역력했다. 내가 장관실 안으로 무턱대고 따라 들어가니 의자에 앉으라고 권했다. 차를 한 잔 들면서 숨을 돌린 박 장관은 대뜸 "소련·중공과 직접 대화를 해야 하겠다"면서 구체적으로 검토에 들어갈 것이라고 밝혔다.

나는 그때 내 귀를 의심했다. 한국 정부가 공산국가와 직접 대화를 하겠다니 말이나 되는 이야기인가. 박 장관은 최근 한·미 간의 미군 철수를 둘러싼 불편한 관계를 설명하면서 장기적인 차원에서 한국의 안보를 독자적으로 확보하는 방안으로 소련·중공과 직접 대화를 검토하겠다는 것이었다.

박 장관은 최근 학계와 정계 일각에서 6·23 선언 정신(1973년 발표. 남북 유엔 동시 가입 제의, 공산권 실체 인정, 내정 불간섭, 남북대화 추진 등)에 입각해 소련·중공과의 대화 통로를 모색하는 것이 바람직하다는 대정부 건의가 제기되고 있다고 덧붙였다. 그러면서 기사 소스로 장관실명은 인용하지 말고 정부소식통으로 해달라고 말했다.

  나는 특종 기사를 취재했다는 성취감에 도취되어 송고를 했다. 이 기사는 이날 저녁 5월 17일자 지방판 신문부터 '소·중공과 직접대화 구체 검토'라는 제목으로 1면 머리기사로 보도됐다. 나는 그때 우리 정부가 카터 때문에 얼마나 속을 썩이고 고민을 많이 했으면 이런 방안까지 검토하고 있는가 하고 생각하니 약소국의 비애를 실감하지 않을 수 없었다. 이 기사는 국력이 약한 한국의 미국에 대한 일종의 협박 성격의 절규로 보여 한편으로 안타깝기도 했고 씁쓸하기도 했다. 이 기사는 다른 언론 매체들이 크게 뒤따라 보도해주어 특종 기사가 되었고 신문사는 나에게 특종상패를 수여했다.

  5월 하순 하비브 미 국무차관이 다녀갔다가 7월에 다시 서울에 와서 철군 문제는 한·미 간에 보완되며 정치적인 절충을 거듭했다. 이 무렵인 7월 14일 나는 다시 국회 출입 기자로 발령이 나서 정들었던 외무부를 1년 3개월 만에 떠나게 됐다.

국회를 출입하다

1년 3개월 만인 1977년 7월 14일, 다시 국회 출입 기자가 된 나는 물 만난 고기처럼 신바람이 났다. 정치부 기자의 취재 본고장은 역시 국회다. 입사 10년 만에 일하고 싶은 출입처에서 본격적으로 뛰게 되어 다행이었다. 국회 출입 기자는 먼저 여·야당으로 나뉘었고 다시 여당은 공화당과 유정회 출입으로 나뉘었다. 상임위원회는 여야 관계없이 기자 한 사람당 두세 개를 나눠 취재하게 됐다.

한국일보 정치부는 당시 '정국왕래'라는 가십난이 있었다. 기자들이 4~5개의 가십 기사를 매일 취재·보도해야 하는데, 쉬운 일이 아니었다. 그것도 내용이 괜찮아야 하고 데스크에 채택되자면 품질 경쟁을 벌여야 하기 때문에 여간 신경이 쓰이지 않았다.

국회는 여름이면 하한기에 접어들어 의원들은 외국 여행을 다니는 등 조금은 썰렁해지기도 했다. 9월이 되면 국회는 정기국회 준비를 서두르는 등 활기를 띠게 된다. 본회의에서 대정부 질문이 시작되고 상임위원회에서는 예산안과 법률안 심사를 벌이게 된다.

이 무렵 국회 출입 기자들은 김용태 공화당 원내총무, 이영근 유정회 원내총무, 송원영 신민당 원내총무 등을 집중적으로 취재하며 국회 운영의 방향과 내용을 알아보느라고 총무실을 번질나게 출입했다. 당시 김 총무는 YT라는 닉네임으로 선이 굵고 소탈하여 기자들의 인기가 높았고 이 총무는 자상하고 야무져서 기자들이 좋아했다. 야당의 송 총무는 늠름하고 패기가 넘쳐 기자 팬이 많았다. 1977년 정기국회는 박동선 사건 처리 등으로 조금 시끄러웠으나 큰 문제 없이 잘 지나갔다.

1978년 새해에 나는 뜻밖의 좋은 기회를 맞이하게 됐다. 1월 20일 중남미 해외 출장에 나서는 국회 외무위원회 의원시찰단(단장 김종철 의원)과 함께 해외 취재에 나서게 된 것이었다. 난생 처음 브라질에 사시는 장인·장모님과 처갓집 가족을 만나게 된다는 기쁨에 마음은 들뜨기만 했다.

멕시코, 페루, 칠레, 파라과이, 아르헨티나 등을 거쳐 브라질 상파울루에 도착하여 장인·장모님과 첫 상견을 했다. 거리가 워낙 멀어 7년 전 결혼식에 참석하지 못한 장인·장모님을 난생 처음으로 뵈니 감회가 남달랐다. 나는 귀국하는 의원단과 달리 상파울루에 며칠 더 묵으면서 사위 노릇을 한 뒤 2월 14일 귀국길에 올랐다.

나는 시찰단의 활동상을 매일 취재 보도했고 귀국 후에는 '내일을 위해 사는 남미 동포들'(1978년 2월 22·23일)이라는 박스 기사 2건과 페루 유일의 동포 교수 언어학자 이기상 씨를 소개하는 박스 기사(3월 3일)를 보도했다. 시찰단은 김 단장을 비롯하여 이병희·강상욱 의원(공화당), 오정근·서영희 의원(유정회), 오세응 의원(신민당) 등 6명으로 모든 의원이 사명감을 가지고 열심히 활동했다.

1978년 6월이 되자 국회 주변에서 조기 총선과 공천 이야기가 갑자기 흘러나오기 시작했다. 당초 예정된 총선일은 1979년 2월인데 조기 총선의 필요성은 몇 가지 이유가 있었다. 첫째는 제9대 박정희 대통령 취임(1978년 12월 27일)에 맞춰 정부와 국회가 새 출발을 하는 것이 모양새가 좋다는 의견이 제기됐다. 둘째는 1979년 2월에는 음력설이 끼어 있어 선거자금이 많이 드는 탓으로 12월 10일 전후로 앞당겨 실시하면 좋겠다는 것이 정부 여당의 방침이었다. 셋째는 조기 선거를 하면 정기국회를 쉽게 넘어갈 수 있다는 정부 여당의 또 다른 속셈도 깔려 있었다.

정기국회 개회와 함께 9월 2일 공화당에서 1차 공천자 발표가 나오자 국회는 거의 파장 분위기에 휩싸였다. 10월 20일에는 공화당에서 나머지 공천자를 발표했고 정부는 12월 12일에 제10대 국회의원 선거를 실시한다고 공고했다. 새해 예산안과 법률안 심사는 대충 통과되는 등 의원들의 마음은 벌써 지역구에 가 있었다.

12월 2일부터 합동연설회가 시작됐다. 나는 정일권 국회의장이 입후보한 속초·인제·고성·양양 선거구로 출장을 가는 한편 인천·수원 선거구도 돌아보는 등 총선 취재를 하느라고 여념이 없었다. 총선 해설 기사도 쓰고 제법 정치부 기자로서 틀을 갖추어가고 있었다.

이 무렵의 재미있는 일화다. 신형식 공화당 대변인이 주인공으로 야당에서 어떤 사안을 물고 늘어지면서 공화당의 사과를 요구하는 일이 많았다. 이때 기자들이 어떻게 생각하느냐고 물으면 신 대변인은 "사과? 무슨 사과? 먹는 사과? 사과 맛있지!" 하고 받아넘겨 기자들을 파안대소시켰다. 신 대변인은 그 뒤 공화당 사무총장을 거쳐 건설부 장관을 역임하기도 했다. 서글서글하고 인간미가 넘쳐흐르는 보기 드문 '통 큰 정치인'이었다.

10·26 사태의 원인

1978년 12월 12일에 실시된 제10대 국회의원 선거 결과가 나왔다. 여당인 공화당이 68석, 야당인 신민당이 61석, 통일당이 3석, 무소속이 22석을 얻었다. 표면적으로는 여당이 신승한 듯 보였다. 그러나 득표율에서는 신민당이 공화당(31.70%)보다 1.12%가 더 많은 32.82%를 얻어 심상치 않은 후유증을 예고하고 있었다. 물론 유정회 77석이 통일주최국민회의에서 선출토록 되어 있어 원내 안정 의석에는 문제가 없었다. 그러나 국민 직접선거에서 여당이 지고 말았으니 정부 여당의 심기가 불편해지기 시작했다.

1978년 12월 27일 박정희 대통령이 제9대 대통령으로 취임했고 이듬해인 1979년 2월 20일에는 여당권이 대폭 개편됐다. 공화당 의장 서리에 박준규, 사무총장에 신형식, 원내총무에 현오봉 의원이 임명됐다. 국회의장에는 백두진 유정회 의장이, 유정회 의장에는 태완선 의원이 각각 내정됐다.

제10대 국회는 그해 3월 15일에 첫 소집됐다. 그러나 야당인 신민당 측은 백두진 의원의 국회의장 선출에 유정회 소속이라는 이유로 강력 반발했다. 국회는 첫날부터 개원도 못하고 팽팽한 대립각을 세웠다. 이틀간의 파동 끝에 3월 17일 본회의에서 야당은 백지투표를 하거나 일부는 퇴장하는 가운데 백 의원이 찬성 155표로 국회의장에 힘겹게 선출됐다.

소위 '백두진 파동'의 핵심 논리는 통일주최국민회의에서 간접적으로 선출된 유정회 소속 의원이 직접 선출된 공화당 의원을 제치고 국회의장이 될 수 있느냐는 것이었다. 이 파동에 기름을 끼얹은 것은 당시 차지철 청와대 경호실장이 백 의장을 밀고 있다는 소문이었다. 이 파동으로 공화당 의원들의 자존심이 크게 손상됐고 차 실장에 대한 여당 의원들의 반감 또한 서서히 커지기 시작했다.

그해 5월 4일 나는 한국기자협회 제18대 회장단의 부회장으로 선출됐다. 회장은 CBS 출신의 정성진 선배였다. 한국일보 정치부의 송효빈·김상진·이성춘·박실 등 선배들이 기자협회회장으로 활동해온 것을 봐왔기 때문에 나도 평소에 기협 활동에 관심이 많았다. 그러던 차에 국회에 함께 출입하던 정 선배가 나를 기협 부회장으로 추천하여 기자협회에 참여하게 된 것이다. 물론 기협 회장단 참여는 신문사의 동의를 받아야 했지만 부회장의 경우에는 신문사의 반대는 거의 없었다.

5월 30일에는 김영삼 의원이 신민당 총재로 당선됐다. 이철승 의원과의 한판 승부는 결국 이기택 의원이 김 의원을 지지하여 결판났다. 나는 마포 신민당 당사로 취재 지원을 나가 손에 땀을 쥐게 하는 불꽃 튀는 야당 전당대회 현장을 지켜보면서 취재했다.

흥미진진한 한편의 드라마였다. 극적으로 승리한 김 총재의 선명 야당 컬러가 점점 노골화되자 공화당은 6월 7일 무소속 의원 15명을 무더기로 공화당에 입당을 시키는 등 세 과시로 야당에 맞서고 나왔다.

김 총재는 6월 11일 서울 외신기자클럽에서 "나라의 통일을 위해 김일성은 물론 북한의 책임 있는 인사들과 언제 어디서든 만날 용의가 있다"고 말했다가 여당권의 강력한 저항에 부딪쳤다. 김 총재는 이어 7월 23일에 열린 국회 본회의에서 야당대표 질문을 통해 "10대 총선에서 국민들은 신민당에게 1.1%의 승리를 안겨주었다. 이로써 공화당 정권과 소위 유신 2기는 불신임당하고 말았다"고 비판하고 민감한 사안인 유신체제 문제까지도 집중 공격을 했다.

이 발언으로 여·야 경색 분위기가 조성되는 가운데 8월 9일 YH 여공들이 도시산업선교회의 알선으로 신민당사에 진입하여 농성에 들어가는 사건이 발생했다. 정부는 8월 11일 새벽 2시 경찰 1천여 명을 동원해 신민당사에 들어가 농성 노동자 172명을 강제 해산시켰다.

이 과정에서 여공 김경숙 양이 추락하여 사망하고 다른 여공과 신민당 의원 및 취재 기자 등 100여 명이 부상당하는 대형 사건이 발생했다. 김영삼 총재 등 신민당 의원들은 이 사태를 엄중하게 항의·규탄하면서 당사에서 농성에 돌입했다. 정기국회가 열리는 9월이 되어서도 경색 정국은 평행선을 달렸고 YH 사건 이후 야당과 재야세력은 유신 반대 공동 투쟁에 나서게 된다.

때마침 정권의 공작설이 파다했던 신민당 가처분 사건이 터진다. 신민당 지구당 위원장 3명이 낸 총재단 '직무 정지 가처분 신청'(총재 선출 자체가 무효라는 주장)이 법원에서 받아들여져 김 총재는 9월 8일 총재직을 내놓게 된다.

며칠 후 YS는 『뉴욕타임스』와의 인터뷰에서 "미국은 국민과 유리된 정권과 민주주의를 열망하는 다수 국민 가운데 어느 쪽을 선택할지를 밝히라"고 요구하며 저항했다. 이에 열을 받은 공화당과 유정회는 9월 22일 YS 징계 결의안을 국회에 제출했다.

이 와중에 기자협회 정성진 회장이 일신상의 사정으로 사퇴서를 제출하여 운영위원회는 어쩔 수 없이 수리할 수밖에 없었다. 운영위는 나를 회장 직무대행으로 선출했다. 정 회장은 회장 취임 이후 정부 측을 비판하는 기협 성명을 여러 번 발표하여 문공부 당국을 곤혹스럽게 만들었다. 나는 긴박하게 돌아가는 정국도 취재해야 하는 한편 기자협회 일도 돌봐야 하는 등 1인 2역으로 더 한층 바쁘게 지내게 됐다.

마침내 10월 4일 YS는 국회에서 제명당하는 초유의 주인공이 되고 말았다. 공화당과 유정회 의원들은 신민당 의원들이 점거한 국회 본회의장을 피해 146호실에 모여 제명안을 일사천리로 처리하고 말았다. 반발하는 신민당 의원 60명 전원과 통일당 의원 3명이 의원직 사퇴서를 제출했다. 취재하는 기자들의 눈에도 YS 제명은 정부 여당의 지나친 무리수로 받아들여지고도 남았다.

민심이 동요하기 시작했다. YS의 지지 기반인 부산·마산 지역이 먼저 들썩거렸다. 10월 16일 부산대생 수천여 명이 유신 철폐를 외치며 가두시위에 나섰다. 10월 18일 부산에 계엄령이 선포됐다. 그러자 부산 시민들까지 시위에 합류하게 되었고 불길은 부산에 이어 마산으로 번져갔다. 이로부터 불과 8일 뒤 10·26 사태가 발생하게 되고 박정희 대통령은 김재규 중앙정보부장이 쏜 총탄을 맞고 시해를 당하게 된다.

혼미한 정국

1979년 10월 26일, 나는 그날따라 조금은 일찍 퇴근했다. 저녁을 먹고 서울 강서구 신월동에 있는 집에서 오랜만에 쉬고 있을 때였다. 밤 9시 반쯤 신문사 정치부에서 전화가 걸려왔다. 대통령 신변에 이상 사태가 발생했으니 신문사로 빨리 나오라는 전갈이었다. 집에서 나와 허둥지둥 택시를 타고 밤 10시 20분께 신문사에 도착했다. 이문희 정치부장과 몇몇 기자들이 이미 나와서 전화통을 붙잡고 취재를 하느라고 부산했다.

이때 우리의 관심사는 박정희 대통령의 생사 여부에 집중됐다. 대통령의 안위에 따라 비상사태의 수습책이 전혀 다르게 세워지기 때문이었다. 그날 밤 10시 30분에는 최규하 국무총리와 국무위원들이 국방부 제1회의실에 모여 박 대통령 시해범인 김재규의 주장에 따라 비상계엄 선포 문제를 놓고 왈가왈부하고 있었다. 언론기관에서는 이 사실을 처음에는 잘 모르고 있었다. 신현확 부총리는 박 대통령의 유고 내용을 확인한 다음에 계엄령 선포를 의결하자고 주장했다. 신 부총리는 그 당시 소신을 가지고 현명하게 대처하여 유명한 일화를 남기기도 했다.

그날 나는 정치부장의 지시에 따라 밤 10시 반부터 삼청동 총리공관과 중앙청, 문공부 등을 취재하기로 했다. 총리공관에 도착해보니 최 총리는 출타 중이었고 총리실 비서관들만 황급하게 들락거리고 있을 뿐이었다. 중앙청도 불이 꺼진 채 조용하기만 했다.

밤 11시가 조금 넘어서야 국방부에서 국무회의가 열리고 있다는 소식이 뒤늦게 확인됐다. 27일 새벽 2시 반께 문공부 보도 관계자가 몇 시간 안에 정부 대변인인 문공부 장관을 통해 국무회의 내용을 발표할 것이라고 알려왔다. 새벽 4시가 조금 지나자 문공부는 김성진 장관이 오전 4시 30분에 중앙청 기자실에서 비상국무회의 결과를 발표하겠다고 다시 통보해왔다.

김 장관은 오전 4시 10분께 침통하고 굳은 표정으로 기자실에 들어왔다가 잠시 나간 뒤 4시 22분께 다시 들어와서 짤막한 발표문을 읽어나갔다. 발표 내용은 다음과 같이 요약된다. "국무회의는 박 대통령의 유고로 전국 일원에 비상계엄을 선포키로 의결했다. 비상계엄사령관에는 육군참모총장인 정승화 육군대장을 임명했다. 최규하 국무총리가 대통령 권한을 대행한다"는 것 등이었다.

김 장관은 이때 '대통령의 유고'를 구체적으로 말해달라는 기자들의 질문에 "발표한 대로만 써달라"면서 입을 다물었다. 그는 3시간 뒤인 이날 오전 7시 25분께 박 대통령의 서거 사실을 처음으로 확인하는 발표를 다시 한 번 했다. 일단 계엄 업무의 작동과 정부 대응의 시간적 여유를 얻기 위해 그렇게 한 것으로 보였다. 그러나 미래 권력의 눈치를 보는 것은 아닌지 무엇인가 석연치 않은 구석도 있어 보였다.

박 대통령의 서거는 온 나라를 슬픔의 도가니로 몰아넣었고 그 충격은 엄청나게 컸다. 비상 정국은 겉으로는 침통했지만 안으로는 대통령 시해범인 김재규와 관련자 수사 및 국정 운영의 방향 등을 놓고 소용돌이치기 시작했다. 바로 한 치 앞을 내다보기 어려운 바로 안개정국이었다.

박 대통령의 장례는 국장으로 하기로 정해졌다. 정부는 국장 장의위원회를 구성했다. 기자협회회장 직무대리인 나도 장의위원에 포함되어 청와대 옛 본관 건물에 마련된 빈소로 조문을 갔다. 또 이어 11월 3일 중앙청 앞마당에서 거행된 영결식에도 참석하여 고인의 명복을 빌었다.

박정희 대통령! 우리 역사에 뿌리 깊게 새겨진 그분의 위업은 이루 말할 수 없이 많다. 오늘날 우리 국민이 세계에서 어깨를 쭉 펴고 잘 살 수 있게 된 것은 박 대통령의 업적 중 최고의 업적이 아닐 수 없다. 우리도 잘 살아보자는 일념 아래 중화학공업 중심의 경제개발계획을 꾸준히 추진해온 것이 가장 중요한 원동력이 됐다고 할 수 있다.

물론 정치·사회적으로는 공과도 없지 않았다. 유신체제 반대자에 대한 인권 탄압과 언론인 대량 해직 및 고교 동기생 여정남 군이 인혁당 사건으로 사형당한 일 등 장기 집권 과정에서 과오도 어느 정도 있었다. 그러나 한국을 세계 12위의 경제대국으로 끌어 올리는 확고한 주춧돌을 놓은 박 대통령의 업적만큼은 절대로 과소평가해서는 안 될 일이라고 생각한다.

기자협회 회장이 되다

10·26 사태가 몰고 온 극심한 안개정국은 '12·12 사건'으로 정점을 찍는다. 최규하 대통령이 12월 21일 제10대 대통령으로 취임하자 정국은 겉으로는 안개가 걷히고 안정을 되찾는 기미를 보이는 듯했다. 1980년 새해가 되자 정부와 국회는 개헌의 필요성을 주장하기 시작하는 등 정국이 제대로 움직여가는 것처럼 보였다.

한국기자협회는 이 무렵 참으로 어려운 길을 걷고 있었다. 지난해 9월 27일부터 내가 회장 직무대리를 맡아오면서 차기 회장 선출 공고(10월 19일 선출)를 냈지만 아무도 후보 등록을 하지 않아 기자협회는 위기를 맞고 있었다.

더욱이 10·26 사태의 발생으로 기자들의 관심이 국가 운명이 걸려 있는 정국의 향방에 쏠리고 있었고 회장의 잔여 임기도 5개월밖에 남지 않아 선출 재공고를 낸다고 하더라도 회장을 하겠다고 할 사람도 없을 것 같았다. 그래서 회장단 회의를 열어 협의해보았으나 모두들 나 보고 회장을 맡으라고 권유했다.

나는 그때 회장을 맡고 싶은 생각이 추호도 없어서 이성해 부회장(MBC 출신)에게 바통을 넘겼다. 뜻밖에 이 부회장이 승낙을 해주어 한시름을 놓는 듯했다. 그러나 얼마 뒤 방송사 측이 이 부회장의 회장 취임을 반대한다는 소식이 들려왔다. 나는 MBC로 이환의 사장을 찾아가 설득을 시도했다. 이 사장은 끝까지 완강했다. 한동안을 기다려봤으나 승낙 소식은 오지 않았다.

그러다가 1980년 새해를 맞았다. 정치권에서 개헌 이야기도 나오고 하자 기협회장단은 개헌 과정에 기협도 할 일이 있다고 하면서 회장으로 나를 다시 추대했다. 이젠 더 피할 수도 없었다. 하는 수 없이 신문사에 이실직고를 하였더니 취재 업무를 소홀히 하지 않는다는 조건부로 승낙을 해주었다.

그리하여 1980년 1월 18일 운영위원회에서 만장일치로 제19대 한국기자협회장으로 선출됐다. 이렇게 하여 당초 마음에도 없었던 기협 회장직을 맡게 됐는데 남은 임기는 두 달이 조금 넘는 3월 31일까지였다.

회장 직무대리 역할부터 모두 6개월 조금 넘게 회장직을 역임하면서 나는 '건전한 기협 활동'에 목표를 두고 회원들의 요구사항을 해결하는 데 주력했다. 나는 회원들에게 기협 운영에 적극 참여하도록 촉구하는 한편 신문협회의 공휴일 축소 결정, 기자의 저임금 문제, 정성진 전 회장의 구속·사퇴 파동 사건, 용호무역 사태 당시의 기자 무더기 폭행 사건, 동아·조선 분회의 활동 정상화 문제 등을 해결하는 데 나름대로의 노력을 기울였다.

나는 회장직을 수행하면서 '언론 환경의 민주화'를 강력하게 주장했는데 이때 사용된 '환경'이라는 용어는 내가 처음으로 사용한 것이다. 그 뒤 언론계에서 '정치 환경', '기업 환경', '문화 환경'이라는 말을 쓰기 시작해 요즘에는 일반화되기에 이르렀다.

기협회장으로 정식 선출된 지 한 달여가 지난 2월 29일, 나는 회장단과 함께 중앙청으로 신현확 국무총리를 찾아갔다. 새 헌법에는 언론의 자유가 유보 조항의 제한 없이 최대한으로 보장되어야 한다고 주장하고 아울러 해직 기자들의 조기 복직을 정부 측에 강력하게 요구했다. 이에 신 총리는 "정부는 새 헌법에서 언론의 자유가 적극 보장되도록 충분히 검토하겠다"고 말하고 해직 기자의 복직 문제는 언론기관 내부에서 자율적으로 해결해나가는 것이 바람직하다고 밝혔다.

사실 출입처 기사를 성실하게 취재하면서 기협 일을 제대로 본다는 것은 다소 무리지만 나는 신문사와 한 약속을 지키느라고 애를 많이 먹었다. 나의 전임 회장 중에는 전적으로 기협 일만 맡아본 분도 있었으나 나는 개인적으로는 이에 반대하는 입장이다. 기자는 취재를 우선적으로 하면서 남는 시간에 기협 일을 보는 것이 옳다고 생각한다.

그 무렵 나는 법제처의 개헌심의위원회와 판문점에서 열리는 남북

1980년 봄. 남북 총리회담을 위한 실무접촉을 취재하기 위해
판문점을 방문한 중앙청 출입 기자들.(오른쪽에서 두 번째가 필자)

총리회담을 위한 실무자회담을 취재하느라고 경황없이 뛰어다녔다. 그러다보니 기협회장 임기가 끝나는 3월 말이 성큼 다가왔다. 나는 3월 20일 『기협회보』에 '발행인과 기자협회'라는 제목으로 고별기고를 했다. 기협과 발행인의 실질적인 관계 개선이 쌍방 간의 노력으로 하루 빨리 이뤄져 언론 내부에서 서로 싸우는 추태를 조속히 불식하기를 희망한다고 주장했다.

임기 중에 몇 가지 작은 성과는 있었으나 세상이 워낙 뒤숭숭할 때인지라 일을 제대로 하기에는 많이 힘들었다. 그래도 한 가지 업적을 남긴 것은 역대 회장들이 한 번도 달성하지 못한 기협의 흑자재정을 가까스로 이룩해낸 것이었다. 비록 적은 액수지만 아껴 쓰고 또 절약해서 플러스를 간신히 기록했다.

회장직을 물러나면서 나는 퇴임사를 통해 3,100여 명의 회원들에게 "우리는 새 헌법에서의 언론 조항에 관해 각별한 관심을 가지고 힘을 모아 민주적 자유 언론 조항이 규정되도록 싸워나가야 할 것"이라고 강조하면서 "재임 중에 이 부분에 관해 변변히 실적을 쌓지 못한 점에 대해 부끄럽게 생각한다"고 솔직하게 고백했다(4월 25일자 『기협회보』).

가장 바쁘고 힘들었던 1년

국운이 한창 흔들렸던 1979년 10월 26일부터 1980년 11월 말까지 1년여는 나에게 있어서 평생을 통해 가장 바빴고 고달팠고 보람 있었던 시간이었다. 신문기자로서 나라의 운명이 경각에 걸렸던 역사적 현장을 지켜야 했던 행운과 일복은 참으로 고마운 일이 아닐 수 없었다. 나의 인간적 자질 향상과 위기 관리 능력을 키우는 데에도 큰 도움이 되었기 때문이다.

생각만 해도 엄청난 일들이 발생했다. 취재하고 써야 할 기사거리가 너무나도 많았다. 1979년의 10·26 사태에 이어 12·12 사건, 최규하 제10대 대통령 취임(12·21) 등과 같은 국가적 큰 사건들이 잇달아 일어났다. 이어 1980년에는 정부 헌법연구반 발족(1·19), 남북총리회담 실무 접촉 시작(2·6), 개헌 토론회(3·6), 정부헌법연구반 최종보고서 개헌심의위 제출(3·28), 정부 개헌심의위 1차 회의(3·29), 최규하 대통령과 신현확 총리 대통령 선거 불출마 선언(4·24), 남북대화 교착(5·7) 등과 같은 복잡한 정국 상황들이 잇달아 벌어졌다.

한편 대규모 대학생 시위로 인한 사회 불안의 가속화에 대한 총리 시국담화문 발표(5·15), 5·18 비상계엄 전국 확대 및 광주사태 발생, 내각 일괄사표(5·20), 국가보위비상대책위 설치(5·31), 공무원 숙정

(7·15), 최규하 대통령 하야(8·16), 전두환 제11대 대통령 취임(9·1), 개헌안 확정 공고(9·29), 남북 실무회담 결렬(10·7), 개헌안 국민투표(10·22), 새 헌법에 따른 과도입법기구인 국가보위입법회의 발족(10·29), 정치활동규제자 발표(11·12), 언론통폐합 조치(11·25) 등 숨막히는 정치 일정이 꼬리를 물고 계속 일어났다.

나는 이 무렵 10·26 사태 때부터 줄곧 중앙청 출입 기자로 일하게 되어 참으로 많은 일을 취재하고 보도해야 했다. 총리실이 주요 정치 일정과 개헌 작업 및 남북 총리회담을 위한 판문점 실무 접촉 등을 하고 있어 취재의 중심에 있었기 때문에 출입 기자들은 눈 코 뜰 사이가 없었다. 이 엄청난 일들을 무난히 잘 취재·보도해 큰 잘못 없이 넘겼으니 지금 생각해도 다행스럽게 생각된다.

취재 과정에서 남기고 싶은 두 가지 이야기가 있다. 한 가지는 최규하 대통령과 신현확 총리 사이가 1980년 4월에 들어와 불편한 관계로 변하게 된다. 그 이유는 최 대통령이 특히 군부의 동향 등 정국의 변화에 대한 시각이 신 총리와 다른 데에서 연유한다. 그 무렵 신 총리는 고교 후배인 나에게 중요한 문제에 대해 언급을 가끔 해주곤 했다. 때로는 "좀 답답해!" 하면서 어려움을 토로하기도 했다. 그러다가 그해 4월 24일 저녁 신 총리는 삼청동 공관에서 기자간담회를 갖는 자리에서 "대통령과 총리는 개헌 후에 실시되는 대통령 선거에 불출마하기로 했다"고 밝히면서 최 대통령과의 저간에 걸친 피곤한 줄다리기 과정을 자세하게 설명해주었다.

또 한 가지는 총리회담을 취재하러 판문점에 가서 자유의 집과 판문각을 오가면서 북측 기자들을 여러 차례 만나게 됐다. 나도 그들과 조금은 친해져서 단둘이서 만나 대화를 해보면 그들도 사람인지라 개인적으로 인정이 통하는 것을 느꼈다. 그때 나는 역시 동족이 다르구나 하는 생각이 뭉클 솟아오르기도 했다.

　지금의 남북관계는 북의 핵무기 실험과 미사일 발사로 인해 꽁꽁 얼어붙을 수밖에 없어졌는데 그때와 비교해보면 금석지감을 느끼지 않을 수가 없다. 언제쯤 북한이 제정신을 차리고 핵을 포기하고 국제사회의 떳떳한 일원으로 참여할 수 있게 될지 답답하기 그지없기만 하다.

사쿠라 야당 의원은 못하겠다

1980년 10월 22일 제5공화국 새 헌법이 공포됐다. 이에 따라 정치 발전 스케줄이 차츰 가시화되기 시작하던 11월 10일 무렵으로 기억된다. 벅찬 취재로 파김치가 되어 지내던 그날 오후 7시가 넘어 퇴근을 하기 위해 편집국 3층 계단을 내려가던 길이었다. 이때 어느 친한 동료 기자가 "안 기자! 자네가 국회의원이 된다는 소문이 있는데 사실이야" 하고 물었다. 나는 "무슨 말이야. 전혀 모르는데…" 하면서 그 친구가 농담하는 줄로만 생각했다. 내가 정치부 기자니까 한번 우스개로 해보는 소리라고 여기면서 그냥 넘겨버리고 말았다.

그로부터 이틀쯤 지났을까. 오후 3시 반쯤으로 기억된다. 정치부에서 한창 기사를 쓰고 있는데 나를 찾는 전화가 왔다. 받아보니 나를 오늘 중으로 꼭 만나야겠다면서 약속시간을 달라고 했다. 누구냐고 물었더니 밝히기는 곤란하다면서 만나보면 알게 될 것이라고 했다. 말하는 투를 보니 사기를 치는 사람 같지는 않아서 두 시간 뒤면 만날 수 있겠다고 했더니 시청 앞에 있는 백남빌딩(현 프레지던트호텔) 커피숍에서 보자고 했다. 그 당시 그곳은 정치인들이 많이 드나드는 장소였다. 나는 누가 나를 만나려고 할까 하고 궁금증이 더해가기만 했다.

얼마 뒤 커피숍에 들어가서 자리를 잡고 앉으니까 훤칠한 40대 중반의 신사가 나에게 다가와 앉으면서 인사를 걸어왔다. 그는 명함을 내밀었는데 국가안전기획부 정치 담당 아무개라고 적혀 있었다. 그 사람이 과장인지 차장인지는 지금 기억이 나지 않는다. 그는 나에게 대뜸 국회의원을 할 생각이 있느냐고 묻는 것이었다. 나는 무슨 영문인지 먼저 자세하게 말해달라고 버텼다. 그랬더니 그는 요즘 새 정당을 만드는 작업이 한창인데 중요한 일은 보안사령부에서 직접 하고 있고 자기들(안기부)은 그쪽에서 연락이 오면 사람을 만나 의향을 알아보는 심부름만 하고 있다고 했다.

그래서 뜸을 좀 들였다가 내가 동의하면 여당 국회의원이 되느냐고 물었다. 그러자 그는 여당은 이미 다 끝났고 제1야당(그 뒤 민주한국당) 의원이 될 것이라고 말했다. 이때 나는 잠시 머리가 혼란스러워졌다. 뭐라고? 보안사와 안기부 사람들이 야당과 야당의원을 만드는 작업까지 한다고.

나는 어안이 벙벙하여 내가 왜 관제 야당의원으로 차출되는 대상이 됐느냐고 물었다. 그랬더니 자세한 것은 모르지만 기자협회 회장도 역임했고 젊고 참신하니까 대상자가 된 것으로 알고 있다고 말했다. 그러면서 승낙은 생각해보고 나중에 해도 좋다고 했다. 덧붙여 자기를 만났다는 이야기는 절대로 해선 안 된다고 했다.

그와 헤어진 뒤 나는 심각한 고민을 하지 않을 수 없었다. 사쿠라 야당의원을 어떻게 하느냐 하는 양심(良心)과 쉽게 굴러들어오는 금배지를 왜 놓치느냐하는 악심(惡心)이 서로 싸우는 갈등 속에서 나는 이틀을 보내야만 했다.

새 헌법은 국회의원을 한 선거구에서 두 명씩 뽑는 중선거구제를 채택하고 있었으니까 제1야당 후보가 여당 후보와 함께 동반 당선되는 것은 아주 쉬운 일이었다. 장고 끝에 악수를 둔다고 했던가. 나는 한

동안의 번민 끝에 결국 천재일우의 기회를 놓칠 수 없다고 결론을 내리고 그만 악심과 악수를 하고 말았다. 곧바로 안기부의 그 사람에게 나의 결심을 알려줬더니 잘 선택한 것이라면서 앞으로 잘 되기를 빈다고 했다.

나는 악심의 포로가 되어 그가 시킨 대로 행동에 나서게 된다. 아침 일찍 갈현동에 있는 신상우 의원(뒤에 민한당 사무총장) 댁을 찾아가 정당을 함께하고 싶다고 인사를 하는 한편 유치송 의원(뒤에 민한당 총재) 댁 등을 찾아다니며 얼굴 익히기에 주력했다.

나는 국회 출입 기자를 몇 년 해봤지만 여당만 출입해 야당인사들은 잘 알지를 못했다. 10여 일쯤이 지나자 입후보 예정 선거구 줄다리기가 시작됐다. 신 의원은 나보고 서울 동대문구가 좋겠다면서 조직 준비에 나설 채비를 하라고 말했다.

11월 하순에 접어들자 중앙 일간지들은 각 정당의 동태를 보도하면서 제1야당(민한당)의 낙하산 '오더'설을 보도하기 시작했다. 권력이 만들어주는 야당이 제 구실을 하겠는가고 호되게 비판하고 나섰다. 또 이때 우연히 만난 대학 4년 선배 한 분은 안기부 요원이 자기 보고 통일사회당을 하라고 접촉해왔지만 거절했노라고 말하기도 했다.

한편 그 무렵에는 민한당 창당을 앞두고 야당 사람들의 모임이 자주 있었다. 나도 그 모임에 참석해서 이야기를 나누다보니 한 전직 야당 의원이 "군부에서 '오더' 받고 야당에 들어오려고 하는 사람들이 많다"면서 분개하는 것을 보고 도둑이 제 발 저리듯 나의 가슴이 철렁 내려앉는 것 같기도 했다.

나는 그 무렵부터 지난번보다 더 큰 고민과 갈등을 겪기 시작했다. 한국일보를 담당하는 보안사 출입 기관원은 신문사 안에 내가 정치를 하게 된다고 소문을 퍼뜨리기도 했고 나를 만나면 '오더' 사실을 노골적으로 아는 척 하기도 하여 민망스럽기까지 했다.

나는 이때부터 3일 동안을 심사숙고했다. 더 이상 시간을 끌 수가 없었다. 불의와의 타협에서 탈출하여 양심을 회복하는 출구 전략에 돌입하기로 결심했다. 젊은 나이에 사쿠라 국회의원이 된들 무슨 일을 하겠느냐는 양심의 가책과 내 자신이 고작 이 정도의 인간밖에 안 되느냐 하는 자괴감에 빠져 밥맛도 살맛도 없어졌다.

나는 곧바로 창당 작업에 분주한 신상우 의원을 찾아가 도중하차 사실을 알리고 정치적 움직임을 일체 중단해버리고 말았다. 한편 신문사에도 그동안 나의 오판에 의한 나 자신의 과오에 대해 중대한 책임을 통감하고 정치부에서 다른 부서로 옮겨줄 것을 이문희 정치부장에게 자청했다. 나는 저간의 나의 잘못을 깊이 반성하면서 양심과 정의를 버리고 거짓과 사술의 노예가 되어 보낸 지난 20여 일간의 어설픈 정치 행각에 종지부를 찍고 말았다.

세월이 많이 지난 지금까지도 그 당시 누가 나를 야당인 민한당 국회의원 후보로 추천했는지 짐작은 대충 가지만 정확히는 잘 모르고 있다. 그 뒤에도 알아보려고 노력해봤으나 확인이 안 되니 궁금하기 이를 데 없다.

미국의 시인 엘리엇은 '4월은 잔인한 달'이라고 읊었지만 나에게는 1980년 11월이 내 일생을 통해 가장 잔인한 달이라고 생각하지 않을 수 없다. 그해 12월 1일에는 마침내 민한당 발기선언문이 발표됐다. 그리고 한국일보는 며칠 뒤 나를 정치부에서 사회부로 인사 발령을 냈다.

다시 사회부로

일순간의 정치적 탐욕이 부른 대가는 상상 이상으로 컸다. 신문사 내의 선배·동료·후배들의 나에 대한 시선이 종전과 다르게 느껴졌다. 싸늘하기도 하고 비웃는 것 같기도 했다. 당연한 것이라고 생각하고 묵묵히 참고 견뎌내는 수밖에 없었다.

사회부로 다시 돌아오자 차장인 구용서 형이 나를 반겨주었고 경제부에 있는 최상태 형도 힘내라고 격려를 해주었다. 한동안 경찰 기자 때처럼 두 형들과 함께 자주 술자리에 어울리며 마음의 상처를 달랬다. 사회부에 와서는 한 달 가까이 내근을 하면서 후배들이 쓴 기사를 고치고 정리하는 데스크 보조일을 보면서 악몽에 시달렸던 1980년과 작별했다.

1981년 새해를 맞이하자 새 출입처로 교통부를 맡게 됐다. 새로운 각오로 열심히 해보고자 했으나 마음이 따라오지 않고 어지러웠다. 3월 25일 제11대 국회 총선일이 다가오기 때문이었다. 선거가 끝나자 심란한 심경은 어느 정도 안정을 되찾았다.

이제는 열심히 취재에 나서서 좋은 기사를 많이 써보자고 다짐했다. 그래서 대구·경북 지역에 '이동독자부' 취재반장으로 출장을 가서 성과를 올리기도 했다. 한편으로는 걸음마 수준의 교통부의 관광·해운 정책에 관한 기사를 많이 취재·보도했다. 5월 14일에는 경산에서 열차가 추돌하여 53명이 사망하고 260여 명이 중경상을 입는 대참사가 발생했다. 나는 '안전운행 무엇이 문제인가'라는 제하의 시리즈 해설 기사를 세 번에 걸쳐 쓰는 등 열심히 일하는 기자로 되돌아갈 수 있었다.

6월과 7월에는 고속버스와 직행버스의 요금 시스템을 바로잡는 기획 기사를 보도했다. 또 7월 하순에는 윤자중 교통부장관을 수행하여 제주도에 가서 제주도를 국제 수준의 관광지(관광객 무비자 15일 체류)로 만들겠다는 교통부의 구상을 보도했다. 교통부는 이를 계기로 아시아에서 한국 관광 붐 조성을 위해 적극적으로 나서게 된다.

9월 23일에는 국제관광공사가 미주지역여행자협회(ASTA) 서울총회를 유치하는 데 성공하는 등 관광 입국의 기초를 다져나갔다. 이때 교통부 관광국장인 강동석 씨는 일 잘하기로 소문났는데 나중에 건설교통부장관(12대)으로 발탁되는 등 여러 분야에서 많은 업적을 남기게 된다.

이 무렵 내가 열심히 일하고 심리적으로 안정됐다고 판단했는지 신문사는 나를 사회부차장대우로 승진 발령을 냈고 오인환 사회부장(문공부장관 역임)은 나에게 법조 반장으로 출입하도록 보직 발령을 냈다. 9월 30일에는 서독 바덴바덴에서 열린 제84차 IOC 총회에서 '88 하계올림픽 서울 개최가 확정되는 쾌보가 날아 들어왔다.

법조 출입 기자는 참으로 취재 범위가 넓고 중요한 임무를 맡는다. 대법원과 일반 법원, 법무부와 대검찰청 및 일반 검찰청 등 할 일이 엄청난 출입처다. 그래서 사회부에서는 서울시, 서울시경과 함께 3대 중요 출입처로 꼽힌다. 11월 19일에는 통행 금지 조치가 해제되어 우리 사회는 한층 밝아지기 시작했다.

법조 출입처는 나와 나를 돕는 최규식 기자(전 한국일보 편집국장·제17대 국회의원) 단둘이 맡아서 담당하게 됐다. 나는 법원·검찰의 일반 행정과 인사 및 법조인 인터뷰 기사를 맡고, 최 기자는 사건과 재판을 주로 취재하기로 업무를 분장했다. 또 사회부가 바쁠 때는 데스크 보조 역할도 해야 하는 등 편할 날이 없었다. 최 기자는 유능했고 매우 부지런하여 나를 감동시킬 때가 많았다.

그런데 막상 한 달 동안 출입을 해보니 역시 판사나 검사들과 친해져야 취재가 되는 것이라서 정치부 기자와 취재 방법이 비슷했다. 거기다가 검사들이 목에 힘이 너무 많이 들어가 있는 권위적인 검찰 문화에 대해 체질적인 거부감마저 일어나기도 했다. 또한 대학 때부터 행정법을 싫어해 법률 관계 조문 등에 관해 기피증이 있다보니 법조 출입에 흥미가 차츰 없어지기 시작했다.

12월 16일 검찰총장에 정치근 부산지검장이 임명되고 곧 후속 인사가 단행됐다. 이때 후속인사 면면을 보면 참으로 쟁쟁한 인사들이 많았다. 대검차장에 서동권, 서울고검장에 김석휘, 대구고검장에 김성기, 광주고검장에 배명인, 서울지검장에 정해창, 법무부 검찰국장에 김기춘 등 검찰을 빛낸 쟁쟁한 인물들이 포진했다.

이런 분들과 인사도 나누고 정을 붙이려고 노력도 했지만 시간이 많이 걸리는 일이라 인간관계가 두텁지는 못했다. 그 당시 생각나는 젊은 검사 중에는 김경한(법무장관 역임, 고교 동기), 심재륜(부산고검장 역임), 박주환(법제처장 역임, 고교 동기), 정상명(검찰총장 역임, 고교 동문) 등이 있었다. 몇 차례 식사와 술자리를 같이하면서 교분을 쌓아갔다.

1982년 2월, 검찰이 사형을 구형한 피고인이 서울지법 재판에서 무죄를 선고받는 중요한 판례가 생겼다. 윤경환 씨 피살 사건의 고숙종 피고인 이야기다. 서울형사지법 합의14부(재판장 김헌무 부장판사)는 고문에 의한 자백은 유죄의 증거가 되지 못한다는 인권 보호 차원의 중요한 판결을 내리면서 명백한 증거를 요구하고 나섰다. 이 판결을 계기로 검찰은 '증거의 벽'을 넘기가 어려워져서 강력 사건의 경우 초동 수사 때부터 검사가 전담하여 지휘하기로 하는 등 새로운 방침을 세우기도 했다.

이 판결이 있은 지 얼마 뒤인 3월 초 나는 체질적으로 맞지 않는 법조 출입을 데스크와 상의하여 그만두기로 했다. 5개월 정도 법조에서 일했을 때였다. 그 대신 나는 데스크 보조 일을 더 많이 하면서 출입처로는 비교적 한가한 체신부를 담당하기로 했다.

제5장

정부 부처 대변인 생활

보사부 대변인이 되다 / 김정례 장관과 함께 /
이해원 장관과 함께 / 국민연금에 초석을 놓으며 _제13대 총선 도전 /
제14대 총선 공천에 재도전

보사부 대변인이 되다

사회부 데스크급 기자들이 출입하는 체신부는 이름만 걸어놓고 일주일에 한 번 정도 들러보는 기사거리가 비교적 적은 출입처였다. 이때 사회부는 오인환 선배가 부장, 구용서 형이 차장, 내가 차장대우로 일하고 있었는데 호흡도 잘 맞고 부원들과의 팀워크도 좋았다. 주로 내근하면서 데스크를 돕는 일을 하는데 외근을 오래한 탓에 처음에는 엉덩이가 근질거려 애를 먹기도 했다.

후배들이 써오는 기사를 손질하고 더 나은 기사로 고쳐주는 데스크 보조일에 익숙해지던 1982년 5월 초 무렵이었다. 어느 날 최재욱 청와대 대변인(고교 선배)이 신문사로 전화를 걸어왔다. 용건의 요지는 천명기 보건사회부(보건복지부 전신) 장관이 대변인(공보관)을 구하고 있는데 할 생각이 있느냐는 것이었다. 나는 갑작스런 제의에 즉답하기가 어려워 시간적 여유를 달라고 하고 전화를 끊었다.

곰곰이 생각을 해보니 보사부는 권력 부서가 아니고 국민의 건강과 복지를 보살피는 민생 부서라서 오히려 괜찮았지만 보사 행정을 전혀 모르는데다 대변인 하기가 어렵기로 소문난 부처여서 망설여지기도 했다. 청와대나 문공부에 가서 권력으로 언론을 통제하거나 간섭하는 것은 정말로 하기가 싫었다. 기자협회 회장 출신이기 때문에 그것만은 하기가 곤란했다.

그러나 한편으로는 정치한답시고 한번 찍혀버린 낙인 때문에 신문사 안에서 앞으로 제대로 성장하기가 어려운 측면은 은근히 걱정이 됐다. 그리고 언젠가는 정치를 꼭 하고 싶은 꿈이 살아 있었다. 거기에다가 기자가 하는 일은 남이 하는 일들을 보도하는 수동적인 일이었기 때문에 나 자신이 기사를 제공하는 능동적인 입장에 서는 역할도 한번 해보고 싶기도 했다.

그러나 대변인 이후의 미래를 생각해보면 막연하고 불안하기도 했다. 이틀을 고민하고 난 뒤 최 선배와 다시 의논했더니 "내가 무한 책임을 지지" 하고 장담하고 나섰다. 이 말 또한 어패가 있는 말이지만 말이라도 그렇게 해주니 고맙기도 했다. 신문사에 남아 있어도 걱정, 떠나도 불안하다면 새 직장인 보사부에 가서 한번 부딪쳐보자고 결심하기에 이르렀다.

이윽고 신원 조회 서류가 돌아가고 공무원 임용 절차가 끝나고 발령 날짜가 임박해지던 5월 중순께 신문사에 사표를 제출했다. 신문사에서는 반응이 찬반으로 갈리어졌고 사회부에서는 오 부장과 구 차장의 반대가 노골적이었다. 그러나 심사숙고한 결론인데 어찌하겠는가.

한국일보는 나의 사표를 수리하면서 사회부 차장대우에서 사회부 차장으로 승급을 시켜주었다. 신문사에서 송별회도 갖고 발령 소식만 기다리고 있는데 큰 문제가 생겼다. 천 장관이 5월 21일자로 단행된 개각으로 인해 경질이 되고 만 것이 아닌가. 후임으로는 김정례 장관이 임명됐다. 그분하고는 일면식도 없는 사이였다. 일이 꼬이는 것 같아 난처하기 이루 말할 수 없었다.

개각이 있은 지 3일째인 5월 24일 보사부에서 연락이 왔다. 김 장관이 나를 만나고 싶다고 했다. 장관실에서 만난 김 장관은 짙은 자주색

한복을 입고 있었다. 평생 애국운동(족청 출신)과 여성운동(여성유권자연맹)을 한 탓인지 남다른 기품과 카리스마가 있어 보였다. 김 장관은 나를 면접하고 마음에 드셨는지 "출근하러 나올 때 쓸개를 집에다 빼놓고 나오라"고 의미심장한 말을 했다.

새 장관이 임용 승낙을 하면 임명 절차는 원점에서 서류가 다시 돌아가야 한다는 관행 때문에 하루를 여삼추처럼 보내다가 그해 6월 10일 보건사회부 대변인(별정직 3급)으로 정부 발령이 났다.

발령을 받고 나니 만감이 교차하지 않을 수 없었다. 내 팔자가 이렇게도 순탄치 못하단 말인가. 이리하여 기자 생활을 14년 5개월 만에 마무리하고 공무원 신분으로 보건사회부에서 새 출발을 하게 됐다.

김정례 장관과 함께

1982년 6월 11일 보건사회부 대변인이 되어 세종로 정부청사로 첫 출근하는 나의 발걸음은 힘이 넘쳤다. 제2의 직업인 공무원으로 성공해보겠다는 굳은 의지와 각오가 온몸에 서려 있었기 때문이었다.

보사부에서의 첫 업무는 먼저 보사부의 업무 현황을 파악하랴 언론 매체에 인사 다니랴 눈코 뜰 사이가 없었다. 대변인의 하는 일 중에는 부처의 정책 결정 내용과 장관의 정책 판단 입장을 정확하게 언론에 알려 국민의 이해와 협조를 구하는 것이 가장 중요하다. 또한 그것이 잘못 보도되었을 경우에는 바로잡는 일과 함께 재발 방지를 위해 언론사의 도움을 적극적으로 얻어내는 일이 그다음으로 중요한 일이다.

보사부는 그 당시 언론 입장에서 보면 문교부와 함께 세게 때려도 괜찮은 만만한 부처로 여겨지고 있었다. 기사거리가 없는 날이면 비판받는 기사로 사회면 머리기사를 장식하곤 하여 순수 공무원 출신 대변인은 그 고생이 이루 말할 수가 없었다. 내가 보사부에 가게 된 것도 언론사 기자출신을 대변인으로 영입하면 좀 덜 비판받지 않을까 하는 보사부의 생각이 깔려 있었기 때문이다. 내가 대변인으로 가고 한 달쯤 지났을 때 보사부는 과천 제2정부종합청사로 이사를 가게 됐다.

한 달 정도 김정례 장관을 모시고 일을 해보니 김 장관은 선이 굵고 처신이 분명한 여장부였다. 그분은 독립운동을 한 이범석 장군(초대 국무총리) 휘하에서 해방 직후인 1946년부터 조선민족청년단 활동을 하면서 잔뼈가 굵은 애국자이기도 했다. 또한 한국여성유권자연맹을 만들어 제5대 회장까지 연임하는 등 여성계에서도 알아주는 분이었다. 그래서 전두환 대통령에게 발탁되어 당시 여당인 민주정의당 소속 국회의원으로 있으면서 보사부 장관으로 임명됐다.

김 장관은 그 무렵 항상 보사부 간부들에게 애국심을 가지고 청렴하고 정직하게 일하라고 훈시했다. 김 장관의 유머러스한 일화는 보사부 직원들의 뇌리에 박힐 정도였다. 김 장관은 "사람이 죄를 지으면 옛날에는 후손에 가서 벌을 받았다. 그러나 인간이 달나라에 우주선을 타고 착륙하여 달을 놀라게 하는 바람에 이제는 죄를 지으면 자기 당대에 벌을 받게 된다. 공직자는 애국심을 가지고 정진해달라"고 직원들을 독려했다.

보사부에 간 지 두 달쯤 됐을 때였다. 기자 출신이 대변인 됐다고 처음에는 언론에서 좀 봐주더니만 어김없이 비판 기사가 쏟아지기 시작했다. 보사부가 정책을 잘못 세워 얻어맞는 것은 어쩔 수 없는 일이지만 사실 확인을 소홀히 한 채 억지 기사로 보사부가 동네북이 될 때에는 언론이 야속하기도 했다.

그때 나는 내가 기자 생활을 할 때 지은 업보를 지금 갚는 것은 아닌가 하고 반성하기도 했다. 그 무렵 친정인 한국일보는 보사부가 할 일은 많은데 인력과 예산 부족으로 일을 제대로 못하고 있다면서 충원과 예산 증액을 요구하고 나서 나를 적극 응원하고 격려해주었다. 구용서 사회부차장이 앞장을 서주었다.

당시 보사부 정책 중에서 가장 어려웠던 것은 의약분업과 의료보험 일원화 문제였다. 의약분업 논쟁은 의사와 약사 간의 치열한 업권 다

툼으로 이해관계의 충돌을 조정하기가 어려워 시범 사업을 실시해보고 결론 내기로 방침을 정했다. 의보 일원화는 조합주의자와 통합주의자 간의 논쟁으로 쌍방 모두 그럴듯한 논리를 내세워 격렬하게 싸우는 바람에 하루도 편할 날이 없었다. 여기에 한의사와 한약업사 간의 의약분업 문제, 시각장애인에 대한 침구행위 허용 문제 등등 보사 행정은 참으로 복잡다기하고 어렵기만 했다.

보사부의 민생 관련 정책이 제자리를 못 잡고 나가자 1983년 5월쯤 청와대는 KBS 생방송을 통해 보사 행정을 국민에게 홍보할 필요성이 있다고 판단하고 나와 KBS 안국정 편성국장이 협의하여 방송 계획을 세우도록 하라고 지시해왔다. 물론 여기에는 김 장관과 이원홍 KBS 사장(한국일보 편집국장 출신) 그리고 나 등 세 사람의 상호 물밑작용도 있었다.

보사 행정이 생방송되는 날 보사부 전 직원은 한편으로는 기뻤고 한편으로는 진행이 잘 되어야 하는데 하고 걱정도 많이 했다. 이날 KBS는 중계차를 보사부 뒷마당에 세우고 오전 11시부터 정오까지 그리고 오후 1시부터 2시까지 보사부 회의실과 전국 현장을 중계하면서 모두 2시간 동안 보사 행정 전반에 걸쳐 국민에게 생방송으로 홍보하는 전무후무한 신기록을 세웠다. 질병으로부터 국민을 보호하고 복지 증진을 주목표로 하는 보사부는 이 생방송을 계기로 복지 정책 추진에서 국민적 이해를 얻게 되어 더 한층 탄력을 받게 됐다.

보사부 업무 중 전염병 이야기를 빼놓을 수가 없다. 6월 초만 되면 찾아오는 불청객 일본뇌염은 거의 풍토병으로 자리 잡아가고 있었다. 그 외에도 야외 활동 중에 전염되는 렙토스피라증, 대형 에어컨 물탱크에서 생기는 레지오넬라균병, AIDS(후천성면역결핍증) 등이 내가 보사부 근무 중에 새로 생겨난 전염병이었다. 이들 질병에 대한 예방법을 홍보하는 일도 매우 중요하여 언론 매체의 도움이 필수적이었다. 보사부에 가서 일한 지 2년이 지나자 김 장관은 나를 별정 2급으로 승진을 시켜줬으며 나의 부내 입지도 제법 탄탄해졌다.

김 장관과 호흡이 잘 맞아 일하는 보람을 느끼는 가운데 1985년 2월 19일 김 장관은 2년 9개월이라는 보사부 최장수 장관 기록을 세우고 퇴임을 하게 됐다. 후임으로는 뜻밖에도 내가 국회 출입 기자 당시 잘 알고 지내던 이해원 의원(제천, 4선)이 장관으로 새로 임명됐다.

이해원 장관과 함께

김정례 장관의 퇴임 소식에 나는 섭섭한 마음을 달래지 못했다. 그만큼 3년 동안 신임을 많이 받았기 때문이었다. 우리 어머님보다 세 살 아래여서 때로는 이모님 같기도 했다. 그러나 애국심이 강하고 공사가 분명한 여성 정치가의 면모를 가까이서 지켜봤기 때문에 김 장관에 대한 존경심은 남달랐다.

후임으로 온 이해원 장관은 노련한 정치인 출신으로 합리적이고 원만한 성격이었다. 그러나 업무 처리가 냉철하고 노련하여 보사부 간부들이 결재를 받을 때마다 진땀을 흘리기도 했다. 이 장관은 복지정책의 획기적인 제도인 국민연금제도의 설계와 실시를 위한 준비를 하는 데 크게 기여한 분이다. 간부회의 때마다 꼬치꼬치 따져드는 이 장관의 식견과 논리는 공무원들보다 한발 앞서 있었다. 아마도 정치를 하기 전에 대학교수 출신이어서 그런지도 모르겠다.

대변인 직에 대해서는 그 당시 소위 'PR을 잘해야 하는 자리'라는 우스개가 있었다. 즉 '피할 것은 피하고 알릴 것은 잘 알리는 직책'이라는 뜻이다. 그런데 나의 경험으로 볼 때 피하는 것이 더 어렵다. 출입기자들에게 숨겨졌으면 하는 일은 반드시 들통이 나서 대변인이 바빠지니 기가 막힐 노릇이었다. 일하기 어렵다는 보사부 대변인을 그런데로 잘 견뎌내온 것은 언론사 선후배들이 많이 이해하고 도와줬기 때문이라고 생각한다.

1987년 여름, 대변인 생활 5년을 막 넘길 무렵이었다. 공무원으로서의 나의 장래에 대한 비전도 확실치 않고 나 자신도 지칠 대로 지쳐가고 있을 때였다. 나는 더 이상 보사부에서 멈추어 있을 수가 없다는 생각이 들기 시작했다. 고심 끝에 신문기자 시절에 실패했던 정치를 정식으로 내 힘으로 한번 해보고 싶었다. 마침 제13대 총선이 다음 해 4월 26일에 실시될 예정이어서 도전해보기로 큰 결심을 했다.

그래서 국회의원 지역구는 고향(예천)으로 정하고 출마 준비에 들어갔다. 왜 예천을 생각하게 된 것이냐 하면 항상 고향이 그리웠고 낙후된 농촌 지역을 한번 발전시켜보고 싶은 꿈과 여당 국회의원이 되고 싶었기 때문이었다. 물론 고향에는 학연이 없는 핸디캡도 있지만 부모님의 인맥(순흥 안씨, 의성 김씨 문중)과 평소 내가 쌓아온 인맥으로 도전해보면 부족하지만 해볼 만하다고 생각되기도 했다. 그래서 7월 중순에는 읍면별로 노인과 청년층 조직을 강화하고 주말마다 예천과 문경으로 내려가 지역구 다지기에 나섰다.

그해 12월 16일 노태우 대통령이 제13대 대통령으로 당선되고 새 정부 수립이 초읽기에 들어갔다. 나는 이에 앞서 12월 초쯤 이해원 장관에게 보사부를 떠나 정치를 한번 해보고 싶다는 뜻을 밝히고 산하기관으로 자리를 옮겼으면 좋겠다고 이실직고했다. 그랬더니 생각해보자고 하시면서 공감을 표시했다.

이윽고 12월 중순이 되자 이 장관은 내년부터 신설되는 국민연금공단 재정이사로 가면 어떻겠느냐고 나의 의사를 물어왔다. 막상 내가 갈 곳을 생각해보니 보사부 산하기관 중에서 그곳 말고는 갈 곳도 없었다. 연말이 되자 예정대로 1988년 1월 1일자로 국민연금공단 재정

담당 상임이사로 발령이 났다.

보사부는 나의 퇴임과 때맞추어 그동안의 노고를 위로하는 뜻으로 나를 보사 행정 홍보 유공자로 선정하여 대통령 표창을 받도록 해줬다. 보사부에 온 지 5년 반 만에 산전수전을 다 겪고 떠나게 되니 착잡한 심경을 가눌 길이 없었다. 고생도 많았지만 이해관계가 상충되는 집단 간의 갈등과 분쟁을 조정하는 복지 행정 현장의 파수꾼으로서의 역할을 한 보람을 가슴속에 간직한 채 정든 과천청사를 떠났다.

당시 보사부에서 재직한 간부 중에 기억나는 분들로는 차관으로는 김병수, 이헌기, 최수일, 이두호, 윤성태 씨 등이 재직했다. 또 이충식 기획관리실장, 조기욱 국민연금국장(국민연금공단 이사장 역임), 김영기·김종대(국민건강보험공단이사장 역임) 의료보험국장, 차흥봉 보험제도과장(보건복지부장관 역임), 홍종옥 가정복지국장, 이성우 의정국장, 이창기·이강추 약정국장, 박일상·심한섭 식품위생국장 등이 재직했다.

출입 기자들은 나의 재임 기간 중에 무려 50여 명에 달했던 것으로 기억된다. 그중에서도 임철순(한국, 한국일보 주필), 이원창(경향, 제16대 국회의원), 박선영(MBC, 제18대 국회의원), 김효재(조선, 제18대 국회의원), 김종완(동아·전 국민체육진흥공단 이사) 등이 맹활약을 했다.

국민연금에 초석을 놓으며 _제13대 총선 도전

1988년 새해와 함께 나는 내 인생 세 번째의 직장인 국민연금공단으로 출근하게 됐다. 그 당시 연금공단은 창립과 함께 충무로 극동빌딩에 세 들어 있었다. 1월 4일 초대 재정담당 상임이사로 첫 출근을 해보니 사무실이 너무 크고 넓어 당황스러웠다. 장관실 규모와 비슷했다.

나는 사무실이 큰 것을 보니 할 일이 많을 것으로 생각했다. 관계 법률을 확인해가면서 업무를 차근차근 익혀나갔다. 가장 중요한 나의 업무는 전국에 있는 국민연금 가입자들이 매월 내는 갹출료로 조성되는 연금기금을 어떻게 하면 빠르게 증식시켜나가느냐는 것이었다.

창립 초기인지라 날마다 시중은행, 종금회사, 투자금융회사 등 각종 금융기관의 임원과 간부들이 줄지어 찾아와서 자기들 기관에 연금기금을 많이 맡겨달라고 졸라댔다. 나중에는 너무 많이 찾아와서 성가시고 짜증이 날 지경이었다.

그래서 한국태 자금운용본부장에게 금리를 많이 제시하는 기관에 운용 자금을 더 많이 주는 제도를 만들라고 지시했다. 그들이 공단에 찾아오지 않고도 운용 금리만 높게 제시하면 자동으로 더 많이 가져갈 수 있는 '차등분배 방식'을 제도화하라는 것이었다. 그랬더니 찾아오는 사람들이 많이 줄어들었다. 한 본부장은 국무총리실에서 온 간부 공무원 출신으로 인품과 능력이 출중하여 공단의 초기 재정 관련 업무를 정비하는 데 크게 기여한 분이다.

당시 함께 일했던 임원진은 장원찬 이사장을 비롯하여 임흥달 업무이사, 박해철 관리이사 등이었다. 장 이사장은 내가 총무처 출입 기자 당시 인사국장을 하고 있던 분으로 친분이 있었고 두 분의 이사는 보사부 출신으로 잘 아는 사이라 팀워크가 잘 짜였었다. 그래서 일하는 분위기도 좋았다. 이 무렵 공단의 초창기 모습은 전국 각 부처에서 모여든 사람들로 직원들이 충원되었으니 첫 1년 정도는 공단의 업무 틀을 새로 만들고 호흡을 맞추느라고 분주하기만 했다.

한편 그해 초 국민연금공단 임원이 되자 나는 제13대 국회의원 총선을 앞두고 선거 준비에 더 한층 열을 올리기 시작했다. 당시 여당인 민정당 공천을 받기 위해 주말에는 고향 예천으로 내려가 명함을 돌리며 이름 알리기에 땀을 흘렸다.

그때 내 나이가 만 45세, 이 젊은 나이에 고향에서 열심히 뛰지 않으면 안 되었던 것은 연금공단 임원의 임기가 3년인데 이 기간을 마치고 나면 어쩔 수 없이 정치판으로 뛰어들어야 한다고 작정하고 있었기 때문이었다. 한 살이라도 젊었을 때 더 열심히 도전해보자는 생각이 앞서서였다.

나는 고향 어른들에게 "자유민주주의 체제를 발전시키고 사회정의를 실현하며 농촌 경제를 개혁하고 소득을 적정 배분하며 복지·통일·선진 국가를 건설하는 데 이 한 몸을 바치겠다"고 홍보하고 다녔다. 이 무렵 나의 이념 좌표는 신문기자와 공무원을 거치면서 중도 우파의 자유민주주의자로 우클릭 되어 있었다.

그런데 한 가지 큰 장애물이 나타났다. 같은 고향 출신인 유학성 의원(전국구)이 여당인 민정당 공천의 강력한 경쟁자로 떠올랐다. 사실 군부 실세로 안기부장까지 역임한 현직 의원과 언론인 출신의 공공기관 임원이 경쟁하는 꼴이니 그 당시 잣대로 누가 봐도 유 의원이 압도적으로 우세한 것은 사실이었다. 그래도 나는 나의 공천을 위해 도와주는 분들에게 집요하게 매달렸다. 그때 박철언 의원(3선, 체육청소년부장관 역임, 초·중·고·대학 선배)이 큰 힘이 되어줬는데 내가 상당한 수준까지 치고 올라간 것으로 알려졌다.

이는 당시 언론보도를 보면 확인된다. 공천자 압축 명단(한국일보, 중앙일보 3월 8일자)을 보면 예천의 경우 유 의원과 내가 나란히 보도됐다. 또 서울신문(3월 9일자)은 공천 유력 후보자 명단에서 나를 유 의원보다 앞세워 보도하기도 했다. 3월 16일자 동아일보는 공천 내정자를 보도하면서 예천은 공란으로 비워두어 치열한 공천 경쟁 중임을 알게 해주기도 했다.

그러나 엎치락뒤치락 끝에 공천은 유 의원에게로 돌아갔다. 3월 18일자 조선일보는 공천 뒷이야기에서 "예천 공천이 굳혀진 듯한 유학성 의원에게는 자유중국대사 제의가 있었으나 유 의원이 완강히 거부하여 유 의원에게는 필생의 소망인 지역구 출마 기회가 주어지기도"라고 보도했다.

나의 8개월간에 걸친 총선 출마 노력이 허사로 돌아가고 말았다. 선전은 했지만 실의와 낙담이 상당했다. 그렇다고 주저앉아 포기할 것인가. 아니다. 다시 도전이다. 다음 제14대 총선 공천에서는 반드시 뜻을 이루고야 말겠다고 스스로 다짐하면서 연금공단 업무에 충실하기로 했다.

이 해 9월 17일에는 제24회 하계올림픽 경기대회가 서울에서 열려 우리나라를 세계만방에 널리 알리는 데 성공했다. 이를 계기로 교역과 경제의 성장이 괄목할 만큼 크게 신장됐다. 국민연금 기금도 1988년 2조 원 수준으로 증식되는 등 순조로운 행보를 보이고 있었다. 기금운영사업은 연금 초창기여서 급여 수준이 낮을 수밖에 없었기 때문에 연금기금은 날로 눈덩이처럼 쌓여가기만 했다.

제14대 총선 공천에 재도전

국민연금공단 2년 차인 1989년 초가 되자 증권회사 관계자들도 찾아오기 시작했다. 연금기금이 많이 모아졌으니 연금공단이 증권시장에 참여하면 어떻겠느냐는 것이었다. 그들은 미국이나 영국, 일본 등 선진국들의 국민연금은 모두 증시에 투자하여 기금을 크게 증식해왔다는 사례를 들면서 강권해왔다.

나는 연금공단이 발족 초기부터 증시에 뛰어들면 문제가 많을 것으로 판단했다. 증시가 좋을 때는 기금 증식에 도움이 되겠지만 시장이 나쁠 때는 연금 가입자인 국민이 불안해하고 비판의 화살을 피할 길이 없는 것 아닌가. 나는 그들에게 시기상조론을 펴면서 반대했다.

사실상 이 무렵 정부가 이미 기금적립금 6천억 원 정도를 시중금리 수준을 내고 재정투융자자금으로 빌려갔기 때문에 증시에 투자할 여력도 별로 없었다. 그러나 가까운 장래에는 국민연금이 증시에 참여하는 날이 반드시 올 것으로 전망했기 때문에 실무적으로는 사전 준비를 해나가기로 했다.

국민연금공단의 초창기 기금 운용 방법이 이렇게 지나치게 제한적이고 안정적이다 보니 업무 자체가 좀 단조롭기도 했다. 금융기관 사람들의 연일 돈타령 하는 소리도 하루 이틀이지 2년 차가 되니까 지겹기도 하고 적성에 맞지 않는 일 같기도 했다.

그래서 연초부터 시간을 쪼개어 책을 한 권 만들어보기로 했다. 기자 시절과 보사부 대변인 재임 기간 중에 틈틈이 써온 글들을 모아 '정치·사회 언론집'을 내기로 했다. 4개월 정도가 걸렸다.

책의 제목은 '성역을 타파하자'로 정했다. 이 제목은 한국일보 기자 4년 차인 1971년 2월 5일 기자협회보에 기고한 글의 제목에서 따온 것이었다. 신문이 자의든 타의든 간에 기사화할 수 없는 성역을 스스로 만들면 만들수록 독자의 신문에 대한 불신계수는 점점 높아지는 만큼 성역을 타파해서 독자의 신뢰를 회복해나가자는 뜻이었다.

출판은 나와 16년 학교 동기생(초·중·고·대학)인 당시 조선일보 허술 부국장에게 부탁하여 '정우사'에서 4월 20일 초판이 인쇄됐다. 한 달 보름이 지난 6월 5일에는 프레스센터에서 출판기념회를 가지기도 했다. 한국일보 선·후배와 보사부 및 국민연금공단 관계자들이 많이 참석해서 자리를 빛내주었다. 김창열 선배님(한국일보 편집국장, 사장)이 감사하게도 축사를 해주셨다.

이어 6월 중순께는 고향인 예천문화회관에서도 출판기념회를 열어 일가친척들에게 지난해의 낙천 인사를 했고 지역 유지들에게도 문안 인사를 드렸다. 고향에서 출판기념회를 가진 것은 다음 제14대 총선 준비 신고를 겸한 것이어서 나로서는 의미가 매우 큰 것이었다.

나는 일거리가 한가하면 좀이 쑤셔 가만히 있지를 못한다. 무슨 일이든지 벌여야 직성이 풀리는 성격이었다. 연금공단 전체 일도 잘 되어가고 있었고 재정 파트도 순항해 기금 규모는 4조 원대를 넘어가고 있었다. 이렇다보니 오직 국회의원을 반드시 해야겠다는 집념에 더 한층 사로잡혀가기만 했다.

해가 바뀌어 1990년이 됐다. 신상에 변화의 바람이 일기 시작했다.

2월 초 무렵인데 나의 대학 동기생인 홍성목 군(외교학과)이 만나자고 했다. 그가 시사주간지 토요신문을 창간하여 3개월쯤이 지났을 때였다. 그가 신문을 창간한다고 했을 때 나와도 의논을 했었다. 나는 주간지 경영이 너무나 어렵기 때문에 고생만 할 것이 자명한데 안 하는 것이 좋겠다고 반대했었다. 그런데도 그는 창간을 강행했다.

홍군을 만났더니 그는 신문 경영이 잘 안 되니 나보고 직접 와서 신문을 맡아주면 좋겠다는 뜻밖의 제안을 하는 것이었다. 그는 나의 신문기자 경륜을 높이 평가하는 눈치였다. 이사 겸 편집국장직을 맡아달라고 했다. 참으로 난감했다. 많은 대학 동기생들이 있었지만 그와는 각별한 사이로 가깝게 지내왔기 때문에 딱 잘라 거절하기도 어려웠다.

생각해보자고 해놓고 토요신문사에 직접 가서 편집국과 업무시설 등을 살펴봤다. 마음에 들지 않을 정도로 분위기가 산만하고 열악했다. 그런데 나 자신도 이상할 정도로 마음이 동요되고 있었다. 기자 시절에 그렇게도 동경했던 편집국장을 하게 된다는 것은 나에게 큰 매력적인 제안이었다.

며칠 동안 곰곰이 생각하다가 토요신문으로 가기로 작정했다. 연금공단 재정이사를 하다가 신생 주간신문 이사 겸 편집국장으로 간다는 것은 모양새가 좋지 않았다. 격이 많이 떨어지기 때문이다. 그러나 연금공단 임원의 임기도 9개월밖에 남지 않았고 다시 언론계로 돌아가 왕년에 못다 펼친 꿈도 펴보면서 정치 입문 준비를 하는 것도 괜찮을 것 같기도 했다.

나는 계속되는 직장 역마살을 숙명으로 돌리면서 적성에 안 맞는 연금공단 재정이사를 그만두고 그해 2월 20일 토요신문사로 일터를 옮겼다. 또 홍 사장에게는 토요신문에 가서 2년 정도만 일하다가 다음 총선에 출마한다는 나의 계획도 미리 알려주었다.

주간지 제작은 쉬운 일이 아니었다. 시사주간지이기 때문에 그때그 때 이슈를 추적해야 하는데 신생지인지라 취재의 벽이 높아 애로가 많 았다. 일간지든 주간지든 세상에서 알아줄 때까지는 투자가 계속되어 야 한다는 점과 주간지라도 윤전시설을 자체 소유하라는 정부 방침에 따라 경영난은 지속될 수밖에 없었다.

신문을 직접 만든 지 6개월쯤이 지나자 토요신문은 세상에서 좀 알 아주는 주간지로 자리를 잡아갔다. 여기에는 정치부 김건 차장의 공이 컸다. 그는 일간지에 갔어도 대성할 만한 인재였다. 그해 11월 6일 홍 사장은 나를 상무이사 편집국장으로 승진을 시켜주는 등 온갖 노력을 다했지만 적자 폭을 크게 줄이는 데는 역부족이었다.

1991년이 되어서도 신문의 경영 상태는 호전되지 않았다. 가판대에 서 제법 많이 팔릴 때는 한 주에 2만 부 가까이 판매되기도 했으나 그 것이 한계였다. 경영은 어려워지는데 제14대 총선 일정은 성큼성큼 다가오고 있었다.

이에 6월 9일에는 재경 예천군민회 부회장을 맡아 조직 활동을 강 화하는 등 총선 준비에 박차를 가했다. 그리고 10월 초에는 내가 모시 고 있던 부모님을 예천으로 이사 가시게 하여 지지기반을 넓혀보려고 최선의 노력을 다해보았다. 그리고 마침내 1992년 1월 21일 3당 합 당한 여당인 민자당에 공천 신청을 했다.

그러나 유학성 의원의 동향으로 볼 때 내가 공천 받을 가능성은 적 어 보였다. 유 의원은 한 번만 더 하겠다고 완강하게 고집을 부렸다. 나는 그분을 집으로 직접 찾아가서 양보해달라고 설득했으나 어림도 없었다. 내가 너무 순진하고 정치판을 몰랐던 탓이었던가. 결국 또 낙 천의 고배를 들고 말았다.

두 번이나 연이은 낙천에 스스로도 한심스러웠지만 어쩔 수가 없었다. 나는 심각한 고민에 빠지고 말았다. 부자도 아니면서 정치할 의욕만 무모하게 앞선 것이 아닌가. 경륜도 부족한 사람이 국회의원 자격은 되는가. 이러다가 상습적으로 떠들기만 하고 정작 출마는 못하고 마는 것은 아닌가. 또 처자식을 굶기지는 않을 것인가. 온갖 불안과 걱정이 엄습해왔다.

홍 사장하고의 약속 기간도 다가왔다. 2년간만 돕겠다는 당초의 약속을 지키는 게 도리인 것 같았다. 더 이상 내가 신문을 만든다고 해서 경영이 나아질 가능성도 전혀 보이지 않았다. 또한 정치 일선에 참여할 기회가 생기는 것 같기도 했고 다정한 친구에게 더 이상 누를 끼치기도 싫었다. 그리하여 1992년 4월 하순 토요신문을 2년 2개월 만에 사직하고 떠났다. 홍 사장에게 친구로서 크게 돕지 못한 미안한 마음을 안고 석별의 인사를 나누었다.

제6장

정계 입문-초선 의원 시절

정치판에 뛰어들다

잇따른 낙천으로 충격을 받고 한동안 실의에 빠져 허우적거리고 있었다. 그 무렵에 어릴 때 봉화에서 사귀었던 친구 강동호 군을 만났다. 그는 당시 민자당 중앙위원회 핵심 간부로 활동하고 있었다. 당시 여당인 민자당은 연말에 있을 제14대 대통령 선거를 앞두고 후보 경선 준비가 한창 진행 중이었다.

강군은 이종찬 후보 진영에서 언론 관계 일을 할 사람을 구하고 있는데 참여할 의사가 있느냐고 나에게 물어왔다. 나는 토요신문도 그만둘 때가 됐고 또 언젠가는 정치판에 뛰어들어야 한다고 생각하고 있었기 때문에 그렇게 하겠다고 말했다. 이 후보와는 잘 모르는 사이여서 돈화문 앞 어느 식당에서 이 후보와 함께 면접 삼아 점심을 함께했다.

이 후보는 내가 마음에 들었는지 1992년 4월 23일 나를 경선대책본부 부대변인으로 임명했다. 이 후보는 당시 4선 의원으로 민자당에서 촉망받는 유력한 대선 후보였다. 경기 중·고교와 육사를 졸업한 수재로 민정당 원내총무와 사무총장을 역임한 실세 정치인이기도 했다. 또 우리나라 대표적 독립운동 가문인 우당 이회영 선생의 손자로 어느 모로 보나 대통령 후보로서 손색이 없는 분이었다. 그러나 경쟁 상대는 YS(김영삼)였다. YS는 야당 지도자로 3당 합당을 통해 민자당에 들어온 정치 거물인데 JC(이종찬 후보 이니셜)가 상대하기에는 간단치 않은 상대였다.

경선 초기에는 상당수의 현역 의원들이 가세하여 힘겨루기가 되는 것처럼 보였다. 박태준 최고위원을 비롯하여 채문식 선거대책위원장, 윤길중·왕상은·이한동 고문, 박철언, 심명보, 장경우, 오유방, 김현욱, 김중위, 최재욱, 박범진, 박명환, 박주천 등 현역 의원만 30명에 육박했다. 대부분이 민정계 출신 의원들이었다.

그러나 경선 과정에 중대한 문제가 생겼다. YS 진영의 지구당 위원장 줄 세우기와 JC 진영 참여 의원들에 대한 회유가 본격화되는 등 자유 경선 분위기가 노골적으로 파괴되고 있었다.

이 후보는 결국 들러리 경선 후보로 전락하는 자신의 위상에 회의를 느끼기 시작했으며 경선 거부 의사를 내비치기도 했다. 그러나 많은 의원들은 경선에서 이기지 못하더라도 끝까지 완주하기를 희망했다. 나 또한 그렇게 하기를 원했다.

그러나 5월 19일 경선을 앞두고 JC는 여러 가지 불공정 사례를 문제 삼아 의원들의 다수 의견과는 달리 경선을 거부하고 말았다. 그런데 전당대회 결과 경선에 나가지도 않았는데도 JC는 33%의 지지표를 얻는 진기록을 세웠다.

JC는 이에 고무됐는지 그 뒤 당내에 '새정치모임'을 만들기도 하는 등 정치적 재기를 위한 변화를 모색하기도 했다. 그러나 6월 26일 밤 종로구 신교동 자택에서 가까운 의원들과 자정이 넘도록 구수회의를 한 끝에 민자당에 잔류하기로 결정했다.

나는 이 자리에서 원외 인사라 발언권이 약했지만 이견을 가지고 있었다. 경선을 거부한 마당에 당에 잔류한다는 것은 모양새가 좋지 않으니 차라리 탈당하는 것이 낫지 않겠느냐는 소수의견을 제시하기도 했다.

당 잔류 선언이 있고 한 달 뒤인 7월 하순에는 JC의 탈당설이 나돌기 시작했다. 그러자 의원들은 모두 반대하며 등을 돌리기 시작했다. 그럼에도 불구하고 JC는 탈당하여 '새정치국민연합'을 결성하고 대선에 명망이 높은 국민후보를 추대하겠다고 발표했다.

나는 이때 JC가 고뇌에 찬 지그재그 행보를 하는 것 같아 참으로 안타까웠다. 그러나 JC를 끝까지 도와주는 것이 도리라고 생각하고 더 열심히 일했다. 9월 18일 나는 새정치국민연합의 대변인으로 승격됐으나 세력이 왜소하여 힘이 많이 들었다. 이때 새정치국민연합은 전국에 40개의 지회장을 발표했는데, 나는 고향인 경북 예천 지역을 맡기로 했다.

JC는 9월 말께 전국 지회의 중요한 곳을 직접 순회하기도 했다. 내가 맡은 예천도 직접 방문해 지난해 그곳으로 이사를 가신 가친을 비롯하여 지역 주민들과 간담회를 갖기도 했다. 이때 JC는 고민이 깊었다. 평소에 정치자금 후원을 약속했던 고교 동기생 모그룹의 K회장이 최근에 와서 후원을 거부하고 있다면서 수심에 가득 차 있었다.

얼마 안 가 가칭 새한국당 창당 움직임이 일어났고 김우중 대우그룹 회장이 신당의 대통령 후보로 출마할 뜻을 내비치기도 했다. 신당을 추진하는 채문식(창당준비위원장), 김용환, 이자헌, 장경우 의원 등은 이때 김 회장을 대선 후보로 영입하는 움직임을 보였다(경향신문, 1992년 10월 29일).

이렇게 되자 신당을 함께 추진하던 JC의 입장이 난처해졌다. 그래서 JC와 이영일 본부장과 나 셋이서 회의를 갖고 김우중 씨 영입반대 성명을 발표했다. "새정치국민연합은 새한국당이 제2의 재벌 정당이 되는 것을 환영하지 않는 것이 기본 입장이다"라고. JC가 김 회장에 대한 감정이 좋을 리가 없다는 것은 전후 사정으로 보아 이해하고도 남는 일이었다.

결국 김 회장의 대선 후보 추대는 당시 권력의 유형·무형의 압력으로 무산되고 말았다. 신당을 추진하던 현역 의원들도 대부분 떨어져나가고 말았다. 새한국당은 JC 주도로 힘겨운 창당을 하기에 이른다. JC는 11월 18일 대선을 꼭 한 달 앞두고 당직을 발표했다. 현역 의원으로서는 유일하게 합류한 장경우 의원이 선거대책본부장을 맡았고 이영일 전 의원이 대변인, 그리고 내가 대표 비서실장 겸 부대변인을 맡았다.

그러나 대선 자금난에 시달리던 새한국당은 대선 선거운동을 제대로 한번 해보지도 못했다. 급기야는 국민당의 정주영 대통령후보를 지지하기로 결정을 하는 등 그만 정치적 비운을 맞이하고 말았다. 의외로 순수하고 정직하며 타인을 배려할 줄 아는 인간미가 풍부한 정치지도자인 JC가 자기 뜻을 못다 펼친 것은 국가와 사회를 위해서도 참으로 안타까운 일이었다.

나는 이종찬 의원의 대선 행보를 처음부터 끝가지 지근거리에서 지켜보며 도왔다. 정치 이면에서 자신의 이해관계에 따라 배신과 음모가 춤추는 추하고 일그러진 모습들을 직접 목격할 수 있었다. 정치는 참으로 매우 어렵고 복잡하며 힘이 많이 드는 일이라는 것을 뼈저리게 배울 수 있었다.

드디어 출마하다

·

대선에서 승리한 민자당의 김영삼 당선자가 1993년 2월 25일 제14대 대통령 취임식을 갖고 문민정부 시대를 열었다. 나는 실패한 야당의 당직자로 피곤해진 심신을 달래며 새한국당의 뒷정리를 도우면서 시간을 보내고 있었다. 그런데 뜻밖의 일이 벌어졌다. 대통령이 된 YS는 취임과 함께 부정부패 척결 차원에서 공직자 재산 공개 파동을 일으키자 예천 출신의 유학성 의원이 3월 26일 돌연 의원직을 사퇴하고 말았다.

나는 그동안 출마 준비를 해온 고향 예천에서 국회의원 보궐 선거가 열린다는 소식에 관심을 갖지 않을 수 없었다. 나는 정치적으로 이미 야당으로 발길을 옮긴 뒤인지라 여당 공천은 생각할 수도 없었다. 그렇다고 민주당 후보는 하기도 싫었다. 그 이유는 한 문중이고 용궁 출신의 조카뻘 되는 안희대 군이 민주당 예천지구당 위원장을 맡고 있기도 했지만 TK 지역에서는 반DJ 정서가 워낙 강해 민주당 후보로는 가망이 없기 때문이었다.

그래서 무소속 출마를 염두에 두고 노력을 해봤지만 조카가 끝까지 입후보를 한다면 무소속 출마도 가망이 없는 일이 되어 암담하기만 했다. 보궐 선거 일자가 6월 11일로 정해지고 후보 등록일이 다가오자 조카는 민주당 공천을 받고 출마를 강행하고 있었다. 결국 아저씨뻘이 되는 내가 포기하는 수밖에 없었다. 부모님까지 예천으로 이사를 가시게 하고 출마도 못하게 되니 불효도 막심하거니와 내 인생도 처량해지기 시작했다.

이 무렵 박준규 국회의장도 YS의 공직자 재산 공개 파동에 휩싸여 3월 30일 민자당을 탈당하고 의원직을 사퇴했다. 박 의장은 대구동을 지역구 출신 의원인데 의원직 사퇴가 며칠 늦어지는 바람에 보궐 선거는 8월 중에 실시될 것으로 알려지고 있었다.

나는 무작정 정치판을 헤매고 있을 때가 아니라고 판단하고 대구동을 보궐 선거 출마를 타진해보기로 했다. 먼저 이 문제를 이종찬 새한

1993년 7월 24일. 이기택 민주당, 이종찬 새한국당, 김동길 국민당 대표가 대구동을 보궐선거 3당 연합공천자인 필자(맨 왼쪽)의 손을 들어 주면서 야권 공조를 과시하고 있다.

국당 대표와 의논을 해보았다. 이 대표도 나의 출마에 공감을 표시했고 당시 민주당·국민당·새한국당 등 야당 3당이 연합 공천하는 방안을 추진해보자고 했다.

처음에는 보궐 선거의 연합 공천이 순조롭게 가는 듯했다. 그러나 공천 정당은 민주당으로 해야 한다고 민주당 쪽에서 강력하게 주장하는 바람에 나는 고민하지 않을 수 없었다. 예천이나 대구나 반DJ 지역 정서가 강하기 때문에 민주당 후보로 선거에 나가본들 낙선은 불문가지가 아닌가 하는 우려 때문이었다.

그러나 이것저것 다 따지고 들었다간 출마도 못하게 되니까 나는 당명은 민주당으로 하지만 야당 연합 공천을 강조해나가기로 했다. 그러면서 한편으론 실낱같은 희망을 가지고 있었다. 그것은 그 당시 DJ는 정계 은퇴를 선언하고 영국에 가 있을 때였고 민주당은 이기택 대표가 당 대표였으므로 득표에는 큰 문제가 없을 것으로 생각되었기 때문이었다.

과거 국회 출입 기자 시절 민주당 이 대표도 조금 알고 지냈고 고교 동기생인 백승홍 민주당 대구시지부장이 나를 적극 추천하여 공천은 쉬운 듯 보였다. 그러나 민주당 내 일부 최고위원들이 반대하여 며칠 동안 질척거리다가 7월 16일 밤 최고위원회의에서 마침내 나를 공천키로 결정했다.

보궐 선거 일자는 8월 12일로 결정됐다. 폭염 속 한여름에 선거를 실시하여 투표율을 일부러 떨어뜨리려고 그렇게 정했다고 하여 말이 많았다. 7월 24일 나의 선거 출정식과 함께 '흑서 선거 규탄 대회'가 대구 동촌 리버사이드호텔에서 열렸다. 이기택 민주당 대표, 김동길 국민당 대표, 이종찬 새한국당 대표 등 3당 대표가 모두 참석해 나를 치켜세워 올리며 야권 공조를 과시했다.

선거운동에 들어가자 새한국당에서는 이종찬 대표 내외가 직접 반야월시장을 돌면서 득표 활동을 해줬고 김지호 전 의원과 박정영·목정랑 등 당 간부들은 대구에 상주하면서 선거운동을 도와줬다. 한편 민주당에서는 홍사덕 의원을 선거대책본부장으로 임명하고 상당수의 현역 의원들과 전국 지구당 위원장들이 나의 선거구를 다녀가는 등 거당적인 지원을 해줬다.

또한 서울에서 경북고 동기생인 박삼옥·이충우·최윤호 군과 서울대 정외과 동기생인 임의신·구봉회·박한춘 군 등이 내려와 나를 후원·격려해주었다. 한편 대구에 사는 수많은 경북중·고 동기생들도 하루가 멀다 하고 선거사무실에 들러 나를 적극 성원해주었다. 모두들 감사하기 이를 데 없었다.

그러나 선거운동이 본격적으로 시작되어 지역 주민들에게 인사를 하고 다니면서 여론을 들어보니 "사람은 괜찮은데 당이 틀려먹었다"고 노골적으로 말하는 것이었다. 우리 집사람을 비롯하여 가족들도 똑같은 말을 들었다면서 태산 같은 걱정을 하고 있었다.

사무실을 4곳(연락소 포함)에다 내고 여성 선거운동원들에게 줄 일당 등 상당 수준의 선거 비용을 매일 결재하면서 생각해보니 이 짓을 계속해야만 하는가 하는 회의가 들기도 했다. 선거판 분위기가 조금도 호전되지 않고 계속 냉랭하기만 하니 후보자의 타들어가는 속마음을 누가 알아주겠는가 말이다.

선거운동이 초반부터 꼬이기 시작하게 된 첫 번째 악재는 지역 유권자들이 민주당을 이기택 대표의 당이 아니라 DJ 당이라고 생각하고 있다는 점이었다. 가장 큰 이 악재 앞에 나는 용뺄는 재주가 없었다. 마음속으로는 이미 패배를 자인하는 백기를 들고 있었다. 이번 출마는 경험 쌓기로 하고 재수를 하는 수밖에 없다고 체념하기 시작했다.

두 번째 악재는 대구동을 선거구는 나에게 너무나 생소하고 갑자기 뛰어든 지역이라는 점이었다. 대구에서 대구초등, 경북 중·고교를 다녔지만 주로 남구에서 살았기 때문에 동을에는 지역 연고가 거의 없다는 것이 약점이었다.

여기에다 세 번째 악재는 선거 종반에 일어난 우리 진영의 민자당 선거운동원 폭행 사건으로 온 얼굴에 피범벅이 된 피해자의 사진이 매일 신문 1면에 크게 보도되어 민주당을 깡패 정당으로 각인시켜버리고 말았다는 점이다. 네 번째 악재는 선거 막바지에 영국에 가 있던 DJ가 갑자기 귀국하는 바람에 그동안 애써 모아놓았던 득표를 하루아침에 허공으로 날려버리고 말았다는 것이다.

보궐 선거 투표 당일인 8월 12일 오후 6시 반께 선거운동을 진두지휘하던 이기택 대표가 자동차 편으로 서울로 떠나면서 나에게 이렇게 말했다. "당선은 틀림없는 것 같다. 나는 서울로 올라가지만 승리 개표 소식이 전해지면 가다가도 다시 대구로 내려오겠다." 낙선이 틀림없는데도 나를 이렇게라도 위로·격려해주는 이 대표의 안타까운 마음을 이해하고도 남았다. 한편으론 공천을 해준 이 대표에게 보답을 못해드려 미안한 마음이 들기도 했다.

그날 밤 나는 낙선을 일찌감치 예상하면서도 TV 선거 소식에 귀를 기울였다. 그러나 YS가 때마침 발표한 금융실명제 실시 뉴스 때문에 선거 관련 뉴스는 자정 가까이로 미뤄졌다.

이튿날 새벽 선관위에 나간 선거운동원을 통해 개표 결과를 정확하게 알게 됐는데 나는 4명의 후보 중 5천여 표를 얻어 꼴찌로 대참패를 당하고 말았다. 이 득표수는 민주당 골수 고정지지표만 얻은 것에 지나지 않았다. 선거 초반부터 우려됐던 여러 가지 악재가 패인으로 그대로 귀결되고 말았다.

그 당시 대구동을 보궐선거에 한 가지 이변이 있었다면 여당인 신한국당 후보가 떨어지고 무소속의 서훈 후보가 당선되었다는 점이다. 이때 대통령이자 신한국당 총재인 YS는 이 선거 결과에 대해 "사필귀정이다"라고 촌평을 했다. 그 참뜻이 무엇인지 나는 지금까지도 의아하기만 하다. 여당 후보가 낙선한 것은 그 당시 일기 시작한 대구의 반YS 정서 때문이었다. 결국 반YS·반DJ 정서 덕분에 무소속 후보가 어부지리를 얻은 셈이 됐다.

수많은 지인들과 학교 동창 및 야당 동지들의 성원에도 불구하고 이 어처구니없는 나의 낙선 참사는 애당초부터 예견된 것이었다. 그래서 나는 나 자신을 호되게 꾸짖지 않을 수 없었다. 안 될 일에 왜 무모하게 도전을 했는가. 다음에 재도전하면 성공할 수 있는 것인가. 아무리 생각을 거듭해 봐도 결론은 무모한 도전이었다고 생각됐다.

그러나 첫 술에 배부를 수는 없지 않는 가하고 재수(再修) 쪽으로 마음이 기울었다. 재도전을 하겠다는 것이었다. 다시 말해 내가 지금 정치판에 뛰어들어 여기까지 왔는데 이제 와서 정치하는 것을 중도에 포기할 수는 없다는 것이다. 너무나 많은 시간과 노력을 쏟아왔기 때문에 앞으로 계속 갈 수밖에 다른 도리가 없다는 판단이었다. 물론 첫 단추를 잘못 끼운 실수는 인정하지만 말이다.

제15대 총선에서 당선되다

보궐 선거 낙선 이후 1년 반 동안 나는 정치낭인으로 최악의 인생길을 걷고 있었다. 민주당 대구동을 지구당 위원장직을 맡고는 있었으나 대구에서 그 당시 민주당 후보로 국회의원에 당선된다는 것은 현실적으로 연목구어 격이나 다름없었다. 왜냐하면 대구는 민주당의 동토 지역이었기 때문이다.

나의 집사람도 가까운 친구들도 모두 민주당으로는 가망이 없으니 아예 정치의 꿈을 접자고 성화를 부려댔다. 그러나 대안도 없이 당장 위원장직을 그만둘 수도 없었다. 간혹 민주당 중앙당에서 전국 지구당 위원장 회의를 소집하면 한 번씩 서울에 올라가 가까운 위원장들을 만나볼 정도였다.

한 많은 야당 원외 위원장의 '나그네 설움' 행각은 계속됐다. 지구당 사무실 유지비와 가족의 생활비도 만만치 않았다. 다행히 집사람이 여성개발원 선임연구원으로 일하고 있었기 때문에 큰 도움이 됐다.

1995년 2월 초순이 되자 YS에게 떼밀려 의원직을 사퇴한 박준규 전 국회의장이 만나자는 연락이 왔다. 박 의장은 곧 JP와 함께 정당을 창당하려고 하는 데 참여할 의사가 있는지 물었다. 그러면서 노태우 전 대통령의 아들인 노재헌 씨가 자기의 고향인 대구동을에서 정치를 하려고 하니 대구의 다른 지역구로 옮겨가면 어떻겠느냐고 물었다.

경북고 대선배이고 평소 존경하는 거물 정치인의 뜻밖의 제의였지만 나는 즉답하기가 어려웠다. 며칠을 두고 숙고해봤으나 신세를 많이 진 민주당의 이기택 대표에게 탈당하겠다고 말하기가 여간 어렵지가 않았다. 그렇지만 지역정서상으로 볼 때 JP와 박준규 의장이 만드는 정당이 민주당보다 훨씬 득표력이 높을 것 같기도 했다. 2월 중순께 나는 용기를 내봤으나 이 대표에게 직접 말하기가 어려워 전화로 탈당 의사를 밝히고 용서를 빌었다. 참으로 부끄럽고 인간으로서 못할 짓이었다.

충청도와 TK가 힘을 합쳐 만드는 정당 이름은 '자유민주연합'(가칭)으로 정해졌고 창당 작업은 이 무렵부터 속도가 붙기 시작했다. 대구·경북 지역의 창당은 박 의장과 구자춘 의원이 중심이 되어 이뤄졌다. 주로 반월당에서 가까운 약전골목에 있는 남성식당에서 모임이 자주 있었다.

2월 22일 나는 자민련 중앙당 창당준비위원회 홍보분과위원장을 맡게 됐다. 3월 4일에는 자민련 지구당 조직책 33명이 발표되었는데 나는 대구북구로 결정됐다. 동을에서 북구로 옮겨오니 지역 연고도 약했고 표밭을 새로 일구어야 하니 힘이 많이 들었다. 3월 21일 나는 JP와 박 의장이 참석한 가운데 북구 침산동 명성회관에서 자민련 대구북구 지구당 창당대회를 열고 위원장으로 선출됐다.

9월에는 북구가 유권자 수의 증가로 분구됐다. 나는 칠곡·무태 지역과 복현동 및 검단동을 포함하는 북구을 지역을 선택했다. 사실은 나는 당시 YS당인 신한국당의 김용태 의원이 도시 지역인 북갑 지역을 선호한다고 해서 농촌 지역인 북을을 택한 것이었다. 그런데 나중에 알고 보니 김 의원 쪽에서 나의 지지기반이 취약하다는 것을 알고 북을로 바꿨다고 했다.

　나는 내무장관 출신의 4선 의원과 맞붙게 되었으니 기가 꺾일 지경
이었다. 그러나 기왕이면 강한 사람하고 붙는 것도 괜찮을 것 같기도
했다. 마음속으로는 다선 의원에 대한 지역민의 피로감과 권태감을 기
대하고 있었기 때문이었다.

　10월 초가 되자 나는 북구을 지역인 관음동으로 이사를 갔고 사무
실도 그곳에 냈다. 나는 그때 집사람과 성당에서 관면혼배를 할 때 한
천주교 입교 약속을 지키기로 했다. 또 나의 힘이 약하니 하느님께 매
달리려고 칠곡성당에 나가 교리 공부를 시작했다. 그러면서 제15대
국회의원 선거일까지 약 6개월 동안 선거 준비에 전력을 쏟으며 올인
에 들어갔다.

　드디어 1996년이 밝아왔고 대망의 총선일이 4월 11일로 정해졌다.
나는 이번이 마지막 기회라고 생각하고 사즉생(死卽生)의 각오로 싸우
지 않으면 안 되겠다는 굳은 결심을 했다. 이윽고 3월 하순 국회의원
선거운동이 시작됐다.

　선거구 안에 난생 처음 다녀보는 곳도 많았다. 다행스러운 것은 자
민련에 대한 지역민의 반응이 나쁘지 않다는 것이었다. 게다가 칠곡
지역에는 내 고향 예천을 비롯하여 안동·의성·영주·봉화·군위 출신 주
민들이 많이 살고 있어서 정서적으로 친근감을 느낄 수 있어서 좋았
다. 또 연고자들도 많이 찾아와주어 큰 힘이 됐다. 이 밖에도 다행히
집사람의 성씨인 능성 구씨 일족들이 선거구 내 무태동에 많이 살고
있어서 큰 도움이 됐다.

　그럼에도 불구하고 선거 초반에 나는 열세를 면치 못했다. 나는 이
를 악물고 뛰고 또 뛰었다. 조직이 있나 돈이 많나, 참으로 맨발의 악
전고투 속 강행군이었다. 선거일 공고와 함께 집사람도 직장을 그만두

고 이판사판으로 선거운동에 뛰어들었다.

배수의 진을 치고 나서니까 지치는 줄도 몰랐다. 나는 나 자신을 도덕성과 용기를 갖춘 합리적 보수의 개혁주의자라고 표방하고 나섰다. 그리고 김영삼 정권에 끝까지 맞서 대구의 자존심을 지켜나가겠다고 열을 내어 홍보해나갔다.

투표일을 일주일 정도 앞두고 있을 때였다. 길거리에 신한국당 여성 선거운동원 수가 갑자기 늘어나서 내 눈을 의심하지 않을 수 없었다. 큰 네거리마다 8명씩 배치하는 것을 보니 아무래도 이상하다는 생각이 들었다. 이것은 김용태 후보가 불리해지고 있다는 증거이기도 했다.

그때 대구 시민의 여론은 반YS·친자민련 쪽으로 기울기 시작하고 있었다. 그러나 북을 지역은 농촌 지역 특성상 내색을 잘 안 하기 때문에 반응이 조금 늦게 오고 있었다. 그러나 그때까지만 해도 내가 유리하다고는 생각지는 못했다. 조금은 이상 기류가 있다는 것을 알 정도였다.

선거일 3일 전인 4월 8일 오후 대구방송(TBC)에서 개최하는 격전 지역구 TV 토론회에 참석하러 방송국에 갔다. 그런데 신한국당의 김 후보가 토론에 불응해 시간만 낭비하게 됐다. 그때 마침 경북고 후배인 김성태 보도국장이 중요한 시간을 허비한 나에게 미안하다면서 정보를 한 가지 알려주겠다고 했다. 정보기관의 최근 여론조사를 보면 내가 근소한 표 차이로 앞서고 있다고 말하는 것이었다. 나는 이 말이 믿기지가 않았지만 기분은 나쁘지 않았다.

제15대 총선에서 나의 주무기는 개인 및 합동연설회에서의 유세였다. 논리적으로 비유를 섞어가면서 청중의 가슴에 호소하는 스타일로 강하게 연설을 했다. 아파트마다 한 곳도 빼놓지 않고 개인연설회를 가지려고 애썼다.

선거일 2일 전 팔달교 입구에서 시내 쪽으로 향하는 출근길의 주민들에게 아침 인사를 할 때였다. 많은 시민이 그전과 달리 운전을 하면서 오른손으로 V자를 그리며 답례를 해주어 용기가 백배해지지 않을 수 없었다.

선거운동 마지막 날인 4월 10일 아침 출근길 인사 때는 70% 정도의 운전자들이 V자 사인 답례를 해주어 잘 하면 당선 될지도 모르겠다는 조심스런 예감이 들기도 했다. 그날 밤 10시 칠곡3지구 청구아파트 주민들에게 마지막 확성기 연설을 할 때였다. 그 늦은 시간에 마이크 소음에도 불구하고 많은 주민이 창문을 열고 환호성과 함께 박수를 쳐주어 당선 예감을 심어주기도 했다.

선거일인 4월 11일 아침 일찍 집사람과 함께 투표를 마치고 각 투표소 동향을 살피면서 초조한 마음을 달래고 있었다. 투표 마감까지 어찌도 그렇게 시간이 가지 않는지 지루하기 짝이 없었다.

마침내 오후 6시 투표가 끝나고 TV 방송 출구조사 결과가 발표됐다. 뜻밖에도 내가 낙선되는 것으로 보도됐다. 실낱같은 희망이 사그라지고 피가 거꾸로 흐르는 것 같은 큰 충격을 받았다. 혈압이 마구 치솟고 한동안 아무것도 보이지 않았다. 눈물이 핑 돌기만 했다.

밤 8시 반쯤이 되자 선관위 개표장에 나가 있는 선거운동원들이 첫 투표함 개표 소식을 전해왔다. 10여 표 차이로 내가 이겼다는 것이었다. 선거 사무실에서는 일순 함성이 일었으나 이내 조용해졌다. 선거운동원들은 출구조사에서 이미 졌다고 했는데 어쩌다 한 번 이긴 거겠지 하고 별로 기대하지 않는 표정이 역력했다.

두 번째 개표 소식에서도 내가 이겼다고 전해오자 다시 조금씩 희망이 살아나는 것처럼 보였다. 서너 투표함 뒤에 한 번씩 지기도 했으나 그런 비율로 줄곧 근소하게 우세를 유지하다가 밤 11시 가까이가 되자 당선 확정 자막이 방송에 뜨기 시작했다.

개표 초반에 졌다고 했다가 나중에 이겼다고 하니 출구조사 방송 보도가 나의 인내심을 시험해본 것인가. 나는 이 기쁜 소식을 그동안 고생하신 부모님께 알려드리려고 집으로 달려갔다. 그때 노환 중이셨던 아버님은 TV 방송 출구조사 소식에 한 번 당하셔서 그런지 믿으려고 하시질 않고 선관위의 당선 확인증을 갖고 와야만 믿겠다고 말씀하시는 것이었다.

다음 날 새벽 2시쯤이 되어서야 개표 집계가 나왔다. 내가 2만 5,688표(득표율 33.50%)로 차점자인 신한국당의 김용태 후보의 2만 3,013표보다 2,675표를 더 얻어 당선이 확정됐다. 선거운동원들의 감격에 찬 함성 속에 나는 그들에게 감사의 눈물을 흘리지 않을 수 없었다. 얼마나 기다리고 기다렸던 당선 소식이었던가. 나는 너무나 기쁜 나머지 한동안 흥분 상태에서 헤어나질 못했다.

당선 배경을 곰곰이 생각해보았다. 첫째, 하느님의 가호와 은총이 있었고, 둘째, 내가 유능하고 열심히 뛰어서가 아니라 반 YS 지역정서와 자민련 공천 덕분이었으며, 셋째, 집사람과 지인 및 당원들의 헌신적인 선거운동 덕분이라고 생각하지 않을 수 없었다.

그때 대구에서는 자민련 돌풍이 불었다. 전체 13개 선거구에서 자민련이 8석을 차지해 압승을 거두었다. 여당인 신한국당은 2석을 얻는 데 그쳤다. 무소속이 3석이나 당선됐다. 그중에는 나의 고교 동기생 백승홍 군도 있었다. 그는 그동안 몸담았던 민주당을 떠나 무소속으로 출마해 국회의원에 당선될 수 있었다.

나는 이번 선거를 통해 선거 때 지역정서 소위 '야당바람'이 강하게 불면 여당 후보 대부분이 낙선한다는 선거 교훈을 몸으로 깨닫게 됐다. 나의 이번 당선은 1981년 제11대 총선 민한당 공천 사양, 제13대 총선 낙천, 제14대 총선 낙천, 1993년 대구동을 보궐선거 낙선에 이은 4전5기의 쾌거였다.

지난 15년 동안의 그 쓰라린 실망과 아픔은 필설로 이루 말할 수 없을 정도로 괴롭고 쓰라렸다. 쉽게 국회의원이 될 수 있는 악마와의 악수를 거부하고 정의롭고 바른 길로 걸어온 나에게 이렇게도 험난한 시련과 역경이 닥치다니 선과 악의 참뜻을 이해하기가 어려웠다. 그래도 손쉽게 사쿠라 국회의원이 될 수 있는 불의와 타협하지 않고 온갖 난관을 헤치면서 바르고 떳떳하게 당선되었다는 사실은 높이 평가받아 마땅할 것이다.

자민련 대변인

천신만고 끝에 국회의원에 당선되자 한동안 정신이 멍했다. 나의 모든 것을 올인 했기 때문에 몸과 마음이 지칠 대로 지쳐 있었다. 그러나 쉴 틈도 없었다. 선거 유세 때 탔던 반트럭을 타고 선거구 지역의 골목 골목을 누비며 당선 인사를 하고 다녔다. 주민들은 "나라와 대구를 위해 정말 잘해달라"면서 축하와 격려를 아끼지 않았다.

며칠쯤 지나니까 자민련 중앙당에서 상경하라는 연락이 왔다. 서울 마포 신수동 당사에서 당 총재인 JP가 반가운 악수를 청하면서 환하게 웃는 모습이 지금도 잊을 수가 없다. 제15대 총선에서 자민련은 지역구에서 41석, 전국구에서 9석 등 모두 50석을 차지하여 원내 제3당의 입지를 굳건히 했다.

선거 전 노심초사하며 조금 어두웠던 JP의 표정은 밝고 활기찼으며 자신감에 가득 찬 모습으로 바뀌어 있었다. 당선자 환영회에서 JP는 당선자들에게 회중시계 한 개씩을 선물로 주면서 그간의 노고를 치하하며 당선을 축하해주었다.

나는 박준규 최고고문과 김복동 수석부총재, 박철언 부총재 등 공천과 선거 과정에서 도움을 준 TK 선배님들에게도 감사의 인사를 올렸다. 신세를 진 많은 지인들도 찾아보는 등 정신없이 지내다보니 4월

24일 당직 개편이 발표됐다. 나는 이때 솔직히 당선된 것만 해도 감지덕지하고 당직에 별로 관심이 없이 지냈는데 뜻밖에도 대변인에 임명이 됐다. 다소 얼떨떨하기도 했지만 기쁘기도 했다. 또 지난날 정부부처 대변인 경험도 있어서 잘해낼 자신도 있었다.

내가 대변인에 발탁된 것은 순전히 박준규 최고고문 덕분이었다. 박고문은 대구의 이정무 의원을 원내총무에, 나를 대변인으로 JP에게 강력하게 추천해 임명되게 했다는 후문이 돌았다. 이때 당직 개편은 JP가 그다음 해에 있을 대선을 겨냥하여 친정체제를 강화하기 위해 TK, 경기 출신 인사를 중용하여 충청도 당이라는 이미지를 희석시키려고 애쓴 의미심장한 인사였다.

대변인이 가장 신세를 많이 져야 할 언론계에서는 나에 대한 호평이 잇달아 나왔다. "한일회담 반대 시위를 주도했던 서울대 문리대 학생회장 출신으로 한국일보에 입사, 정치·사회부에서 민완 기자로 명성을 날린 전직 언론인. 소탈한 성격이나 옳다고 생각하는 것은 끝까지 밀어붙이는 소신형"(한국일보). "79년 격동기에 기자협회장을 지낸 언론계 출신. 보사부 대변인으로 관계를 거쳐 14대 민자당 대통령후보 경선 과정에서는 이종찬 의원의 대변인을 지냈고 한국일보 사회부 차장, 국민연금공단 재정이사 등을 지냈다"(조선일보). "대구북을에서 4선의 김용태 전 내무장관을 누르고 첫 당선된 서울대 문리대 학생회장 출신"(동아일보). "신한국당 중진인 4선의 김용태 의원을 누르고 당선된 언론인 출신. 원만하고 소탈한 성격"(중앙일보).

정당의 대변인 자리는 그야말로 중요한 당직이다. 당의 중요 회의에 참석해 의사 결정을 지켜봐야 하고 하루 종일 당사를 지키면서 당의 입장을 출입 기자들에게 밝히는 등 참으로 바쁜 당직이다. 더구나 자민련이 야당인지라 '야당의 입'인 대변인은 그 역할이 어느 당직보다도 막중했다.

대변인에 임명된 지 사흘째인 4월 27일 아침 JP께서 김용환 사무총장과 이동복 비서실장 그리고 나를 청구동 자택으로 불렀다. 그때 마침 YS 정부는 자민련 김화남 당선자(경북 의성)의 사무실에 대해 압수수색을 강행하는 등 선거법 위반을 이유로 야당 탄압을 시도하고 있었다. 바로 이 문제를 논의하기 위해서였다.

이날 회의에서는 진상조사단을 현지로 파견하기로 하는 한편 여당을 강력하게 규탄하기로 결정했다. 이에 따라 나는 "신한국당이 최근 자민련 당선자에 대해 한 손에는 사탕을, 다른 한 손에는 사정의 칼을 들고 온갖 협박을 가하고 있다"고 비난하고 "그동안 김 당선자는 괴롭다는 얘기를 자주 해왔다. 여당은 그에 대해 집요하게 입당을 강요하다 잘 안되자 정치 보복을 가하고 있는 중"이라고 통렬하게 비판했다.

석간인 문화일보를 비롯하여 많은 신문·방송 매체들이 소상하게 보도해주어 대변인인 나의 체면이 어느 정도 서게 됐다. 참으로 나는 대변인 복이 많은 사람인가 보다. 보사부와 새한국당에 이어 세 번째 대변인을 맡게 됐으니 아마도 언론계 출신이기 때문에 겪어야 하는 숙명인지도 모르겠다고 생각했다. 그러면서 자민련과 JP를 위해 최선을 다해 열심히 일해야겠다고 다짐 또 다짐을 했다.

JP의 총애를 받다

YS 정부는 1996년 4월 30일 자민련의 김화남 당선자를 끝내 금품 살포 혐의로 구속시켰다. 신한국당은 제15대 국회 개원을 앞둔 5월 21일 야당 의원과 무소속을 무더기로 입당시켜 가까스로 원내 과반수 의석을 확보하기에 이른다. 이에 야당들의 신한국당에 대한 공세는 정점으로 치닫는다.

5월 25일 JP는 DJ(국민회의 총재)와 함께 여당의 야당 파괴 공작을 저지하기 위해 가두 투쟁에 나서기로 합의했다. 두 야당 총재는 이때 신한국당의 독선에 제동을 걸지 않으면 다음 해로 다가온 대선에 먹구름이 낄 것이라는 데 공동 인식을 하고 있었다.

5월 30일 마침내 제15대 국회의원 임기가 시작됐다. 도금한 것이지만 금배지를 옷깃에 달고 국회 본회의장에서 취임 선서를 하고나니 국회의원이 된 것을 실감할 수 있었다.

야당의 대여 투쟁이 가열되면 될수록 대변인은 더 한층 분주해진다. 6월 17일 국민회의, 자민련, 민주당 등 야3당은 국회의원 선거 당시 선거법을 위반한 신한국당 의원의 수사를 촉구하는 공동성명을 발표했다. 이것은 나의 아이디어로 제안되어 정동영 국민회의 대변인과 김홍신 민주당 대변인이 동의해주어 가능하게 됐다.

나는 그 무렵 대변인이 정치 현안에만 매달려 서로 치고 받는 싸움만 하는 것 같아 미안하기도 했다. 그래서 경제 문제로 관심을 돌려 연 3일 시리즈로 경제 문제 논평을 내기도 했다. 이때 중앙일보가 경제 논평에 관심을 갖고 보도를 해주었다(8월 22일자). '우리 경제 제2의 남미가 되는가'에 이어 '물가와 쌀 수입 문제' '무역수지와 기업 문제' 등에 대한 논평을 잇달아 발표했다. 언론에서는 과열된 정쟁을 지양하고 정책토론을 유도하는 것 같아 신선하다는 평을 했다.

한편 그해 말에는 정부·여당이 금융실명제 실시에서 비롯된 경제위기를 무대책으로 심화시키고 있다고 강하게 비판하면서 "경제를 경제 논리로 풀지 않고 정치 논리인 '갱제'로 대처하는 한편 야당의 발목을 잡기 위해 금융실명제를 전격 실시한 데서 경제위기가 비롯됐다"(한국경제신문, 12월 5일자)고 논평했다.

1997년 1월 하순에는 그 유명한 한보 사건이 터졌다. 나는 한보의 금융 비리 의혹을 밝히기 위해 특별검사제 도입을 주장하면서 "6조 원에 가까운 초대형 금융 대출을 받은 사람(정태수)도 PK, 금융권 내에서 가장 많은 자금을 대출해준 제일은행의 전·현직 행장(이철수·신광식)도 PK, 이를 감독해온 은행감독원장(이수휴)도 PK, 특혜 금융 비리를 수사해야 하는 검찰의 단계별 총수 모두가 PK이니 수사가 제대로 될 가능성은 '바늘구멍에 낙타가 들어가는 격'"(조선일보·중앙일보, 1월 29일자 보도)이라고 비꼬았다.

한보 사건은 점점 몸통까지 까발리게 되어 YS 대통령의 차남 김현철 씨에게 불똥이 튀어갔다. 나는 한보 배후에는 '젊은 부통령'이 있다는 등 연거푸 불화살 같은 성명과 논평을 쏟아냈다. 그쪽에서 얼마나 괴로웠으면 나에게 신원 미상의 사람이 협박 편지를 우리 집으로 보내 일가족을 살해하겠다고 위협하기도 했다. 또 김현철 씨 사건과 관련 의혹이 있는 김기섭 전 안기부 차장에 대한 수사를 촉구하면서 나는 "유전무죄(有錢無罪) 무전유죄(無錢有罪) 대신 유권무죄(有權無罪) 무권유죄(無權有罪)라는 반사회적 신조어가 자리를 잡을까봐 걱정스럽다"(중앙일보, 3월 4일자)고 논평하여 화제를 불러일으키기도 했다.

7월 말과 8월 초에는 이회창 신한국당 대표 두 아들의 병역 문제와 관련하여 대변인 논평이 뜨거워지기 시작했다. 이 대표가 얼마나 마음이 아팠으면 국회에서 우연히 만난 나를 보고 "살살 때려요" 하고 농담조로 말하기도 했다.

8월 27일부터 사흘 동안은 KBS·동아일보가 주최한 대선 후보(이회창 신한국당 대표, 김대중 국민회의 총재, 김종필 자민련 총재) 토론회가 열렸는데 질문자들이 야당 후보에게만 눈에 띄게 편파적으로 질문을 해대어 나의 심기를 불편하게 했다. 그래서 나는 공식 논평을 통해 "여당 후보에게는 솜방망이를, 제1야당 후보에게는 베개방망이를, 제2야당(자민련) 후보에게는 야구방망이 질문을 했다"고 노골적으로 불만을 표시했다. 그 무렵 출입 기자실에서는 부지런하게 기사 자료를 공급해대는 나에 대해 호의적인 반응을 보였다. 기자들은 민망하게도 나를 '명대변인'으로 평가하기도 했다.

한편 JP 총재는 아침 당무회의가 끝나고 내가 기자실에 가서 브리핑을 마치고 나면 자주 총재실로 올라오라고 했다. 나와 바둑을 두면서 정가의 온갖 비화를 들려주는 한편 대변인 활동의 지침을 내려주시곤 했다. 이런 대화를 통해 나는 JP에 대해 많은 것을 알게 되었고 인간적인 매력과 폭넓은 경륜에 매료되지 않을 수 없었다.

JP 총재도 나를 어느 정도 인정했는지 총애하는 표정이 역연했다. 그해 9월에는 총재실 벽에 걸려 있는 유화 한 점을 나에게 선물로 주면서 대변인으로서의 노고를 치하했다. JP의 기자들에 대한 애정도 남달랐다. 당 살림이 빠듯한데도 출입 기자들과 식사를 자주 하면서 대선 후보로서의 자신의 국가관과 당 정책에 대해 자연스럽게 설명을 해주기도 했다. 대변인실 활동비도 넉넉지는 않았지만 최대한으로 배려해주려고 애를 썼다. 나는 JP의 탁월한 리더십에 감화되고 업무 지원에 힘입어 참으로 신바람 나게 대변인 역할을 잘 해나갈 수 있었다.

아버님의 타계

　내가 국회의원에 당선되기 6개월 전인 1995년 10월부터 아버님은 병환으로 거동을 하지 못하셨다. 대구 집에서 자리에 몸져누워 계셨다. 평소에 약간은 체격이 마른 편이어서 건강하신 줄로만 알았는데 그만 소화기 계통에 문제가 생겨 보행이 불가능해졌다. 평소 술을 좋아하신 것이 탈의 원인이 된 것 같았다. 나는 선거 준비에 몰두하는 바람에 아버님 건강을 제대로 보살펴드리지도 못했었다. 내가 또다시 낙선할까봐 노심초사하기만 하시다가 당선이 되자 그렇게 기뻐하실 수가 없었다.

　나는 당선과 함께 서울로 올라가야만 했고 자민련 대변인에 임명되어 정신없이 활동하다보니 아버님께 자주 문안드릴 겨를도 없었다. 어쩌다 주말에 한 번씩 대구에 가서 뵙기는 해도 병환의 차도는 보이지가 않았다. 80세가 넘은 노인의 병환인지라 안타까운 일이지만 어찌할 방도가 없었다.

　1996년 가을이 되자 아버님의 환후는 더욱 악화되기 시작했다. 그렇다고 자주 뵐 수도 없었고 어머님께만 모든 것을 맡겨놓고 불효자가 되어 애를 태우기만 했다. 그러다가 겨울이 다가왔고 어머님과 매일 전화 통화로 아버님의 근황을 묻다가 12월 19일(음력 11월 9일) 아침

임종도 해드리지 못한 채 아버님은 만 83세를 일기로 타계하시고 말았다. 불효막심한 아들이 되어 부랴부랴 대구로 달려가 경북대 부속병원에서 운명하신 아버님을 뵈니 참으로 만감이 교차되어 눈물마저 메말라버리고 말았다.

공직에 투신하여 청송·봉화·영천 군수를 역임하시고 자유당의 몰락으로 강제 퇴임을 당하셨던 일. 청렴결백하시어 거의 맨주먹으로 퇴직한 뒤 치과 경영을 하시다가 보험업계에 투신하여 고생하시던 일. 가난에 찌들려 누이동생 둘을 대학에 보내지 못했던 일. 전셋집만 돌고 도시다가 마지막에 돈이 없어 서울 우리 집으로 오셨던 일. 아들 국회의원 시키려고 노구를 이끄시고 고향 예천으로 가셨던 일. 또 이어 대구 동구를 거쳐 북구까지 이주하시며 고역을 마다하지 않으셨던 일 등등.

아버님의 일생을 되돌아보며 나는 깊은 회한에 잠기지 않을 수 없었다. 아버님이 청송군수로 계실 때 대구로 회의하러 오시면 만경관극장에서 가까운 송죽여관에 묵으셨다. 그 무렵 초등학교 5학년인 나는 아침 일찍 여관으로 가서 아버님과 함께 아침밥을 먹곤 했다. 밥맛이 얼마나 좋았던지 지금도 잊을 수가 없다. 근엄하시고 과묵한 편이신 아버님은 그때만큼은 인자하신 말씀으로 나를 격려하고 훌륭한 사람이 되라고 훈계하시곤 했다.

경제적으로 평생을 쪼들리며 살아오신 아버님이지만 명색이 양반다운 자세를 한 번도 흘뜨린 적이 없을 정도로 자신에게도 엄격하셨다. 어릴 적 기억으로는 아버님은 우리 가문인 순흥(順興) 안씨에 대해 남다른 자부심을 가지셨다.

신라 애장왕 때 중국 사신의 일행으로 경주에 온 농서성(현 산동성)이(李)씨가 왜구를 물리쳐 나라를 편안하게 했다 하여 신라왕으로부터 안(安)씨를 사성(賜姓)받은 일화를 재미있게 설명해주셨던 일이 기억에 남아 있다. 아버님은 고려 때 본관을 순흥으로 하는 안씨 가문의 생성 내력(시조 安子美, 上護軍公)과 족보에 대해 어린 나에게 조기 교육을 시키셨다. 특히 고려 때 원나라에 가서 주자학을 처음으로 도입하신 우리나라 최고 유학자인 안향(安珦) 선생(文成公, 4세, 1파)과 우리 2파 할아버지이신 안영린(安永麟) 별장공(別將公) 및 학문이 탁월하셨던 안문개(安文凱, 5세, 2파) 문의공(文懿公)에 대해서 소상하게 가르쳐 주시었다.

그뿐만 아니라 이조 때 금성대군을 도와 단종 복위 운동에 나섰다가 처절한 도륙과 박해를 받은 순흥 안문(安門)의 수난사도 들려주셨다. 지금도 경북 영주시 순흥면에 있는 '피끝'마을에 얽힌 애사는 어린 나의 피를 끓게 했다. 그리고 세조의 훈요십조에 따라 이조에서 우리 안문은 크게 출세를 못하게 되는 차별대우를 받게 되는 사연에 대해서도 설명해주셨다.

그러다가 구한말부터 안중근 의사, 도산 안창호 선생, 민세 안재홍 선생, 애국가를 작곡한 안익태 선생, 우리나라 최초의 비행사 안창남 선생 등 업적이 혁혁한 독립운동가와 애국 열사들이 출현하여 우리 안문을 더욱 빛나게 했다는 이야기들도 하셨다.

아버님은 또 노년에 순흥 안가 2파 회장을 맡아 한동안 문의공 할아버지의 소수서원 배향 문제를 놓고 많은 고생을 하셨다. 그러나 지금까지도 이 문제는 진전을 보지 못하고 있어 후손으로서 매우 안타까울 뿐이다.

다른 형제자매들은 아버님을 많이 어려워했지만 나는 그렇게 생각하지는 않았다. 아마도 아버님이 나를 은연중 편애하셨는지도 모르겠다. 익수 형님과 나는 아버님을 고향(경북 예천군 풍양면 흔효리) 땅 저수지 바로 옆 양지 바른 곳에 안장해드렸다. 나는 묘비에 '이곳에 참다운 청백리가 잠들고 계시다'라고 새겨놓았다. 병상에서 영세를 받았고 선산에 가시기 전에 칠곡성당에도 들러 간이 연도미사를 보셨다. 본명은 '안토니오'셨다.

나는 지금도 실수가 많은 나 자신을 한 치도 흔들리지 않으신 아버님과 비교해 본다. 칠순 중반의 지금에 와서야 아버님을 좀 닮아보고 싶다고 마음속으로 뒤늦게나마 다짐하고 있다.

JP의 대권 도전과 DJP 연합

YS에게 사실상 팽당하고 난 뒤 1995년 3월 30일 자민련을 창당한 JP의 가슴속에는 대권 도전이라는 꿈이 꿈틀대고 있었다. 박정희 대통령 서거 이후 집권에 가까이 갈 기회가 한 차례 있었으나 본인이 적극적이질 않았다. 그러나 자유·공정 선거가 보장된다면 일생에서 마지막으로 대권 도전을 한 번 해보고 싶은 의지는 강하게 불타고 있었다.

JP의 대권 도전 시동은 1997년에 들어와서 본격화된다. 대언론 홍보전을 비롯하여 직능단체 인사 아우르기 및 대학가 특강 등의 활동에 적극적으로 나서게 된다. 수원 등지에 있는 지방 대학에 강의하러 갈 때에는 대변인인 나를 승용차 옆자리에 타게 하여 여러 가지 사항에 대해 나의 의견을 물어보는 등 많은 대화를 나눌 수 있었다. 이런 교감을 통해 나는 JP의 대권을 향한 집념이 얼마나 강한가를 나름대로 판단할 수 있었다.

그해 상반기 6개월 동안 자민련은 JP의 대통령 선거 지원을 위해 당력을 집중했다. 그러나 여론의 반응은 미적지근하기만 했다. 7월에 들어와 3당 대통령 후보 TV 토론 일정(29일)이 잡히자 JP도 큰 관심을 가지고 준비에 열을 올렸다. 심지어 패널리스트들을 미리 정해서 실제와 똑같은 가상 토론회를 가지는 등 온갖 정성을 다 쏟았다.

그러나 JP는 탁월한 경륜에서 우러나오는 노련한 화술과 세련된 유머로 거의 실수가 없었다. 그러나 20·30·40대 젊은 계층의 지지를 끌어내는 데는 한계가 있어 보였다. 한 달 뒤인 8월 말에도 TV 토론회가 열렸다. 그 직후의 여론조사 결과(중앙일보, 8월 31일자)를 보면 JP는 안타깝게도 10.5%(김대중, 이회창, 조순 등 4자 구도)를 얻는 데 그쳤고 다른 가상 대결에서는 8.7%(김대중, 이인제, 이회창, 조순 등 5자 구도)밖에 나오지 않았다. 한 가지 특이한 것은 DJ가 충청도에서도 27.5%를 얻어 2위에 그친 JP보다 지지도가 높게 나왔다.

이 저조한 결과를 보고 나는 대변인 활동을 더욱 열심히 해서 힘을 보태드려야겠다고 결심했다. 그래서 국민회의 DJ의 잘못된 정책과 신한국당 이회창 후보의 아들 병역 문제 등에 대해 집중 공격을 연일 퍼부어댔다. 그러나 DJ의 지지기반은 공고하여 지지율 변화는 쉽게 나타나지 않았다. 그러나 같은 보수 컬러에 지지층이 겹치는 신한국당의 이 후보 지지율은 다소 떨어지는 효과가 나타나기 시작했다.

그 뒤 시간이 좀 지나서도 JP의 지지도는 야속하게도 크게 오르지 않았다. 설상가상으로 8월 중순부터는 출처 불명의 'DJP 연합설'이 흘러나오기 시작했다. 나는 그런 말이 나올 때마다 기회를 보아 직접 확인해보았다. JP는 그때마다 "누가 그런 쓸데없는 소리를 하는 거여" 하고 한마디로 부인했다. 그래서 나는 DJ 쪽에서 정치공작 차원에서 그런 말을 하는가보다 하고 흘려버렸다.

그러나 JP는 그 무렵부터 기운이 좀 떨어지고 고뇌와 번민에 찬 표정이 역연해지기 시작했다. 한편 DJ는 일본 도쿄에서 박태준 의원을 만나 자민련 합류를 강력하게 설득했다는 정보도 들려왔다. 그런 가운데서도 JP는 9월을 거쳐 10월 중순까지 대권 집념을 불태우면서 대선 준비를 착착 진행해가고 있었다.

한편 이 기간에는 이미 DJP 연합을 위한 국민회의와 자민련 간의 실무소위원회가 비밀리에 가동되고 있었다. 그때까지도 JP는 나에게 DJP 연합 가능성에 대해 "그런 일 없어"라고 하면서 잘라 말하곤 했다. 그러나 10월 26일 실무위원회가 DJP 연합 방안에 대부분 합의했다고 언론에 크게 보도되자 나는 하루아침에 한심한 대변인으로 전락하고 말았다.

더욱이 바로 그 다음날인 10월 27일 밤 8시 30분 DJ가 청구동 자택으로 JP를 방문해 DJP 연합 최종안을 마무리한 사실도 다음 날 조간신문을 보고서야 알았으니 완전히 멍청한 허수아비 대변인이 아니고 무엇인가. 이때 나는 누구에게도 말할 수 없는 큰 충격과 실망을 느끼지 않을 수 없었다. 한동안 무중력 상태에 빠져 대변인으로서 일하고 싶은 마음이 완전히 사라지고 말았다.

어떻게 정치 이념과 가치관이 크게 다르고 걸어온 정치 역정이 다른 사람과 정당이 정치 야합이나 다름없는 DJP 연합을 한단 말인가. 나는 일이 완전히 끝날 때까지 철저한 보안을 위해 대변인까지 왕따시킬 수는 있다고 생각하고 JP의 심정을 어느 정도 이해하려고 노력했다. 그러나 변질되거나 깨질 가능성이 클 뿐만 아니라 물과 기름이 합치는 것과 같은 상상을 초월하는 DJP 연합은 나에게는 천재지변이나 다름없는 큰 쇼크였다.

그런데 JP는 어떻게 그것을 수용할 수 있었을까. 11월 3일 대선 후보 단일화 안에 서명을 하고 난 뒤 JP는 자민련 소속 의원들에게 "나의 정치적 소신인 내각제 개헌을 실현하고 또 DJ가 이 나라를 잘못 이끌어가지 않도록 하기 위해 DJP 연합을 하기로 했다"고 심경을 처음으로 밝혔다. 그러나 그때 경륜이 짧은 나로서는 이 말을 들어도 납득이 잘 되지 않았다.

이에 앞서 10월 28일에 JP가 박태준 의원에게 자민련 총재직을 권유하며 DJT 연대를 구성하기에 이르렀다. 이는 반DJ 정서가 강한 TK 지역을 달래보려는 정치적 의도도 있었다. DJP 연합은 대통령 후보에 DJ, 총리에 JP를 지명하기로 했다. 또 제16대 국회에서 내각제 개헌을 실현하며 실세형 총리를 보장하는 한편 각료 배분은 동등 지분으로 하는 것 등이 주요 내용이었다.

그러나 정치권의 반대 세력과 언론에서는 DJP 연합에 대해 국민선택권을 무시한 흥정, 권력 나눠 먹기식 야합, 0.5(반쪽)대통령 등의 비판도 많았다. 이러한 정치적 격랑을 겪으면서 제15대 대통령 선거일인 12월 18일은 한 달 보름 뒤로 성큼 다가오고 있었다.

자민련을 떠나다

DJP 연합이 성립되고 나자 나는 사실상 정신적 공황 상태에 빠지고 말았다. 요즘 젊은 사람들 말대로 멘붕(멘탈 붕괴) 상태에 처박히고 만 것이었다. 그래도 대변인이라는 당직을 맡고 있어서 자민련과 국민회의 간에 열리는 핵심 당직자회의와 합동의원총회에 참석해야만 했다. 그럴 때마다 나는 DJ에 대한 거부감으로 인해 깊은 번민의 구덩이 속으로 빠지지 않을 수 없었다.

JP와의 끈끈한 인연을 생각하자니 탈당할 용기도 없었고 그렇다고 이질감만 느껴지는 국민회의 사람들하고 마냥 같이 갈 수도 없었다. 그러나 존경하는 JP를 위해서라도 나 자신을 죽이고 인내해보자고 마음먹고 국민회의 사람들과 함께 잘 지내보려고 노력도 해보았다.

나는 그때 DJP 연합을 하지 않는 대신 대안으로 JP가 낙선하더라도 대통령 선거에 출마하는 옥쇄 전략을 생각하고 있었다. 그런 뒤에 제3당인 자민련은 신한국당과 국민회의 사이에서 그때그때 정책적으로 시시비비를 잘 가려 당세를 확장해나가자는 것이었다. 그리하여 제16대 총선에서는 자민련이 의석수를 크게 신장해 JP가 대선에 또다시 출마하는 카드를 도모해보자는 것이었다.

나는 개인적으로 DJ와는 잘 모르는 사이였다. 나의 뇌리에는 DJ에 대한 부정적인 인식으로 가득 차서 철저하게 불신하는 편이었다. 젊은 시절 좌익 가담 의혹과 국가 안보를 뒤흔드는 향토예비군폐지 대선 공약 및 정계 은퇴 선언 번복 등 참으로 많은 문제가 DJ의 신뢰성을 떨어뜨리고 있었다. 그래서 이런 정치지도자가 대통령이 되어서는 곤란하다는 것이 평소의 정치적 소신이었다. 그렇기 때문에 DJP 연합에 대해 나는 누구보다도 강력하게 반대하는 입장에 서지 않을 수 없었다.

JP에 대해 의리를 지키는 차원에서 한동안 인내를 하며 지내보았으나 생각대로 마음이 잘 따라주지 않았다. 대선을 40여 일 앞둔 1997년 11월 10일까지도 나는 억지로 인내를 하고 지냈다. 그러나 이틀 뒤인 11월 12일 드디어 일이 터지고 말았다.

바로 자민련의 대구 출신 이의익 의원(북갑)이 DJP 연합에 반대하면서 탈당 선언을 하고 말았다. 이 의원은 선거구가 나와 서로 인접해 있어서 가까운 사이였지만 사전에 어떤 교감도 없이 바로 탈당을 결행하고 만 것이었다.

이 사실을 알고 난 뒤 나의 선거구민들은 마구 전화를 걸어와 당장 탈당을 하라고 성화를 부려댔다. 대구 시민의 반DJ 정서는 세상이 다 알아주는 것이지만 그것보다도 나의 반DJ 성향이 더 강했으니 나의 고민은 더 한층 심각해지지 않을 수 없었다.

며칠 뒤 대구 출신의 박종근 의원이 만나자고 해서 만났더니 동병상련의 처지를 하소연하면서 공동 대처를 하자고 제의했다. 나의 고교 선배인 박 의원은 경제 전문가로 처신이 신중한 분인데 속이 매우 타는 것같이 보였다.

우리는 그 뒤 닷새 동안을 번민 끝에 11월 19일 대구에 가서 탈당을 선언하기로 약속하고 준비에 들어가기로 했다. 박 의원과 약속을 하고 나니 더 큰 고민이 엄습해왔다. JP가 우리의 탈당 소식을 알면 얼마나 실망하고 경악하실까 하고 생각하니 기가 꽉 막혔다. 나는 그때 내가 왜 하필 탈당을 하는 국회의원이 되어야만 하는가 하고 통탄하지 않을 수 없었다. 나와 박 의원은 18일 오후 대구로 향했다.

다음 날 아침 우리 두 사람은 기자들 앞에서 내가 쓴 탈당 문안을 읽어 내려갔다. "우리에게 'DJP 연합'은 참으로 난처하고 수용할 수 없는 결정이었다. 도덕성과 신뢰성에 문제가 많은 DJ에게 국정을 맡길 수 없다. '반DJ 선언'을 확실하게 하는 차원에서 오늘 자민련을 떠나기로 결심했다"고 밝혔다.

그러나 탈당 선언을 하고 난 뒤 나의 심경은 참으로 쓰라렸고 황량하기만 했다. 내가 이처럼 불행한 국회의원이 되다니, 참으로 할 말이 없었다.

국회 본회의 처녀 발언

국회 본회의에서 대정부 질문 기회를 갖는다는 것은 국회의원에게는 큰 기쁨과 영광이 아닐 수 없다. 국정 전반에 걸쳐 국무총리와 관계 국무위원을 상대로 질문하는 것은 헌법 기관인 국회의원의 역할 중 가장 중요한 것 중 하나이기 때문이다. 최근에 와서 본회의 대정부 질문의 효용성에 대해 말들이 많지만 쉽게 없애지 못하고 유지되고 있는 것만 봐도 그것이 국회에서 가지는 상징적 가치가 매우 크기 때문이다.

나는 국회의원에 당선되던 해인 1996년에는 당 대변인을 하느라고 다른 의원에게 양보를 했지만 이듬해인 1997년에는 본회의 대정부 질문을 꼭 해보고 싶었다. 그래서 그해 7월 23일 임시국회 본회의에서 처녀 질문을 할 기회를 갖게 됐다. 다선 중진 의원들은 과거에 많이 해봤기 때문에 질문하는 것을 기피하지만 각 당에 초선 의원들이 많을 경우에는 서로들 하려고 해서 경쟁이 치열하기도 했다.

다른 의원들의 경우 대정부 질문 원고는 보좌관들이 초고를 쓰는 일이 많았다. 그러나 나는 나 자신이 원고를 직접 써야 직성이 풀리기 때문에 자료를 모으고 원고를 작성하는 데 여러 날이 걸렸다. 어느 날은 밤 11시가 넘을 때까지 원고지와 씨름을 할 때도 있었다. 나는 또 기

1997년 2월 20일 자민련 김종필 총재가 국회 본회의장에서 박철언 부총재, 대변인 필자(왼쪽에서 두 번째) 등과 함께 임시국회 대책 등을 협의하고 있다.

자 출신인지라 글 쓰는 데 어느 정도 자신이 있었지만 한 편의 대정부 질문 원고(17분 정도 분량)를 잘 만들기가 쉽지가 않았다.

나는 처녀 질문의 대상으로 정치 분야를 선택했는데 원고 제목은 '경제 재도약과 내각제로 선진국과 통일을 이룩하자'로 정했다. 내각제를 강조하게 된 것은 자민련의 당 방침을 반영한 것이었다. 발언할 차례가 되어 본회의 연단에 처음 올라서서 의원들에게 인사를 할 때 다소 떨리기도 했다. 그러나 이내 평정심을 되찾았고 문구마다 악센트를 적절히 구사하면서 큰 실수 없이 대정부 질문을 마쳤다. 사회는 김수한 국회의장이 보았고, 고건 국무총리와 국무의원들이 출석을 하였다.

대정부 질문의 내용은 대충 다음과 같았다. "어느 정치학 교수의 추정에 따르면 지난 92년 대통령 선거 당시 사용된 김영삼 대통령의 선거 자금은 약 1조 원에 육박하는 금액으로 나타났다. 그렇지만 김 대통령이 선관위에 신고한 대선 자금은 고작 230억 원 정도에 불과했다. 문민정부라고 자랑하는 대통령이 취임 후 국정을 제대로 끌고 갈 수 없었던 것은 바로 이 허위 신고 때문이다. 첫 단추가 잘못 끼워졌기 때문에 제대로 될 일이 없었다.…고비용 정치 구조 해소를 위해 내각제를 조속히 채택해야 하고 다가오는 이번 대선은 철저한 공영제로 치러져야 한다. 공정한 대선을 위해 중립내각을 구성하라"(영남일보, 7월 24일자). "국민들은 김 대통령의 하야 이후에 벌어질 일을 우려해 하야 주장을 유보하고 있다. 김 대통령은 나라를 이 지경으로 만든 데 대해 어떤 식으로든 책임을 져야 한다"(문화일보, 7월 23일자). "공명선거 실시를 위해 언론의 중립성, 특히 방송의 공정성 확보를 위해 정부의 언론 장악 행위를 즉각 중단시켜야 한다"(국민일보, 7월 23일자).

대정부 질문에 나선 여야 의원들은 연말에 실시될 대선을 앞두고 치열한 공방전을 벌였다. 지금도 대정부 질문 제도를 개혁하기 위해서는 각 정당은 물론 소속 의원 및 국무총리와 국무위원들이 동시에 국리민복 우선의 자세로 환골탈태해야 한다고 생각한다. 국회는 당파성을 혁파하고 정책 위주의 성실한 질문과 사실에 입각한 시시비비를 가려주어야 하고 정부는 사실에 바탕을 두는 성실한 답변과 거시적인 정책 리더십을 발휘해줄 때 대정부 질문 제도는 제값을 하게 될 것이다.

나는 국회의원 3선을 하면서 해마다 본회의 대정부 질문을 모두 10회에 걸쳐 했다. 처녀 발언을 제외하면 그 뒤 9회의 질문은 예산을 다루는 가을 정기국회 본회의에서 했다. 분야별로는 정치 분야 6회, 경제 분야 3회, 통일·외교·안보 분야가 1회였다. 임시국회보다는 정기국회 대정부 질문의 경쟁률이 훨씬 더 높았는데 원내총무단에서 나에게 아홉 번에 걸쳐 정기국회 본회의 질문 기회를 준 것은 특별한 배려가 아닐 수 없었다. 그 당시 총무단에게 깊은 감사를 드린다.

한나라당 대변인

내가 자민련을 떠날 무렵은 대선을 한 달쯤 앞둔 시점이었다. 각 정당이 눈코 뜰 새 없이 정신을 못 차릴 때였다. 나는 탈당 다음 날인 11월 20일에 박종근 의원과 함께 신한국당에 입당했다. 바로 그 이튿날 신한국당은 민주당과 합당해 한나라당으로 확대 창당됐다. 11월 21일 대전 충무체육관에서 열린 합당합동회의 무대에 입당파 인사들과 함께 올라섰다. 이회창 대선 후보와 손을 맞잡고 당원들에게 인사하고 나니 쑥스럽기도 하고 어리둥절하기도 했다.

이회창 후보와 조순 총재는 창당대회에서 '3김 청산' 깃발을 내걸고 YS 정권과의 차별화를 본격화했다. 11월 29일 이 후보는 나를 대통령 후보 언론특보에 임명했다. 그러나 경황이 없어 역할도 제대로 못하고 지역구에서 대선 선거운동에 열을 올리는 수밖에 없었다.

그해 12월 18일에 치러진 제15대 대통령 선거는 국민회의 김대중 후보가 1,032만 6,275표를 얻어 993만 5,718표를 받은 이회창 후보를 39만 557표(1.53%) 차이로 누르고 당선됐다. DJP 연합과 이인제 후보의 출마 등 큰 악재 속에서도 이 후보는 선전을 한 셈이었다. 그러나 정권이 야당으로 수평 이동된 것이 역사상 처음인지라 향후 국정 운영 방향도 불투명하기만 했다. 게다가 때마침 IMF 외환위기 사태마저 발생하여 나라 경제가 크게 흔들렸고 국민의 고통 또한 이루 말할 수 없이 컸다.

대선에서 패배하자 한나라당은 침통한 분위기 속에 한동안 넋을 놓고 있었다. 나는 오랜만에 당직에서 해방되어 국회와 지역구 활동에 전념하기로 했다. 한나라당에 입당하기 전까지는 국회 교육위원회 소속 의원으로 활동했다. 주로 지역구의 초등학교 교실과 강당 신축을 위해 교육부의 특별교부금을 얻어 오는 일이 많았다. 나의 첫 지역구 지원 사업은 검단동에 있는 문성초등학교 강당 증축 예산을 대구교육청 예산 집행 1순위로 배정(1996. 10. 14)받는 것이었다. 자민련 의원으로 교육위 간사를 맡고 있어서 교육부와 교육청에서의 협조가 잘 이뤄져 지역구 내의 학교 사업을 많이 지원할 수 있었다. 한나라당으로 당적이 바뀐 뒤에는 국회 환경노동위원회에서 한동안 활동을 하게 됐다.

1998년 1월 15일에 발행된 나의 '의정보고서' 인사말을 보면 그간의 나의 심정이 잘 묻어나고 있다. "IMF 한파와 예기치 못한 정권의 역방향 교체 등 이중 쇼크 속에 대구 시민들의 마음은 문자 그대로 얼어붙어 녹을 줄을 모르고 있습니다. 무능한 김영삼 대통령 정부의 경제 실정(失政), 심각한 정경 유착 및 재벌의 무한 차입 경영 등으로 나라 경제가 파탄이 났습니다. 이래저래 중산층과 가난한 사람들만이 고통을 받고 있습니다. 그러나 나라 경제를 망쳐놓은 과거 얘기만 해서는 경제는 회복되지 않습니다. 타개책과 새로운 각오 등 내일에 관한 특단의 결의가 필요한 때입니다."

그해 5월 2일에는 나의 맏딸 예리의 결혼식이 국회 후생관에서 열렸는데 주례는 이현재 전 국무총리(서울대 총장 역임)께서 서주셨다. 그 당시에는 선거 빚도 남아 있어 맏딸에게 제대로 챙겨주지도 못하고 시

집을 보내게 되니 아버지로서 여간 미안하지가 않아 마음 한구석이 아직도 짠하기만 하다.

6월에 접어들자 김대중 대통령은 '지역연합구상'이라는 미명 아래 내각제 연정을 고리로 영남권 정치세력을 한나라당에서 분리하려는 의도를 드러냈다. 이에 대해 나는 "김 대통령이 내각제를 미끼로 TK 세력을 한나라당에서 이탈시켜 여권 3중대로 만들려는 구상"(조선일보, 1998년 6월 10일)이라고 지적하고 "어림도 없는 잠꼬대 같은 얘기"(국민일보, 1998년 6월 9일)라고 강력 반대했다.

광복절이 지나고 8월 18일이 되자 각 당은 소속 의원들의 제15대 국회 후반기 상임위 배정을 서두르고 있었다. 나는 경제 문제에 관심이 많아 재정경제위원회를 희망했는데 한나라당에서는 당초에 나를 재경위 간사로 내정했다. 그러나 재경위의 재선 의원인 나오연 의원이 워낙 간사를 하고 싶어 해서 나는 원내대표단과 상의도 없이 양보를 해주고 말았다.

나 의원은 내가 한국일보 경제부 기자 시절 전매청 차장으로 재직하고 있어서 잘 아는 사이였고 연배도 높아서 쾌히 그렇게 해주었다. 사실 정치판에서는 국회직이나 당직을 내정 단계에서 본인이 자발적으로 양보하는 일은 거의 없는 일인데 나는 그때 특이한 선례를 만든 의원이 됐다.

대선에서 낙선한 이후 8개월 가까이 당무에서 떠나 있던 이회창 후보가 9월 1일 다시 당 총재로 돌아왔다. 당직 개편 소문이 나돌기 시작했다. 내가 대변인에 거론되고 있다는 보도(동아일보, 1998년 9월 2일)가 있었다. 나는 직접 나서서 당직을 맡고 싶다고 부탁하고 다니는 것을 싫어하기 때문에 가만히 있었으나 솔직히 대변인은 하고 싶지 않았다. 이미 자민련에서 1년 8개월이나 해봤기 때문에 두 당에서 대변

1998년 국회재경위 국정감사에서 필자가 국세청장을 상대로 신랄한 질의를 하고 있다.

인을 한다는 것이 탐탁하지가 않았다. 다행히 나는 정책위원회 부의장
으로 임명됐으며 안상수 의원(과천·의왕)이 대변인을 맡게 됐다. 홀가
분한 마음으로 정기국회 활동에 나설 수 있게 됐다. 국회 재경위 국정
감사에도 성실하게 참여했다.

　한편 11월 17일에는 국회 본회의에서 경제 분야 대정부 질문('중소
기업 살려내어 경제정의 실현하자')에 나섰다. "정부의 재벌 개혁 정책이
원칙과 일관성이 없이 진행되고 있는데다 재벌도 개혁 조치에 끈질기
게 반발하고 있다. 이에 대한 대책은 무엇인가"(동아일보, 1998년 11월
18일)라고 따져 물었다.

　사람의 앞날은 아무도 모른다고 했던가. 대정부 질문을 끝낸 뒤 얼
마쯤 지나자 이회창 총재가 만나자고 했다. 당 대변인을 맡아달라고

했다. 나는 대변인을 자민련에서 오랫동안 했고 또 고관절 부근에 생긴 지방종 수술을 해야 하기 때문에 난색을 표했다. 이 총재는 집요하게 부탁해왔다. 두 번을 사양해도 소용이 없었다. 하는 수 없이 내가 지고 말았다.

드디어 11월 30일 나는 부총재단 구성에 따른 후속 당직 인사에서 대변인으로 발표됐고 다음 날인 12월 1일 임명장을 받고 활동에 들어갔다. 물론 지방종 수술은 연기되었고 불편하지만 지금까지도 그냥 달고 살고 있다.

이 총재는 임명장을 수여한 뒤 가회동 자택에서 매일 조찬회의를 하자면서 하순봉 비서실장과 나에게 통보해왔다. 그렇게 하면 주요 당무와 언론 관계 업무를 아침에 스크린 할 수 있는 장점이 있다. 이렇게 하여 나는 원내에 교섭단체가 있는 두 야당의 대변인이 되는 진기록을 세우게 됐다.

대변인 하기 힘들더라

한나라당에서 대변인을 맡게 되자 언론의 반응은 호의적이었다. "매사 최선을 다하며 인간관계가 원만하다"(조선일보, 1998년 12월 1일)고 평했다.

임명 다음 날인 12월 2일부터 가회동 이 총재 댁으로 아침 7시 반에 출근했다. 출근 뒤에는 주로 크고 작은 업무 보고와 현안 대처 방안 및 그날의 일정 등에 대한 토의가 조찬을 전후해 이뤄졌다. 한 시간 뒤인 오전 8시 반께 가회동에서 여의도 당사로 정식 출근을 하게 된다. 아침밥은 사모님인 한인옥 여사가 직접 차려주셨는데 단아한 모습에 기품이 있고 정숙한 분이라는 첫인상을 받았다.

대변인을 맡자마자 이 총재와 허주 김윤환 부총재 사이가 벌어지는 바람에 나의 입장이 고약하게 됐다. 이 총재와 경북고 대선배인 허주 사이에서 한동안 눈치를 보지 않을 수 없었다. TK 출신 일부 당직자는 당직 거부 움직임까지 보였으나 오래가지는 않았다.

결국 이 총재는 12월 중순께 허주와 결별하게 되고 허주는 탈당을 하고 신당을 만들게 된다. 이 총재는 그 뒤 세풍 사건과 총풍 사건이 잇달아 터지자 당을 추스르기 위해 신주류 구축에 나서게 되고 친정체제를 강화했다. 세풍 사건은 국세청을 동원한 대선 자금 모금 사건을 말하고 총풍 사건은 판문점 총격 요청 사건을 일컫는다. 두 사건 모두 이 총재를 곤경으로 몰아넣는 중대한 정치적인 사건이었다.

이에 따라 대변인은 자연 대여 공세에 날을 세우게 되고 바쁘게 뛰지 않으면 안 됐다. 정권 교체 1주년을 맞아 DJ와 JP 간의 내각제 개헌 신경전(12월 18일)이 벌어지고 연말에 안기부 국회 529호실 사건이 발생하게 되자 나는 머리가 아프고 마음이 괴로워지기 시작했다. 왜냐하면 내각제를 계기로 국민회의와 자민련의 틈새를 벌이자니 JP를 공격해야 됐고 안기부를 비판하자니 이종찬 안기부장이 마음에 걸리지 않을 수 없었다. 그분들과의 과거 인연을 생각하면 심하게 공격·비판해서는 안 되는 일이었다. 그러나 당직이 그렇다보니 그렇게 안 할 수도 없고 문자 그대로 진퇴양난에 처하고 말았다. 이런 일을 예상했기 때문에 나는 애당초 대변인직을 사양한 것인데 참으로 안타까운 신세가 되고 말았다.

12월 28일에는 국민회의 김원길 정책위 의장이 총풍 사건의 피고인 장석중 씨의 법정 진술(김순권 박사에 대한 1천만 원 제공설)을 언론에 공표했다 하여 나를 명예훼손 혐의로 서울지검에 고소를 했다.

그 무렵 DJ 정부는 대기업 빅딜 정책을 추진하기 시작했는데 나의 대변인 논평이 걸작이다. "붕어빵에 붕어가 없듯이 국민의 정부에 국민을 두려워하는 마음이 없다. 또한 기업 간 빅딜에 기업의 자율의사도 전혀 없다"(동아일보, 1998년 12월 30일).

한편 검찰은 박관용 한나라당 부총재에 대해 출두 통보를 해왔다. 이는 황낙주 전 국회의장, 김윤환 전 부총재, 김중위 의원에 이은 시리즈 수사로 DJ 정부가 본격적으로 한나라당 죽이기 '기획수사'에 나선 것이 아닌가 하는 의혹을 불러일으키기에 충분했다. 이렇게 하여 그해 연말은 안기부의 국회 정치 사찰 사건으로 인해 여야 간에 치열한 공방 속에 저물어갔다.

1999년 새해가 밝았어도 안기부 사건은 잠잘 줄을 몰랐다. 이종찬 안기부장이 1월 5일 국회 정보위원회 인사말에서 "한나라당은 안기부에 대해 오도된 사고를 가진 지도자 때문에 방향을 잘못 잡고 표류하고 있다. 당이 목청만 앞세운 소수 강경파에 끌려가고 있다"면서 이회창 총재를 비난하고 나섰다. 나는 이 부장이 원망스러웠으나 이 총재를 공격하고 나섰으니 가만히 있을 수도 없었다. 나는 "이 부장의 정보위 발언은 정치 관여를 금지한 안기부법을 정면으로 위반한 것"이라고 지적하고 "극단적인 언어를 사용하는 인물이 정보기관의 책임자를 맡는 것은 위험한 일"(한국일보, 1999년 1월 7일)이라고 논평했다. 그때 언론에서는 내가 이 부장의 해임을 촉구했다고 확대 해석하기도 했다.

1월 7일에는 박지원 청와대 대변인이 오전에 야당 총재 예우 발언을 하는가 하면 그날 오후에는 여당이 국회에서 법안을 단독 처리하는 일이 발생했다. 나는 워낙 어이가 없어 논평을 내지 않을 수 없었다. "이 일은 국민의 정부가 거짓말과 속임수를 쓰고 있다는 것을 여실히 보여준 것이다. 현 정부는 입으로만 국민의 정부이지 행동은 반민주 정부이다. 입으로만 하지 말고 마음으로 보여라"(세계일보, 1999년 1월 9일).

이렇게 경황 없이 여야 간에 치고받는 북새통 속에 나의 둘째 딸 예진의 결혼식이 1월 16일 국회 후생관에서 열렸다. 이회창 총재께서 주례를 서주셨다. 이 총재는 처음에 손사래를 치시다가 나의 간청에 못 이겨 일생에서 두 번째로 주례를 서신 것이었다. 진심으로 감사하지 않을 수 없었다.

쉴 틈 없는 야당의 입

안기부의 국회 정치 사찰과 국회에서 여당의 법안 단독 처리는 한나라당을 장외 투쟁의 길로 안내했다. 1999년 1월 24일 한나라당은 마산에서 '국정 실패 및 불법 사찰 규탄 대회'를 개최했다. 이어 구미에서 '편파적 대기업 빅딜에 의한 지역 경제 파탄 규탄 대회'도 잇달아 열고 정부 여당을 맹렬히 비난했다.

상황이 이렇게 급변하니 '야당의 입'인 대변인은 잠시도 쉴 틈이 없었다. 또 때마침 'TK 연합론'(한화갑 국민회의 원내총무) 주장에 이어 2월 1일에는 DJ가 '동서화합형 정계 개편 추진' 발언을 하여 한나라당을 극도로 자극했다. 정부 여당의 정계 개편 바람몰이가 거세지고 있는 도중에 허주 김윤환 한나라당 전 부총재가 '영남·보수 신당론' 운을 띄워 한나라당을 한때 긴장시키기도 했다. 대변인은 하루에도 두세 개의 성명과 논평을 내는 등 화력을 총동원해야만 했다.

이때 한나라당의 원내 의석수의 변화 추이를 보면 1997년 11월 22일 현재 의석수는 과반수를 상회하는 165석이었다. 이것이 여권의 인위적 정계 개편 추진으로 1998년 5월 4일에 과반수가 붕괴됐으며 1999년 2월 12일 현재로는 고작 135석으로 크게 줄어들었다.

1999년 3월에는 핵과 미사일 개발에 열을 올리고 있는 북한에 대해 김대중 정부가 비료 지원을 하자면서 대한적십자사를 동원하고 나섰다. 적십자사는 비료 10만 톤(300억 원 상당)을 지원하기 위해 국민성금모금을 하겠다고 방침을 정했다. 나는 격분하지 않을 수 없어서 "핵과 미사일 개발 후에는 핵무기를 사용하지 말아달라며 북한에 조공이라도 바쳐야 할 판"(중앙일보, 1999년 3월 13일)이라면서 반대논리를 폈다.

이에 앞서 2월 25일에는 공동 집권당인 국민회의와 자민련 간에 내각제 개헌 문제를 둘러싸고 한바탕 소동이 벌어졌다. 이회창 총재는 이에 "김대중 대통령은 약속에 따라 연내 내각제 개헌을 할 것인지 분명히 밝혀야 한다"고 촉구하고 나섰다.

한편 나는 "어느 정권이든지 집권 2년까지는 별 문제가 없는데 신기하게도 이 정권은 1년 만에 민주노총의 노·사·정위원회 탈퇴, 국민연금 확대 문제, 의·약분업 연기 등 국정 실패의 여러 현상들이 봇물처럼 터져 나오고 있다"고 비판했다.

3월 17일에는 그동안 밀고 당기던 여야 총재회담이 청와대에서 열려 절충이 필요했던 몇 가지 문제들에 대해 합의를 보게 됐다. 이 총재를 모시고 난생 처음 청와대에 가보니 다소 긴장감이 돌았다. 박지원 대변인은 총재회담이 시작되고 난 뒤 나하고 대기실에서 기다리다가 이내 곤하게 잠을 자는 것을 보고 깜짝 놀라지 않을 수 없었다. 이렇게 강심장을 가진 사람도 있는가 했더니 나중에 그날 새벽2시까지 기자들과 함께 술을 마셨다는 말을 듣고 동업자의 고충을 이해해주기로 했다. 박 대변인과는 DJP 연합 직후에 몇 차례 만나서 서로 조금 아는 사이였다.

회담을 마치고 여의도 당사로 돌아오는 차 안에서 이 총재께서 청와대 회담 내용을 구술하는 것을 메모하여 기자들에게 브리핑을 해주었다. 이날 총재회담에서는 ▲경제난 극복과 실업 문제 해결을 위해 지난해 11월 총재회담에서 합의된 '경제위기 극복을 위한 여야협의체'를 조속히 정상화시키고, ▲남북 문제에 대해 필요할 경우 초당적으로 정책 협의를 하며, ▲필요할 경우 언제든 총재회담을 열기로 의견 일치를 보았다. 이 밖에도 김 대통령은 국민연금 확대 실시 시기와 관련해 야당의 협조를 당부했으며 국회 529호실은 폐쇄하겠다고 약속을 했다.

이렇게 총재회담이 있고나서 한동안 여야관계가 부드럽게 풀리는가 했다. 그러나 3·30 재·보궐 선거(구로을·시흥)가 끝나자마자 정국은 다시 경직되기 시작했다. 문제는 여당의 불법·부정선거 의혹 때문이었다. 4월 2일에는 한나라당이 선거무효소송을 제기하기로 하는 등 야당의 발걸음이 빨라졌다. 여기에다가 한나라당 서상목 의원 체포동의안마저 여당이 강행하려고 해 여야 간의 긴장도는 높아져가고 있었다.

마침내 4월 6일에는 국회에서 긴급 현안 질의를 하게 되어 내가 발언자로 나서게 됐다. 나는 "특위위원 임명, 사랑방 좌담회, 무더기 향응 제공 등 각종 부정선거를 자행한 공동 여당은 '양두구육(羊頭狗肉) 격의 반민주 세력'"이라고 혹독하게 비난하고 "김 대통령은 구로을과 시흥의 국회의원 당선자를 즉각 사퇴시키고 국민 앞에 사과하라"고 촉구하고 나섰다.

다음 날인 4월 7일에는 7개월가량 끌어왔던 서상목 의원 체포동의안이 국회에 상정됐지만 여당표의 이탈로 부결되고 말았다. 나는 이에 대해 "서 의원을 구속하여 한나라당과 이 총재를 정치적 코너로 몰겠다는 국민회의의 정략적이고 악의에 찬 체포동의안 표결 시도는 빗나가고 말았다"며 "역천자(逆天者)는 망하고 순천자(順天者)는 흥한다"(동아일보, 1999년 4월 8일)고 논평했다. 서 의원 체포동의안 부결

사태는 여당 지도부의 일괄 사의 표명으로 이어졌고 조세형 국민회의 총재권한대행은 책임을 지고 다음 날 경질되고 말았다.

그 무렵에 정부의 대북 정책에 많은 문제점이 드러나기 시작했다. 한나라당은 임시국회가 정상화되는 대로 단단히 따지기로 벼르고 있었다. 특히 주한미군의 지위 변경 가능성에 대한 김대중 대통령의 발언 진위와 배경 등을 집중 논의한다는 방침이었다. 나는 이에 대해 "햇볕에 눈이 부셔 DJ 정권 모두가 혼미한 상태인 것 같다"고 비판했다.

유종근 씨에게 피소

정당 대변인을 하다보면 상대 정당 또는 정치인으로부터 고소·고발 당하는 일이 비일비재하다. 내 경우에도 당 대변인 생활 2년 3개월(자민련 포함) 동안 정확치는 않지만 5~6회 정도 법원 신세를 진 것으로 기억된다.

여야 간 또는 정치인의 첨예한 정치적 이해관계가 걸려 있는 사안에서는 서로 한 치의 양보도 없다. 팍팍한 대립을 하다보면 툭 하면 소송을 걸고 나온다. 실제로 끝까지 가고 싶은 생각이 없으면서도 명분상 걸어보는 경우도 있다. 그런가 하면 상대 정당의 입을 우선 막아놓고 보자는 고약한 심보도 작용하기도 한다. 여야 간의 정쟁이 치열하다보면 '야당의 입'이 더 많이 당하는 사례가 많다. 그러나 나의 경우 실제로 처벌받은 경우는 한 번도 없었다.

1999년 4월 15일, 나는 이회창 총재를 모시고 신경식 사무총장과 함께 부산으로 내려갔다. 부산 MBC 창사 60주년 기념식과 한나라당 유흥수 의원 출판 기념회 참석을 위해서였다. 오전 11시쯤일까, 김해공항에서 MBC 방송국으로 가는 버스 속에서 옆자리에 앉은 신 총장이 한 통의 편지를 나에게 보여줬다. 그 편지는 얼마 전에 구속된 절도 피의자 '김강용'이라는 사람이 한나라당 안양만안지구당의 박종근 위원장 앞으로 보낸 것이었다.

김씨는 편지에서 유종근 전북도지사의 서울 사택(양천구 목동 소재)에서 미화 12만 달러와 현금 3,500만 원 및 보석 5점을 훔쳤는데 수사 과정에서 미화 12만 달러를 빼버리고 축소·은폐 수사를 하고 있다는 특이한 진정을 하고 있었다. 도둑이 자기의 절도 혐의를 더 부풀리고 있다니 참으로 이상한 일이었다.

나는 호기심과 함께 사안 자체가 워낙 중요해서 신 총장에게 사실관계 확인이 필요하다고 말했다. 왜냐하면 유 지사는 당시 김대중 대통령의 경제고문직도 맡고 있어서 편지 내용이 사실이라면 정부를 공격할 호재가 되기 때문이었다. 신 총장은 "그렇지 않아도 지금 당 소속 변호사들을 구치소로 보내 김씨를 면회하고 확인을 하고 있다"고 말하는 것이었다.

오후 5시 반께 이 총재가 광안리에서 부산 기자들과의 간담회를 가지려고 할 무렵이었다. 그때 함께 부산으로 출장 온 중앙지 기자들이 이미 인천일보와 연합뉴스에 절도범 김씨의 주장이 보도된 것을 알고 나에게 논평을 요구했다. 다시 신 총장에게 구치소의 사실 확인 진행 상황을 물어봤더니 "사실로 확인됐으니 세게 논평하라"고 말하는 것이었다.

그래서 나는 성명을 내고 "IMF 시대에 국민들은 10~20달러를 은행에 성금으로 내고 있는데 하물며 국민의 정부 실세인 유 지사가 12만 달러를 집에 은닉하고 있었다는 것은 이 정권의 후안무치한 이중성과 도덕적 타락상을 그대로 증명해주고 있다. 검찰은 은폐·축소 수사를 하지 말고 사실대로 수사를 하라"고 맹공을 가했다.

그랬더니 유 지사는 집에 달러는 없었다면서 이틀 뒤인 17일 밤 9시에 다급하게 이회창 총재를 비롯하여 정형근 의원(이 사건의 진상조사특위 위원장), 박종근 안양만안지구당 위원장과 대변인인 나 등 4명을 상대로 10억 원의 손해배상소송을 제기하고 나섰다. 유 지사는 소장에서 부도덕한 공직자라는 비난과 정치적 생명에 치명적인 상처를 입는 등 명예를 심하게 훼손당했고 엄청난 정신적 충격을 받았다고 주장했다.

세월이 흘러 2년 뒤인 2001년 8월 29일 서울지방법원 제15민사부는 판결을 내렸다. 이 총재와 정 의원, 박 위원장에 대한 청구를 기각하고 나에게만 3천만 원을 원고에게 손해배상금으로 지급하라고 판시했다. 사실 유 지사가 형식적으로 소송을 제기한 것으로 알고 있었는데 손해배상을 하라니 억울한 생각이 들기도 했다. 그래서 당의 인권위 소속 손범규 변호사(제18대 국회의원)와 의논하여 항소를 하게 됐다.

또다시 1년 뒤인 2002년 10월 10일 서울고법 민사부는 1심 판결과 똑같은 판결을 내려 나는 다시 대법원에 항고를 하지 않을 수 없었다. 다시 1년 뒤인 2003년 7월 8일 대법원(재판장 대법관 박재윤)은 원심 판결 중 피고 패소 부분을 파기하고 이 부분 사건을 서울고등법원에 환송한다고 판시했다.

나는 그때 정말로 대법관의 명쾌한 판결에 감사하지 않을 수 없었다. 대법원이 4년 만에 나의 손을 들어준 것이었다. 대법원의 판시는 명확했다. "특히 공직자의 도덕성·청렴성에 대하여는 국민과 정당의 감시 기능이 필요함에 비추어볼 때 그 점에 관한 의혹의 제기는 악의적이거나 현저히 상당성을 잃은 공격이 아닌 한 쉽게 책임을 추궁하여서는 안 된다. 정당의 정치적 주장에는 국민의 지지를 얻기 위하여 어느 정도의 수사적인 과장 표현은 용인될 수 있으므로 정당 대변인의 정치적인 논평의 위법성을 판단함에 있어서는 이러한 특수성도 고려되어야 할 것이다. 정치적으로 민감한 사건의 수사에 있어서 그 수사기관이 아니고서는 의혹의 진위를 가리는 것이 현실적으로 매우 어려운데도 수사 내용에 대하여는 보안이 철저하게 지켜짐으로써 국민들의 의구심을 해소하기에 아쉬움이 있었던 일이 없지 않았고 바로 이러한 경우에 정당이나 언론의 역할이 필요함은 우리의 경험으로 알 수 있다. 이 사건에서 비록 원고가 미화 12만 달러를 도난당한 사실이 진실로 밝혀지지 않았고 피고가 진실 규명을 촉구하는 수준을 넘어 김강용의 진술에만 의존하여 단정적인 주장을 하였다고 하더라도 고위 공직자의 도덕성에 관한 공적 사안에서 정당 대변인의 정치적 논평에 해당하는 이 사건에 대한 성명 발표에 위법성을 섣불리 인정할 수는 없다고 할 것이다."

이 판결의 사법적 판단의 객관성과 엄격한 논리는 마치 칼날을 보듯이 예리하다고 아니할 수 없다. 사법부의 정의와 양식에 입각한 판단에 다시 한 번 존경심을 표하지 않을 수 없다.

세월이 한참 지난 뒤인 2011년쯤인가, 내가 신용보증기금 이사장으로 재직하고 있을 때 유종근 씨라고 주장하는 사람이 보증관계로 나를 만나겠다고 전화 연락이 온 적이 있었다. 그러나 나는 응하지 않았다. 유씨가 과거에 자기가 소송을 제기했던 한나라당 대변인이 바로 나라는 사실을 알고 연락을 한 것인지 지금도 궁금하기만 하다.

다시 이야기는 거슬러 올라가지만 1999년 4월 20일 저녁, 나는 청와대에서 뜻밖에도 엘리자베스 2세 영국 여왕과 악수를 나누는 기회를 가졌다. 당시 김대중 대통령은 하루 전날 방한한 영국 여왕을 위해 청와대 영빈관에서 국빈 만찬을 베풀었다. 청와대는 이 자리에 이회창 한나라당 총재와 대변인인 나를 다른 귀빈들과 함께 초청해주어 영광의 기회를 갖게 됐다. 대영 제국의 여왕은 체구는 작았지만 근엄했다. 그러면서도 따스한 기품과 인자함을 함께 지니고 있었다.

JP 때문에 괴로웠다

제16대 총선이 1년 앞으로 다가온 1999년 4월 중순, 그때부터 정치판에 돌개바람이 잇달아 불기 시작했다. 공동 여당인 국민회의와 자민련 간의 연합 공천 시도를 비롯하여 정부조직법 날치기 통과, 이회창 한나라당 총재 송파갑 국회의원 재선거 출마, 옷 로비사건, 여권의 정계 개편 시도, 제2건국위 파동, 한나라당 의원 청와대 앞 시위, 후3김 시대 정치 논쟁 등등 하루도 마음 편할 날이 없었다.

제1야당의 대변인의 격무가 본격적으로 시작되고 있었다. 제2야당인 자민련 대변인 시절과는 차원이 달랐다. 이판사판의 혹독한 정치홍보 전투가 매일 펼쳐지고 있었다. 대변인에게는 한 치의 빈틈도 보여서는 안 되는 격렬한 입씨름이 벌어졌다. 혹자는 이것을 대변인의 '정쟁 발언' 또는 '정치 공세 발언'이라고 가볍게 말한다. 그러나 당 대변인에게는 국가와 당과 자기 자신의 정치생명이 달려 있는 절박한 문제다. 자기 자신의 지혜, 식견 및 용기를 총동원하여 짧은 시간 안에 촌철살인의 총탄과 포화를 퍼부어야만 한다.

많은 국회의원은 대변인을 '야당의 입'으로 그저 정쟁의 도구로 인식하고 있다. 그렇지만 야당에게 대변인만큼 중요한 당직은 없다. 당의 입장을 제대로 전달하고 재치 있게 대처해도 본전이거나 작은 칭송밖에 못 받는다. 그러나 삐끗 말 한 마디 잘못하면 국민과 당 지도부 및 동료 의원들로부터 받아야 하는 따가운 눈총은 몇 날 며칠이 간다.

아침 일찍부터 최고위원회의, 주요 당직자회의 등 큰 회의를 챙기면서 기자실에서 거의 살다시피 해야 하는 대변인의 고달픈 일과는 안 해본 의원들은 잘 모른다. 회의 내용과 성명이나 논평을 신문기자들에게 발표만 하면 끝나는 것이 아니다. TV 카메라 앞에서 주요 부분을 다시 녹화해야 한다. 아주 중요한 사안은 방송사마다 번갈아가며 녹화를 해야 하니 쉬운 일이 아니다.

야당은 당 재정이 항상 부족하니 대변인은 출입 기자들과 점심 한 번 제대로 먹지도 못한다. 상근 출입 기자 수도 50여 명에 가까우니 엄두를 내기가 어려웠다. 그러자니 대변인인 나는 기자들을 볼 때마다 늘 미안하기만 했다. 항상 빚지고 사는 기분이었고 언론계 선배로서 면목이 없었다. 그래도 기자들은 못난 선배인 나를 예우해줬고 나라와 한나라당을 생각해서 많이들 도와줬다. 지금도 감사하는 마음 끝이 없다.

그 무렵 나는 국무총리를 맡고 있는 JP와 자민련을 가급적 공격하지 않으려고 마음먹었다. 그래서 난처한 논평은 부대변인 명의로 발표를 하곤 했다. 그랬더니 의원들은 대변인 이름으로 성명이 나가야지 당의 목소리에 힘이 없다고 볼멘소리를 해댔다.

그해 4월 18일경 대통령인 DJ는 자민련과의 합당 추진이 어렵게 되자 '국민회의·자민련 연합 공천 방침'을 밝히고 나왔다. 이에 나는 논평을 하지 않을 수 없게 됐다. "연합 공천의 본질은 호남·충청의 권력 연합이기 때문에 그 자체가 지역감정 유발의 핵심적 요소이다. 대선 공약대로 연내 내각제 개헌을 위해 합당을 하든지 아니면 약속 파기에 따라 DJP 연합을 해체하고 독자 노선을 걸어라"(중앙일보, 1999년 4월

20일).

　정치적으로 매우 중요한 사안이기 때문에 논평을 했지만 이 논평은 JP와 자민련을 직접적으로 비판하는 성격에 속했다. 그해 5월 25일에는 여권 수뇌부에서 정치 개혁 단일안(소선거구제+정당명부제)을 확정했는데 나는 "야당 분열과 장기 집권에 초점을 맞춘 '국·자(국민회의와 자민련) 맨더링'의 결정판"이라고 비난하고 "꿩(국민회의 제1당 차지) 먹고 알(야당 분열과 다당제 실현) 먹자는 놀부식의 무한대 탐욕"(한국일보, 1999년 5월 26일)이라고 힐난했다.

　그해 7월 20일에는 여권에서 '2여(국민회의·자민련)+a식' 신당 창당 방침을 확정하자 나는 "3당 합당의 피해자였던 김대중 대통령과 김종필 총리가 이번에는 정치의 수레바퀴를 거꾸로 돌리려는 모습은 역사의 아이러니다. 이 나라는 DJ·JP 두 사람만의 나라가 아니다"라고 DJP의 정계 개편 합의를 맹비난했다.

　그때로부터 보름 정도가 지난 8월 5일에는 JP 총리에게 직격탄을 또 날려야 하는 일이 일어났다. 한나라당 주요 당직자회의에서 JP 총리에 대해 불신임 결의안을 내기로 의견을 모으고 말았다. "이유는 내각제 개헌 약속이 국민 기만극으로 끝났으므로 총리직을 계속할 이유가 없다"(한겨레, 1999년 8월 6일)는 것이었다.

　나는 이 일을 계기로 무거운 결심을 하지 않을 수 없었다. 정치적 은혜를 입은 JP와 자민련을 헐뜯고 비난하는 일은 더 이상 하지 않겠다고 결심을 하기에 이른다. 그 길은 대변인을 그만두는 길밖에 없다고 생각했다.

　이런 생각을 굳힐 무렵 YS는 민주산악회를 재건하여 정치 활동을 할 움직임을 보이기도 해 정치판을 뒤흔들어놓았다. 이에 나는 논평을 내지 않을 수 없게 됐다. "3김 정치는 20세기와 함께 사라져야 할 정치적 유물이다. 새로운 세기에 구시대 복귀를 꾀하는 것은 역사적 범죄 행위"(조선일보, 1999년 8월 6일)라고 YS의 정치 재개 움직임을 비판했다. 이어 "민주산악회가 정치 활동을 목적하고 있다면 3김 정치가 '후3김시대'로 들어가게 되는 것"(대한매일, 1999년 8월 6일)이라고 지적했다.

이 대목에서도 또 JP를 간접적으로 비판하는 셈이 되어 여간 송구스럽지가 않았다. 이 일이 있자 나는 대변인 사직을 행동으로 옮기기로 하고 이회창 총재에게 사의를 표했다. 이유는 이젠 좀 쉬고 싶다고 했다. 그 무렵 이 총재는 '3김 정치'를 제대로 청산할 의지를 굳건히 하고 이를 강력하게 추진하기 위해 제2의 창당 작업이 필요하다면서 당직 개편을 구상하고 있을 때였다. 이 총재는 나의 뜻을 받아들이면서 대변인 대신에 사무부총장 자리를 제의했다.

나는 9개월 동안에 쌓인 정신적·육체적 피로 때문에 더 이상 어떤 당직도 맡고 싶지가 않아서 사무부총장직을 간곡히 사양했다. 드디어 8월 11일 당직 개편 내용을 내가 발표하고 대변인 자리를 떠나게 됐다. "춥고 배고픈 정당의 대변인을 9개월 하는 동안 흰머리가 2배로 늘었다"(조선일보, 1999년 8월 13일)면서 제1야당의 대변인 생활이 무척 힘들었음을 솔직하게 토로했다.

한나라당 대변인으로 일하는 동안 잊을 수 없는 사람은 장광근 수석 부대변인(후일 한나라당 사무총장)이다. 장 수석은 힘들고 어려운 일을 무한한 인내심과 헌신적인 노력으로 극복해준 참으로 고마운 동지였다. 지금도 그의 고마움을 잊지 못하고 있다.

맹활약했던 초선 마지막 해

초선 의원은 당과 원내에서 가장 많이 활동한다. 3선 이상의 중진 의원이 되면 어깨와 목에 힘이 들어간다. 그래서 의원들의 당과 원내 활동은 선수에 반비례한다고 보면 된다. 나의 경우도 예외가 아니었다. 1999년은 나에게 있어 국회의원으로서 활동을 최고로 많이 한 해로 기록될 수 있다. 그해 상반기까지는 당 대변인으로서 격무에 시달리면서도 원내 활동도 소홀히 하지 않았다.

먼저 4월 6일에 열린 국회 본회의에서는 '긴급 현안 질문'에 발언자로 나섰다. 이 질문의 발언 의원 선정은 원내대표단에서 적정한 의원을 지명하거나 자원하는 의원 중에서 선발하는 등 두 가지 방법으로 결정한다. 그날은 3·30 재·보궐선거(구로을·경기시흥)의 부정 선거 처리 문제와 기타 정치 현안이 의제였다. 나는 원내대표단의 요청으로 질문을 하게 됐다.

나는 3·30 재·보궐선거는 "관권, 금권, 언권(언론) 등 3개 권력이 조직적으로, 아주 의도적으로, 총체적으로 저질은 부정 선거"라고 규탄했다. 또한 "민주주의의 가장 기본 요체가 선거인데 쌍끌이(국민회의·자민련) 집권 여당은 민주주의를 논할 자격이 없는 반민주세력"이라고 비난했다. "몇 석의 의원이 뭐 그렇게 대단히 중요합니까. 여러분들은 이미 과반수 의석을 차지했고 159석의 당당한 의석을 가지고 있어요. 한두 석 더 있으면 뭐하겠어요. 집권당은 지금이라도 회개하고 참다운 민주정치세력으로 거듭 태어나십시오." 그리고 이어 김대중 대통령은 여당의 총재로서 이번 부정선거가 저질러진 데 대해 국민 앞에 사과하고 재발방지대책을 내놓으라고 촉구했다.

나는 또 그날 국회에 참석한 김종필 국무총리를 향해 흉중에서 묻어나오는 질문을 했다. "저는 애당초 김 총리님을 모시고 자민련 소속 출신 의원으로 국회에 들어왔습니다. 그러나 DJP 연합으로 인해서 저는 사실상 총리와 길을 달리하는 정치적 선택을 하게 되었습니다. DJP 연합은 이미 지난 97년 대선에서 국민 앞에 공언된 중요한 공약입니다. 이 부분에 대해서 국민회의 측은 지금 다소 소극적인 자세를 보이고 있습니다. '오는 8월까지는 내각제 문제에 대해 논의를 안 했으면 좋겠다'고 청와대 정무수석은 계속해서 이야기를 하고 있습니다. 존경하는 총리께서는 지난 대선 때 국민 앞에 공약한 연내 내각제 개헌 문제에 대해서 지금 어떻게 되어야 한다고 생각하고 계십니까. 또한 경우에 따라서 내각제 개헌 공약이 연기 또는 다른 모양으로 변형될 수도 있는 것인지와 그것도 양해해주실 수 있는 것인지, 총리께서 성의 있는 답변을 해주실 것을 부탁드립니다."

김 총리께서는 나의 질문에 대해 다음과 같이 답변을 했다. "지난번 있었던 보궐선거에서 잘못된 점, 과열된 점이 있지만 지난날에 비하면 많이 개선된 것으로 저는 평가합니다. 그렇기 때문에 우리는 선거를 거칠 때마다 더 나은 선거, 깨끗한 선거 이렇게 우리 정치인들 스스로가 선거 토양을 다져나가는 것이 필요하다고 봅니다.…내각제 개헌은 두 여당 간의 정치적 약속일 뿐만 아니라 국민에 대한 약속인 만큼 이것은 지켜져야 합니다. 내각제와 관련해서 일부에서 이런저런 이야기가 나오고 있습니다마는 대통령과 저는 군건한 상호 신뢰를 바탕으로 해서 국가 위주로 하는 차원에서 이 문제를 다루어나갈 것입니다." 김 총리의 답변은 노련하고 설득력이 있었으며 필요한 대목에서는 단호하기도 하여 여전히 남다른 경륜을 내보이고 있었다.

그해 8월 2일에 열린 국회 본회의에서는 '5분 자유 발언'을 하게 됐다. 이 무렵은 제16대 총선을 8개월 정도 남겨놓은 시점이어서 정치판은 하루도 편할 날이 없던 때였다. 이때 정부와 국민회의는 한나라당 의원 십여 명이 지난번 대선 자금을 받아서 남의 개인 계좌에 묻어놓고 사용(私用)을 하고 있다고 정치 공세를 펴고 있었다. 나는 자유발언에서 "대선 자금을 가지고 야당을 파괴하고 음해하는 공작을 펴는 것은 종국적으로 대통령의 지시가 없이는 불가능하다"고 지적하고 "김 대통령은 이처럼 치사하고 졸렬한 방법으로 야당을 파괴하는 공작을 즉각 중단하라"고 엄중 촉구했다.

그리고 4월 국회 때 긴급 현안 질문 당시 제기했던 DJP 대선 공약 이행을 또다시 따지고 들었다. 나는 DJP 대선 공약은 집권을 가능하게 한 가장 큰 열쇠이고 근본이기 때문에 김 대통령은 연내에 내각제 개헌 국민투표를 실시하든지 아니면 내년 1월 1일부터 대통령직을 사임하든지 둘 중 한 가지를 선택해야 한다고 물고 늘어졌다.

10월 26일에는 정기국회 본회의에 나가 통일·외교·안보에 관한 대정부 질문에 나섰다. 햇볕정책은 본질과 외형이 다른 모순정책의 대표 케이스라고 지적하고 그 정책으로 인해 안개 속을 걷고 있는 대한민국의 안보 현실을 질타했다. 서해교전 사태가 불과 몇 달 전에 벌어졌는데도 안보의식의 해이 현상과 간첩 검거의 저조한 실적 등을 집중적으로 비판했다.

한편 김대중 대통령의 취임 후 처음으로 가진 월간 '말'지와의 특별

인터뷰(1998.5.11)도 도마에 올렸다. 인터뷰한 기자들 중에 김경환 기자가 있었는데 그가 민족민주혁명당 간첩 사건에 연루되어 바로 일주일 전에 구속·기소되는 사건이 일어났다. 그는 1990년 초부터 '관모봉'이라는 암호를 가지고 활동한 간첩이었다. 그런 사람이 어떻게 청와대에 버젓이 들어가서 대통령을 인터뷰할 수 있었느냐면서 구멍 뚫린 청와대 안보 시스템을 호되게 질책했다.

9월 12일에 미·북 베를린 회담이 열렸는데 미국이 대북 경제 제재를 먼저 풀어주고 나중에 북한의 미사일 재발사 문제를 해결하는 순서로 합의해놓은 일이 있었다. 이는 북한에 끌려 다니게 되는 꼴이 명약관화한데 통일부는 이 같은 우리 측의 우려를 미국 측에 전달해야 하지 않느냐고 다그쳤다.

11월에는 대변인직도 그만두고 시간적으로도 여유가 생겨 국회 예산결산특별위원회 위원을 자원하여 예산과 결산을 직접 다루는 경험을 쌓기도 했다. 초선 의원은 예결위에서 명함도 못 내지만 경험을 쌓아서 계수조정소위원회 위원이 되면 지역구 예산을 따오는 데 큰 힘을 쓸 수가 있어서 의원들의 경쟁이 치열하다.

또 대도시 출신 지역구 의원은 예결위에서 큰 예산을 따기는 어렵고 오히려 지방 출신 의원들이 예산 얻기가 훨씬 쉬운 편이었다. 그래서 농촌 출신 의원들은 연말이 가까워지면 다리나 도로 개설 및 대형 건물 신축 공사 예산 등을 따내려고 혈안이 되기도 한다.

나는 처음이고 마지막인 이때의 예결위원 인연으로 우리 지역구의 숙원 사업인 팔달배수펌프장 펌프 시설 예산 30억 원을 건교부 예산에서 따낼 수 있었다. 그 돈으로 여름만 되면 상습 침수 지역이었던 대구시 북구 팔달동 일대의 물난리를 해결하여 지역주민들로부터 칭송을 받기도 했다.

한 맺힌 원내총무 도전

재선 당선과 원내총무 도전

2000년 새해가 되자 국회의원들은 여야 없이 총선 준비에 몸이 달기 시작했다. 여야 간의 국회에서의 대립과 정쟁도 강도를 더해가고 있었다.

한나라당은 연초부터 공천 신청을 받기 시작하여 1월 10일 마감을 하는 등 선거 준비에 박차를 가했다. 공천 신청 마감 현황을 보니 나의 지역구인 대구북을에 한나라당 신청자는 나밖에 없어 일단 한숨을 돌릴 수 있었다. 그러나 공천 작업은 당내 사정과 선거 일정에 맞추느라고 조금 늦어졌다.

2월 8일 나는 경쟁자가 없어 단수 공천자로 내정되어 사실상 공천이 확정됐다. 곧바로 선거일인 4월 13일을 앞두고 두 달간 지역구에서 살다시피 하면서 선거 준비에 매달렸다. 평소에 대변인 역할과 원내 활동에서 두각을 나타낸 탓인지 지역구민이 긍정적인 평가를 해주어 득표 활동은 수월했다.

나는 본디 재력이 넉넉하지 못해 돈 많이 쓰는 선거는 할 수 없기 때문에 몸으로 때우는 선거운동밖에 할 줄 몰랐다. 또 한나라당 공천을 받고 보니 과거 여당이었던 민정당과 신한국당 세력까지 자연스레 합세해주어 선거운동은 순풍에 돛 단 듯 잘 되어나갔다.

2000년 3월. 제16대 총선에 앞서 필자(오른쪽 줄 맨왼쪽)가 한나라당
대구 북구을 지구당 당직자들과 함께 국회의원 후보 사무소 현판식을 갖고 있다.

　　매일 팔달교와 복현동 무태 등지에서 출근길 아침 인사를 하는 것이
선거운동의 시작이었다. 당원들과 발로 뛰며 지역구를 한 바퀴 돌면서
주민들과 악수 공세를 펴는 것으로 선거운동을 끝내고나니 투표일이
다가왔다.

　　개표 결과 나는 4만 8,450표(66.7%)를 얻어 대구북구을 선거구 입
후보자 6명 중에서 압도적인 1위로 당선되어 재선 의원이 될 수 있었
다. 대구 지역구 12개 선거구에서 한나라당 후보자 전원이 당선되어
'한나라당 공천=당선'이라는 새로운 등식을 만들어내는 진기록을 세
우기도 했다. 한편 한나라당은 전국적으로 133석(종전 의석 120석)을
얻어 원내 제1당이 되었고 새천년민주당이 115석(종전 의석 105석)을

얻었다. 그러나 자민련은 17석(종전 의석 52석)을 얻는 데 그쳐 원내교섭단체를 그만 상실하고 말았다.

재선에 성공한 나는 새로운 꿈을 꾸기 시작했다. 나도 이제 본격적인 정치를 한번 해보자는 생각이 꿈틀대고 있었다. 그렇다고 미래에 대통령이 되어보겠다는 것은 아니었다. 초선 시절 4년을 보내면서 나름대로 정리된 나의 생각은 원내총무를 거쳐 국회의장이 되었으면 하는 것이 나의 꿈으로 자리 잡아가고 있었다.

대통령을 하기에는 능력과 자질이 태부족하고 특히 그 막대한 대선 자금을 동원할 자신이 없기 때문에 일찌감치 포기하는 수밖에 없었다. 또 당의 총재도 나에겐 적합하지 않은 자리 같았다. 강한 조직력과 능수능란한 임기응변 그리고 자금 동원력이 필수조건인데 나는 이 조건들을 갖추지 못하고 있었다. 그래서 원내총무가 되는 것이 나의 갈 길이 되고 말았다.

모든 일은 때가 있기 마련인데 나의 연령도 어언 57세가 되었으니 어영부영 하다가는 아무것도 할 수 없는 것이 아닌가 하는 조급증이 들기도 했다. 총선이 끝나고 제15대 국회의원 임기가 마무리되어가는 2000년 5월 초순이 되자 제16대 국회 첫 원내총무 경선 이야기가 당내에서 나돌기 시작했다. 나는 이번에는 당선이 목표가 아니라 선배·동료 의원들에게 꿈을 가지고 있는 사람으로 각인시켜놓기 위해 경선 출마를 결심하기에 이르렀다.

경선 후보 등록 이전에는 3선 의원 중에서도 4명의 의원들이 나선다고 하더니만 당내에서 그래도 4선은 되어야 하지 않겠느냐는 의견들이 나오자 3선 의원들은 눈치 빠르게 모두 도중하차하고 말았다. 막상 6월 2일에 실시된 경선에서는 4선의 정창화 의원과 재선의 이재오 의원 그리고 나 이렇게 셋이서 경선에 나서게 됐다.

경선 결과 역시 다선 의원의 위력이 그대로 나타나 정 의원이 71표를 얻어 무난히 당선됐다. 이 의원은 33표, 나는 19표를 얻는 데 그쳤다. 나는 예견된 낙선이기 때문에 창피하지도 않았고 오히려 좋은 경험을 했다고 자위했다. 그리고 정말로 깨끗하고 공명하게 치른 나의 보잘것없는 선거운동에도 지지를 해준 다수의 의원님들이 그렇게도 고마울 수가 없었다.

나는 한번 결심을 하면 초지일관하는 성향이 강하기 때문에 후회하지는 않았다. 실패한 첫 경험을 거울삼아 다음번 도전에서는 반드시 성공하겠다는 다짐을 하면서 아랫입술을 지그시 깨물 수밖에 없었다. 다선 의원들과의 충분한 대화도 부족했고 젊은 의원들과도 소통이 부족했던 점이 패인이라고 할 수 있었다.

그러나 재선 의원이 원내총무를 넘보기엔 선수(選數)의 장벽은 현실적으로 너무나 높아 보였다. 당 대변인 역할과 원내 활동에서의 남다른 애국심과 합리적인 식견 그리고 과감한 용기를 나타낸 실적만으로는 선배·동료 의원들의 마음을 얻는 데는 부족하다는 것을 뼈저리게 느끼지 않을 수 없었다. 선수는 숫자에 지나지 않는 것은 아니었다.

국회 재경위 간사

　원내총무 도전에 실패한 뒤 나에게 돌아온 감투(?)는 국회 재경위원회 간사였다. 이 자리는 야당인 한나라당이 위원장을 맡고 있었기 때문에 부위원장인 간사의 역할이 매우 중요했다. 야당 재경위 간사는 위원장을 도우며 재경위 소속 한나라당 의원들의 의견을 모아 위원회를 잘 운영해야 하는 직책이다. 때로는 위원장(당시 최돈웅 의원)을 대신하여 사회도 보아야 한다.

　또 여당 간사(강운태 의원)와 위원회 운영 일정을 협의해야 하는 등 가히 국회 재경위원회에서 가장 중요한 보직이라고 할 수 있다. 한나라당에서는 2년 전에 이미 나에게 재경위 간사를 하라고 했지만 나는 선배인 나오연 의원에게 양보한 적이 있었다.

　2000년 7월 제16대 국회 재경위에서의 첫 과제는 '금융지주법안'의 통과 문제였다. 여당인 민주당은 2차 금융 구조 조정을 차질 없이 추진하기 위해 이 법안을 밀어붙이려 했고 한나라당은 '관치 금융 청산법안'과의 연계 처리를 고수하여 공방이 거세졌다. 결국 이 법안은 재경위 상정이 무산되고 말았지만, 당시 금융노조 총파업이 예정돼 있어 그 추이를 보고 다시 논의하기로 했다.

　9월 2일 나는 김용갑·이상배·박세환 의원 등 한나라당 소속 의원

10여 명과 함께 임진각으로 원정 시위를 갔다. 시위의 목적은 국군포로와 납북자의 송환을 촉구하기 위해서였다. 이날 김대중 정부는 비전향 장기수 63명을 북으로 돌려보내는 조치를 취했다. 문제는 비전향 장기수는 북으로 보내면서 왜 국군포로와 납북자는 돌려받지 못하느냐는 것이었다.

한나라당 의원들은 형평성에 맞지 않는 일을 하는 김대중 정부를 규탄하기 위해 이날 아침 일찍 임진각으로 향했다. 이날 시위 모임은 김 의원의 제안에 의해 이뤄졌다. 임진각 주변에 도착해보니 장기수들을 환송하는 '송추위' 회원들을 비롯하여 민가협 관계자들과 이에 대립하

한나라당 의원들이 2000년 9월 2일 오전 임진각에서 집회를 열고 국군포로와 납북자의 송환을 촉구하고 있다. 중앙 왼쪽에서부터 필자, 박세환, 김용갑, 이상배, 이방호, 김종하, 이재창 의원

는 납북자 가족들과 6·25참전전우회 회원들 사이에 몸싸움이 이미 시작되고 있었다. 우리 일행이 도착하자 송추위 쪽 사람들이 우리들을 비난하는 욕설을 살벌하게 마구 퍼부어댔다. 우리는 1시간 가까이 시위를 벌이고 국회로 돌아왔는데 나는 분단국의 비통한 이념 충돌 현장을 체험할 수가 있었다.

그러나 임진각 시위 참가를 계기로 나는 보수 극우주의자로 분류되기 시작했는데 참으로 안타까운 일이었다. 나는 정치를 그만둘 때까지 외교·안보·통일정책에서는 보수·우파 성향을 보였으며 경제·사회정책에서는 민주사회주의 수준의 개혁 성향을 유지하려고 노력했다. 한마디로 개혁적 보수 우파 성향을 가진 정치인이었다고 할 수 있다.

당시 대통령인 DJ는 비전향 장기수를 북으로 보내주고 햇볕정책을 펴서 북에다 마구 선물을 퍼주고 있을 때였다. 9월 29일 한나라당이 가진 대구 장외 집회(여당 부정 선거 규탄 대회)에서 나는 "김대중 대통령은 북한의 산타클로스가 되지 못해 안달이 났다"고 비난하고 "노벨 평화상 발표일인 10월 13일이 하루빨리 지나갔으면 좋겠다"고 규탄했다

10월이 되자 국정감사가 시작됐다. 나는 햇볕정책과 공적 자금 및 현대건설 처리 문제 등에 초점을 맞추고 집중적으로 파고들었다. "햇볕정책 때문에 경제가 망가졌다. 정부의 주시야사(晝市夜社·낮에는 시장경제, 밤에는 사회주의경제)식의 일관성 없는 정책이 문제다. 김대중 정부와 정몽헌 회장(현대건설)은 과연 악어와 악어새 관계(공생적 야합 관계)인지를 밝혀라. 정부가 남북관계 개선에 현대그룹을 이용했고 현대는 수많은 자금을 북한에 쏟아 부은 대신 LG반도체와 기아자동차 인수라는 엄청난 특혜를 정부로부터 제공받은 것 아니냐"(중앙일보, 2000년 10월 25일자).

국감이 시작되면 의원들의 과로가 연일 계속된다. 국감 자료를 홈페이지에 성실하게 게시했다 하여 시민단체인 법률소비자연맹 국감모니터단은 나를 비롯해 여·야 의원 12명을 우수 의원으로 선정했다(동아일보, 2000년 11월 6일자).

11월 15일 나는 국회 본회의 경제 분야 대정부 질문에 나서서 또 한바탕 정부의 아픈 곳을 파헤쳤다. "지금 이 나라 경제의 아킬레스건은 현대건설이다. 이 회사가 과중한 대북 투자로 지금 곤경에 처해 있기 때문에 현대와 공생관계에 있는 정부는 현대건설로부터 자유로울 수가 없다. 경영진을 교체하고 감자·출자전환으로 현대건설을 살릴 계획은 없는가. 대통령이 국가정책 우선순위를 'IMF 외환 위기 극복'에서 작년 10월 이후 '대북관계 개선'으로 바꾼 것과 정책참모들 간의 마찰 및 무능력한 가신들의 농간 등이 경제위기를 불러온 원인이다. 국민들이 제2의 IMF 사태를 걱정해야 하는 등 경제가 혼란스럽다. 정부는 총체적인 위기를 초래한 책임을 통감하고 개각단행 등 특단의 대책을 강구하라"(조선일보, 2000년 11월 16일자 1·3·4면). 그때 나의 대정부 질문은 언론사들이 비중 있게 다뤄주어 큰 반향을 불러일으켰다.

11월 하순이 되자 국회 재경위는 40조 원 규모의 공적 자금 동의안 처리를 놓고 여야 간에 줄다리기가 벌어졌다. 마침내 이회창 총재의 적극적인 중재로 여야 합의안을 가까스로 도출하는 데 성공했다. 민주당은 자신의 주장인 기본법 형식을 철회하고 한나라당의 특별법 형식을 받아들였고 한나라당은 민주당이 요구하는 대로 공적자금관리위원회를 대통령 직속이 아닌 재경부 산하에 두기로 양보함으로써 마침내 합의에 이르렀다.

한편 연말이 가까워지는 12월 27일 새벽, 국회 본회의에서 새해 예산안 표결이 있었다. 투표 의원 238명 중 찬성 186명, 반대 38명, 기권 14명으로 예산안이 통과됐다. 그러나 반대표가 평소보다 많았던 것은 여야 간의 나눠 먹기식 예산안에 대한 의원들의 저항이 반영되었기 때문이었다. 나도 해당 의원들의 한심한 작태에 뿔이 나서 반대표 (한나라당 의원 수 35명)를 던지지 않을 수 없었다.

원내총무 재도전

"여든 야든 지겨우니 잘 살도록만 해달라"(중앙일보, 2001년 1월 26일
자). 내가 2001년 대구 지역 설 민심을 전달하는 코멘트였다. 이 무렵
은 IMF 사태 후유증으로 경제사정이 좋지 않아 민생을 괴롭히던 때였
다. 국민은 그때나 지금이나 여야 간의 정쟁 중단과 경제 회생을 희망
하고 있다.

2월로 접어들자 언론사 세무조사 문제가 불거져 나왔다. 세수 확보
차원에서 별로 실효성도 없는 언론사 세무조사는 언론에 재갈을 물리
려는 의도가 분명했다. 또 김대중 대통령의 언론 개혁 발언에 이어 취
해진 조치로 그 배경이 자못 궁금했다.

신문기자 출신인 나에게는 초미의 관심사가 아닐 수 없었다. 나는 2
월 5일 열린 국회 재경위에서 "이번 조사는 청와대 지시에 따른 하청
조사"라고 지적하고 "대통령이 불편해하는 3대 신문사와 민간 방송 한
곳 등을 장악하기 위한 것"(조선일보, 2001년 2월 6일자 1면)이라고 안
정남 국세청장을 상대로 따져들었다.

그 무렵 언론계와 정가에서는 '김정일이 곧 답방을 하게 된다. 남북
관계에 큰 변화가 온다. 이를 이용해 장기 집권을 도모한다'는 여권의
시나리오설이 파다했다. 이를 위해서는 언론의 절대적인 협조가 필요

하기 때문에 궁여지책으로 언론을 옥죄기 위한 세무조사를 강행하게 됐다는 이야기가 떠돌기도 했다.

당시 정부는 공정위 직원들을 언론사에 파견해 조사를 병행했고 신문사 일반 기자들까지도 계좌 추적을 해댔다. 국세청은 4개월 동안의 세무조사 끝에 6월에 언론사 전체에 대해 5,056억 원의 세금을 추징했다. 세무조사의 진짜 목적이 무엇인지는 지금까지도 안개 속에 있지만 언론사들은 5공 시절에 이어 두 번째로 큰 수난을 겪어야만 했다.

2월 28일에는 공교롭게도 국회에서 남북한 순회 방문 차 방한 중인 블라디미르 푸틴 러시아 대통령과 악수를 나누었다. 이날 오전 푸틴 대통령은 국회 본회의장에서 30여 분간 자국의 대외 정책을 밝히는 연설을 했다. 그 뒤 그가 연단에서 퇴장하면서 의원석 가운데 통로로 걸어 나오다 다른 의원들과 함께 의석에서 서 있는 나와 악수를 하게 됐다. 짧은 만남이었지만 그는 대단히 차갑고 날카로운 눈매에 단호함이 물씬 풍기는 강인한 사람이라는 인상이 남았다. 작은 체구였지만 지나갈 때 찬바람이 쌩 하고 나는 것 같았다.

4월 9일에는 한나라당 보수파 의원들이 이회창 총재를 지원하기 위해 당 단합모임을 구성했는데 나도 이 모임에 가담했다. 여기에는 김광원, 김기춘, 김영일, 김용갑, 김종하, 김태호, 박관용, 유흥수, 이강두, 이상배, 정문화, 정형근, 최병렬, 허태열 의원 등이 참석했다.

5월이 되자 다시 원내총무 경선이 예고되고 있었다. 14일에 실시되는 경선에는 이상하게도 다선 의원들이 나서지를 않고 재선 의원들만 거명되고 있었다. 수도권에다 개혁파 의원들의 지지를 받는 이재오 의원과, 같은 수도권 출신으로 경남 일부 지역과 율사 출신 의원들의 지지를 받는 안상수 의원이 출사표를 던질 의향을 보이고 있었다.

나와 같은 성씨의 안 의원이 좀 신경이 쓰였지만 나도 영남 지역과 보수파 의원들의 지지가 있었기 때문에 경선에 나서기로 했다. 재선 3인방은 열심히 득표 활동을 벌였다. 모두 한나라당의 정권 창출을 위해 매진하겠다고 열을 올려댔다. 그러나 운동 과정에서 느낀 점으로는 이 의원이 다소 앞서는 것으로 보여 나의 초조감은 더해갔다. 1차 선거 개표 결과 예상대로 이 의원이 59표, 내가 30표, 안 의원이 24표를 얻었고 2차 결선 투표에서는 이 의원이 75표, 내가 37표를 얻는 데 그쳐 나는 원내총무 경선에서 두 번째 낙선을 하고 말았다. 모든 점에서 내가 부족했다고 생각하고 다음 기회를 노리기로 했다.

경선 닷새 뒤인 5월 19·20일 이틀 동안 여·야·정은 경제난 타개를 위해 유례없이 대토론회를 여는 데 합의했다. 충남 천안에 있는 정보통신공무원 교육원에서 열린 이 토론회에서는 노타이 차림으로 새벽 1시까지 허심탄회하게 경제 대책에 대해 토의했다. 이견이 많이 나와 큰 성과는 못 거뒀지만 안 한 것보다는 나은 결실은 거뒀다.

나는 이 토론회에 국회 재경위 간사 자격으로 참가하여 공적 자금 회수의 극대화를 강력하게 주장하여 합의 사항 6개항 가운데 하나로 포함시켰다. 이 밖의 합의 사항은 기업구조조정촉진특별법 제정을 비롯하여 지역균형발전특별법 제정, 재정개혁 3개 법안 제정, 출자 총액 제한 등 행정 규제 완화 및 주력 산업의 선정·육성을 위한 총력 다짐 등이었다.

이 토론회에는 야당인 한나라당에서는 나 이외에 김만제 정책위 의장, 이상득 국가혁신위 부위원장, 이강두 당예결위원장, 이한구·임태희 의원 등이, 여당인 민주당에서는 강운태 제2정조위원장, 정세균 기조위원장, 강현욱·홍재형·박병윤 의원 등이 참석했다. 한편 정부 측에서는 진념 경제부총리, 장재식 산자부장관, 전윤철 기획예산처장관, 이근영 금융감독위원장, 이남기 공정거래위원장 등이 참석했다.

이 모임에서 나는 진념 부총리에 대해 새로운 발견을 하게 됐다. 그는 애국심이 강하고 소탈·성실하며 업무 추진력도 강한 인물로 보였다.

그로부터 보름 정도 지난 6월 3일에 이회창 총재는 나를 한나라당의 '대선 싱크탱크'인 국가혁신위원회 문화예술분과위 부위원장에 임명했다. 혁신위 회의에 참석하여 대선 공약과 집권한 뒤 추진할 정책을 만드는 일에 몰두하면서 열정을 불태웠다.

6·25가 통일전쟁이라고?

내가 국회의원이 되어 국회에서 발언한 것 중에서 가장 기억에 남는 것이 있다. 바로 2001년 정기국회 본회의 대정부 질문이었다. 질문 날짜가 10월 10일이었는데 원고 준비를 위해 자료를 챙기다보니 12일 전인 9월 28일 국군의 날을 맞아 김대중 대통령이 낭독한 기념사에 관심이 갔다.

김 대통령은 이날 "우리 역사를 되돌아보면 세 번의 통일 시도가 있었다. 신라의 통일과 고려의 통일, 이 두 번은 성공했다. 하지만 세 번째인 6·25 전쟁은 성공하지 못했다. 그런데 이 세 번은 모두가 무력에 의한 통일 시도였다"고 밝혔다. 나는 이 문제를 집중적으로 파헤쳐 김 대통령에게 정면으로 따져들기로 했다.

대통령의 기념사 내용은 나를 혼돈 속으로 끌고 들어갔다. 6·25는 북한이 일으킨 남침 전쟁 아닌가. 이 전쟁이 통일 시도 전쟁이라면 북한 편을 드는 사관(史觀)이 아닌가. 이런 말을 대한민국 대통령이 국군의 날 기념 행사장에서 공공연하게 해도 되는 것인지, 그것도 군 장병들 앞에서 말이다. 참으로 이해가 가질 않았다.

대정부 질문에서 나는 "(대통령의) 이 말은 어느 친북 성향의 역사학자의 평가가 아니라 우리가 살고 있는 이 땅의 국군통수권자인 대통령의 공식적인 발언이기 때문에 피가 끓는 통분과 개탄을 금할 수가 없습니다. 어떻게 대통령이 6·25가 통일전쟁이라는 식의 발언을 할 수 있습니까. 북의 남침 무력 도발이 통일전쟁이라면 군은 왜 존재하며 전쟁터에서 산화한 수많은 국군 장병의 명예는 어떻게 되는 것입니까. 김 대통령의 이 말은 그냥 흘려버릴 간단한 실수가 아닙니다. 반국가적인 망언입니다. 김 대통령의 무거운 책임이 명백합니다"라고 지적했다.

"이 말을 하게 된 배경에는 첫째, 대통령 자신이 친북적인 이념이나 역사인식을 갖고 있는 경우이고, 둘째, 그렇지 않다면 비서진이 써준 연설 원고를 이성적으로 제대로 판단할 능력이 없는 경우일 것입니다. 전자의 경우라면 대통령은 즉각 대통령직을 자진 사퇴해야 마땅하며 후자의 경우라 하더라도 국정 수행을 앞으로 제대로 할 수 없다는 측면에서 대통령직에서 당연히 물러나야 할 것입니다. 대한민국의 헌법을 준수하겠다고 서약한 대통령이기 때문에 '6·25가 통일전쟁'이라는 반국가적인 발언은 국민의 이름으로 도저히 용서할 수 없는 해괴망측한 작태라고 지적하지 않을 수 없습니다."

나는 이 대정부 질문 원고를 작성하면서 큰 각오와 결심을 하지 않을 수 없었다. 만일의 경우 어떤 위해도 감당해내야 하기 때문에 단단한 결의를 마음속으로 해둘 필요가 있었다. 그런데 이상하게도 내가 이렇게 혹독하게 대통령을 몰아세우는 대정부 질문을 하는데도 여당인 민주당 의원들은 의석에서 조용하게 듣기만 하고 있었다. 나는 마음속으로 내 말이 맞는 말이기 때문에 가만히 있는 줄만 알았다. 그러나 웬걸, 오전 질문을 마치고 점심시간이 끝나자 민주당에서 난리가 났다. 원내 대책회의와 의원총회가 잇달아 열리는 등 나를 성토하느라고 야단법석을 피워댔다.

의총에서 송영길 의원은 "안 의원 발언은 비겁한 정치적 테러"라고 주장했고, 김성순 의원은 "이는 치밀하게 계획된 발언으로 영수회담 하루 만에 벌어진 이회창 총재의 뒤통수치기"라고 말하기도 했다. 또 설훈 의원은 "안 의원 말은 한마디로 당신(대통령)은 빨갱이 아니면 바보이니 물러나라는 뜻"이라면서 흥분했다.

민주당에서는 이회창 총재와 나의 사과와 속기록 삭제를 요구하고 나섰다. 그러나 나는 이 총재와 사전에 상의한 적이 없으니 총재는 끌고 들어오지 말라고 했다. 대정부 질문 내용도 잘못된 것이 없으니 사과는 못하겠다고 버텼다. 그랬더니 민주당은 본회의를 일방적으로 중단시키고 국회를 파행시켰다.

그로부터 5일 동안 국회 대정부 질문은 중단됐고 여야 간에 줄다리기가 계속됐다. 마침내 이만섭 국회의장이 중재에 나서 주요 문제 발언을 일부분 속기록에서 삭제하고 국회를 정상화하기로 매듭을 지었다. 애당초 나는 속기록 삭제에 반대했으나 이미 나의 질문 내용이 언론에 자세하게 그대로 보도됐기 때문에 끝까지 반대할 가치가 없어 동의해주었다.

나의 대정부 질문 내용은 그날부터 며칠 동안 신문·방송마다 크게 보도되어 김대중 정부의 좌편향적인 역사인식과 대북정책을 바로잡는 데 크게 기여하는 계기가 될 수 있었다.

원내총무 3수

2002년은 대통령 선거가 있는 해로 정치권의 발걸음이 연초부터 부산해졌다. 바야흐로 대선 바람이 불기 시작한 것이다. 한나라당은 박근혜 부총재가 이회창 총재와 갈등을 빚다가 2월에 탈당하는 바람에 큰 타격을 받기도 했다. 그러나 한나라당은 이번 대선만큼은 놓칠 수 없다는 각오로 전열을 가다듬기 시작했다. 5월 8일에는 대구과 부산에서 잇달아 6·13 지방 선거 필승 결의대회를 개최하는 등 대선 준비를 차근차근 진행해가고 있었다.

곧이어 원내총무 경선이 5월 17일에 실시된다는 일정이 잡혔다. 나는 대선이 있는 해의 총무는 나처럼 불굴의 용기와 진퇴가 분명한 사람이 해야 된다는 신념 아래 두 달 전부터 부지런히 움직여왔다. 그러나 한편으로는 대선이라는 막중한 대사를 재선 의원이 총무가 되어 잘 치러내겠느냐는 걱정이 나를 압박하기도 했다. 그렇지만 확고한 의지와 불도저 같은 추진력이 필요할 때라고 판단하고 또다시 도전하기로 마음을 먹었다.

원내총무 경선에 재선인 나를 비롯하여 3선의 이규택 의원, 재선의 임인배·김문수·맹형규 의원 등이 등록했다. 나는 그때 경북 출신의 임 의원이 나서는 것을 보고 같은 TK 출신끼리 경쟁하면 표가 분산되는 것이 아닌가 하고 안타까워했다. 그렇다고 오래전부터 준비해온 그에게 양보해달라고 조를 수도 없어서 난감하기만 했다. 결국 선의의 경쟁을 할 수밖에 없다고 보고 최선을 다하기로 마음을 먹었다.

나는 대선 승리를 위해 전략적 사고와 순발력 및 정국에 대한 판단력이 중요하다고 역설하면서 강력한 투쟁력도 나의 장점으로 강조했다. 이미 두 번에 걸쳐 실패하고 3수(修)에 나선 나에게 동정표도 있는 것 같아 초반에는 해볼 만한 싸움이라는 느낌이 들기도 했다. 그러나 경선 결과 나는 애석하게도 또다시 은메달에 그치고 말았다. 1차 투표에서 이 의원이 36표, 내가 31표, 임 의원이 25표, 김 의원과 맹 의원이 각각 13표를 얻었다. 이어 실시된 2차 결선 투표에서는 이 의원이 64표, 내가 49표를 얻어 이 의원이 당선되고 말았다.

나는 이때 참으로 애석하고 비통한 심정에 젖지 않을 수 없었다. 역시 동료 의원들의 재선 의원보다는 3선 의원이 마음이 놓인다는 경험적 선택 앞에 나는 무릎을 꿇지 않을 수 없게 된 것이었다. 나의 부족함과 용렬함이 가슴을 쳤고 믿었던 동료의원들이 매정하게 등을 돌릴 때는 야속하기도 했다. 이때 같은 대구 출신의 L의원이 연달아 3패를 한 나에게 "안 의원도 다른 후보들처럼 평소에 의원들에게 밥도 자주 사고 여행도 함께 다니는 등 스킨십을 쌓아보라"고 안타까운 충고를 해줄 정도였다.

나는 솔직히 그렇게 할 여유도 없었지만 그렇게까지 해가며 원내총무를 하고 싶은 생각은 추호도 없었다. 지금 생각해보면 그때가 원내총무를 할 수 있는 가장 좋은 찬스였다고 생각된다. 그 당시 준비를 제대로 못한 나 자신을 채찍질할 뿐이다.

한 달 뒤인 6월 26일 한나라당은 대선기획단을 가동하기 시작했다. 나는 대선기획위원으로 임명되어 매일 회의에 참석하는 등 분주해졌다. 나는 이회창 한나라당 대통령 후보를 반드시 당선시키기 위해 나의 모든 것을 던지기로 결심하지 않을 수 없었다.

대선기획단장에는 4선의 신경식 의원이, 간사에는 김무성 후보 비서실장이 맡았고, 기획위원으로는 나를 비롯하여 이재오·최연희·권철현·정형근·김문수·김영춘·이한구 의원과 원외의 전석홍 등이 참여했다. 이 기획단은 대선 전략을 비롯하여 선거 공약과 후보 이미지 제고 방안 등을 마련하기 위해 매일 아침 정기적으로 회의를 가졌다.

9월 말에 접어들자 대선 때 사용할 핵심 캐치프레이즈를 기획단에서 마련하게 됐다. 나는 이때 '믿을 수 있는 대통령'을 내세우자고 주장하여 1차로 결정되었다. 나는 과거 역대 대통령들이 국민으로부터 심각한 불신을 받고 있는 사실을 상기하고 이 구호를 착안하게 됐다. 그러나 최종 선거 구호로는 채택되지 않았다. 너무 평범하고 밋밋하다는 것이 이유였다. 나는 지금도 그것이 복수의 구호로라도 채택되었으면 좋을 뻔했다고 생각하고 있다.

장대환 국무총리서리의 낙마

2002년 7월 31일 국회는 장상 국무총리 지명자에 대한 임명동의안을 부결시켰다. 얼마 지나지 않아 김대중 대통령은 장대환 매일경제 회장을 국무총리 서리로 임명하고 국회에 임명동의를 요청해왔다.

야당인 한나라당에서는 인사청문특위 위원을 구성하게 됐다. 위원 장에는 하순봉 의원을, 간사에는 나를 지명했다. 내가 간사가 된 것은 장 서리가 언론계 인사이니까 언론계 내부를 잘 아는 신문기자 출신이 필요하다는 중론에 따른 것으로 보였다.

특위가 구성된 것은 8월 19일인데 일주일 뒤인 26·27일 이틀간 청문회를 열기로 여야 간에 합의를 했다. 시간이 너무 촉박하여 부실 검증 우려까지 제기될 정도로 준비 기간이 짧았었다. 한나라당 특위위원에는 홍준표·엄호성·안경률·이원형 등 내로라하는 소장파 의원들이 포진됐고 여당인 민주당 간사에는 설훈 의원이 선정됐다. 한나라당 의원들은 첫 회의를 갖고 업무 분장을 하는 등 나름대로 치밀한 준비에 들어갔다.

8월 20일 첫 회의를 열고 증인 23명과 참고인 4명도 채택하는 등 본격적인 활동에 나섰다. 장 지명자에 대해 제기된 중요한 문제점은 ▲부동산 관련 의혹 ▲대출 금융 자산 및 소득 관련 의혹 ▲자녀 관련

의혹 ▲신문사 경영 관련 의혹 등 네 가지로 압축됐다. 이 밖에도 박사
학위 취득 경위 의혹을 비롯하여 언론사 세무 조사 당시 대정부 로비
설과 대기업을 압박해 거액 펀드를 조성한 의혹 등도 있었다. 나는 이
때 의혹이 있는 많은 문제점에 대해 냉정하고 혹독하게 따지고 들어
매일경제의 동료와 후배 기자들이 나를 찾아오는 등 난처한 입장에 처
하기도 했다.

　여기서 다시 그때 청문회에서 나온 이야기들을 소상하게 재론하고
싶지는 않다. 그러나 한마디는 꼭 남기고 싶다. 바로 매경의 신문사
경영방식과 관련된 나의 청문회 발언이었다. 나는 "신문사 경영 과정
에서 기자들을 광고와 사업 분야에 적극적으로 참여시켜 기자정신을
파괴한 의혹이 있다"(한국경제, 2002년 8월 28일자)고 문제를 제기한 것
이다.

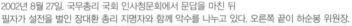

2002년 8월 27일. 국무총리 국회 인사청문회에서 문답을 마친 뒤
필자가 설전을 벌인 장대환 총리 지명자와 함께 악수를 나누고 있다. 오른쪽 끝이 하순봉 위원장.

기자협회 회장 출신인 나로서는 그 당시 기자들을 신문사나 방송사의 광고나 사업 분야에 동원하여 언론사의 영업 이익을 도모한 의혹은 부도덕할 뿐만 아니라 취업 목적에도 위반되는 등 있을 수 없는 일이라고 생각하고 있었다. 지금도 그 신념에는 변함이 없다.

장 서리 지명자에 대한 한나라당의 처리 방침은 애당초에는 정해진 것이 없었다. 대선이 있는 해의 총리로서 중립 내각을 구성하여 선거 관리를 잘 해나갈 수 있겠느냐 하는 관점에서 한동안은 관망하는 자세를 보였다. 그러나 장 서리의 자격상 문제점과 의혹들이 많이 불거져 나오고 한나라당 여의도연구소(소장 유승민)의 보고서가 나오자 방향이 달라지기 시작했다.

여의도연구소는 보고서에서 "장 지명자가 장상 전 총리 지명자에 비해 도덕적 결함이 훨씬 많은데도 한나라당이 정치적 이유 때문에 검증에 소극적이라는 여론이 있다"고 지적하고 나섰다. 또한 시민단체들도 부정적 반응을 보이기 시작했다. 이런 분위기가 형성되자 당 지도부는 동의안을 부결시키는 방향으로 방침을 굳히고 특위 간사인 나에게 악역과 강공을 주문하기에 이르렀다.

마침내 8월 28일 오후 국회 본회의에서 임명동의안 표결이 실시됐다. 한나라당은 당론대로 대거 반대표를 찍었다. 표결 결과 찬성 112표, 반대 151표로 장 서리 임명동의안은 그만 부결되고 말았다. 나로서는 당명에 따라 소기의 역할과 책임을 다한 셈이었다. 그러나 장 서리는 그 반대로 인간적인 큰 고뇌와 비애를 맛보았을 것이다.

사람의 일은 인과응보가 있게 마련인가. 그로부터 6년 뒤인 2008년 6월 제18대 총선 공천에서 낙천되고 신용보증기금 이사장에 응모했을 때 나는 매일경제로부터 보복성이 짙은 뭇매를 맞았다. 6월 말부터 7월 중순까지 나는 일반 기사, 해설 기사, 기자의 촌평, 사설에 이르기까지 모두 10여 회 정도에 걸쳐 가혹한 비판을 받았던 것이다. 매경은 심지어 전문성 부족이라는 딱지를 붙여 임명불가론을 주장하기도 했다.

나는 그 당시 누구의 지시로 그런 소나기 비난 보도를 하게 된 것인지에는 관심이 없다. 공공성을 생명으로 하는 언론사가 한두 번 정도는 몰라도 그렇게 많은 지면을 할애해 연일 나의 임명을 저지하고 나오는 것을 보고 인간으로서 연민의 정을 느끼지 않을 수 없었다.

나는 신보 이사장에 응모할 때 스스로 전문성이 어느 정도는 있다고 판단했다. 국회 재정경제위원회 소속 의원 재직 시 신보로부터 1년에 2~3회에 걸쳐 업무 현황 보고를 받고 정책 질의를 하며 국정감사도 벌여 신보의 경영 상태를 소상하게 알고 있었다. 하물며 국회재경위 간사와 위원장등을 포함하여 7년 동안이나 재경위를 한 사람이기 때문에 신보에 대해 어느 정도의 전문성은 가지고 있다고 자부했었다.

또한 국민연금공단에서 재정이사까지 역임한 사람을 전문성이 전혀 없는 낙하산이라고 일방적으로 매도하고 나오니 어안이 벙벙하기만 했다. 매일경제의 이 같은 엄청난 보복성 보도로 인해 내가 받은 정신적 고통은 이루 말할 수 없이 컸다. 나의 경우로 미뤄볼 때 장 서리의 임명동의안이 부결된 전후에 그의 심경이 어떠했는지를 어느 정도 짐작하고도 남는 것 같았다.

현대 대북 사업 지원 _중국의 급성장

　대선이 있는 해의 국정감사는 그 강도가 여느 해의 두 배 정도는 세
다고나 할까. 정부·여당의 잘못된 정책과 부정부패 및 비리를 효과적
으로 밝혀내어 득표와 연결하려는 야당의 전략·전술은 불꽃을 튀긴
다. 한나라당 소속 의원들은 이번만은 정권을 교체해보겠다는 결의에
가득 차서 각 상임위에서 맹활약을 펼쳐댔다. 더구나 나는 대선기획단
의 위원이기 때문에 남다른 각오로 국감에 임했다.
　2002년 9월 16일부터 시작된 국감에서 나는 주로 대기업 빅딜 문
제와 공적 자금 회수 문제, 가계 대출 대책 및 대한생명 매각 문제 등
을 집중적으로 파고들었다. 나는 이날 전윤철 경제부총리 겸 재정경제
부장관을 상대로 그동안 정부가 추진해온 대기업 빅딜 문제를 어떻게
평가하느냐고 물었다. 이에 대해 전 부총리는 "빅딜은 좋은 시책이 아
니다. 만약 현재에도 빅딜을 추진해야 하는 상황이 온다면 본인은 빅
딜에 반대할 것"이라고 답변했다. 그의 이 발언은 그간 정부의 빅딜(대
규모 사업 교환)을 사실상 실패한 정책으로 평가했다는 점에서 정부와
재계를 발칵 뒤집어놓았다. 경우에 따라서는 이 말은 대선을 앞두고
책임 문제까지 몰고 올 수도 있어서 정부·여당을 한때 긴장시키기도
했다.

이어 10월 2일에 열린 재경위 국감에서 나는 현대상선의 4,900억 원(4억 달러)에 달하는 대북 지원 의혹에 대해서 따지고 들었다. "2000년 6월 남북정상회담을 앞두고 현대의 모든 계열사가 급전을 빌려야 하는 위급한 상황 속에서 현대상선, 현대건설, 현대중공업 등 8개 계열사들이 현대아산에 증자 명목으로 1,400억 원을 지원했다. 오늘내일 하는 위태로운 회사들이 현대아산에 거액을 건네준 이유는 정권과 현대가 한통속이 돼 대북 비밀 지원을 위해 개입한 것이 아닌지 분명하게 밝히라"(문화일보, 2002년 10월 2일)고 요구했다.

10월 4일 산업은행에 대한 국감에는 엄낙용 전 산은 총재는 증인으로 출석해 대북 비밀 지원 의혹과 관련된 주목할 만한 발언을 했다. 그는 2000년 8월 취임 후 L 금감위원장(산업은행 총재 역임)을 찾아갔을 때 "(내가 산은 총재로 있을 당시) H 당시 청와대 비서실장이 전화를 해와 어쩔 수 없이 현대상선에 대출을 해주게 됐다는 말을 들었다"고 밝혔다. 그는 이어 "지난 6월 서해교전 당시 새로운 무기와 화력으로 보강된 북한 함정에 대한 보도를 접하면서 북한에 지원한 자금이 (무기구입 자금으로) 전용됐을지 모른다는 생각에 잠을 이루지 못했다"고 털어놓기도 해 재경위원들을 깜짝 놀라게 했다.

10월 14일 국회 본회의에서 실시된 정기국회 대정부 질문에 나선 나는 경제 분야를 선택하여 현 정권과 현대 간의 정경 유착 의혹을 다시 거론하며 정부를 곤경으로 몰아넣었다. "현 정권과 현대는 대북 사업을 미끼로 악어와 악어새 같은 공생관계를 맺어왔다. 2000년 5월 현대의 유동성 위기 때 하이닉스 12조 원, 현대건설 8조 원 등 모두 34조 원을 현대그룹 계열사에 지원했는데 그중 23조 원이 부실로 남아 결국 국민이 떠안게 됐다"고 신랄하게 비판했다.

사실 그 당시 대정부 질문서를 작성하면서 내가 역점을 두고 싶었던 것은 중국 문제였다. 1992년 8월 24일 한·중 양국은 국교를 맺었다. 그러나 정부는 해마다 늘어나는 대중 수출액에 도취된 나머지 중국의 급성장에 대한 대비가 소홀한 것으로 보여 이 문제를 정부 측에 따지고 싶었다. 교역 증대와 우리나라 기업의 중국 진출로 중국은 우리의 기술 전수에 열을 올려 수교 10년 만에 모든 산업 부문에서 한국을 추월해오고 있는데 이에 대한 우리 측의 대비책은 있느냐는 것이었다.

"중국은 이미 1990년대 중반부터 철강, 석탄, 시멘트, 화학비료 등 기초공업 제품에서 세계 1위를 달릴 정도로 최근 수출 증가세가 괄목할 만하다. 5년 뒤, 10년 뒤에 중국이 모든 산업 부문에서 한국을 추월해온다면 국가 생존 차원에서 대책을 세워두어야 한다. 특히 일부 중화학공업과 고부가가치 산업분야에서 5년 내 한국 수준에 도달할 가능성이 높다. 또 대부분의 주력 산업에서 10년 내 한국과 대등한 수준에 이를 것이라는 전망이 설득력을 얻고 있다. 우리가 원하든 원하지 아니하든 앞으로 중국과의 경제 전쟁은 불가피하다. 정부의 그간 중장기 대응책은 IT 등 첨단기술보다는 물류 네트워크 구축에 치우치는 안이한 대처에 머무르고 있다. 정부는 보다 강력한 대책을 세울 것을 촉구한다"(경향신문, 2002년 10월 15일).

그때 정부 측 답변은 중국이 쉽게 따라오지는 못할 것이라면서 그사이에 우리도 대책을 강구하면 된다는 식의 지극히 안이하고 낙관적인 태도를 보였다. 그로부터 14년이 지난 지금의 중국 경제는 어떠한가. 그 당시 우려했던 것보다 훨씬 빠른 속도로 우리를 위협하고 있다. 스마트폰 등 극소수 품목에서만 우리보다 품질이 조금 뒤처져 있을 뿐 벌써 많은 업종에서 우리를 추월했거나 따라잡고 있다. 중국은 GDP 측면에서 우리의 3.5~4배에 달하고 있다. 13억 명이 넘는 인구 중에서 뛰어난 인재가 넘쳐난다. 미국이나 유럽에서 유학한 전문 테크노크

라트가 우리와 비교가 안 될 정도로 수십 배로 엄청나게 많다.

　지난날 우리나라 사람들은 중국 여행 가서 발 마사지를 받으면서 중국인 알기를 우습게 여겼다. 그러나 벌써 서울 중심부에는 중국인들 발 닦아주는 마사지 집이 많이 들어서는 것을 보면 벌써 이렇게까지 되었나 하고 금석지감을 감출 수가 없다.

이회창 후보에게 긴급 건의

2002년 11월은 하루가 어떻게 가는 줄도 모르게 바빴다. 국회는 상임위와 본회의가 계속 열리는가 하면 대선기획단 회의도 연일 열렸다. 기획단 회의에서 위원들은 매일 여의도연구소가 실시한 여론조사 결과를 보고받았는데 고민거리가 생기기 시작했다.

그 당시 제16대 대통령 선거는 이회창 한나라당 후보와 노무현 새천년민주당 후보 그리고 정몽준 국민통합21 후보 등이 각축을 벌이고 있었다. 이 3자 구도에서는 이 후보가 항상 1등을 차지했으나 이·노 양자 구도에서는 노 후보가 항상 우세를 보이는 것이 우리의 골칫거리였다.

그러다 11월 24일, 우리가 걱정해오던 노·정 간 후보 단일화가 성사되어 한나라당은 초상집이 되고 말았다. 단일화 직후에 실시한 언론사 여론조사 결과는 노 후보 41.1%, 이 후보 37.5%로 이 후보가 밀리는 것으로 나타났다. 또 한나라당 여의도연구소가 바로 이어 실시한 조사에서도 이 후보가 지는 것으로 나타나 우리를 전전긍긍하게 만들었다.

대선기획단의 초미의 과제는 어떻게 하면 지지율을 역전시킬 수 있을까에 쏠릴 수밖에 없었다. 그래서 자민련의 김종필 총재와 공조체제를 구성하는 극약처방도 논의했는데 이 방안은 이 후보가 과거부터 완강하게 거부해온 터라 묘방이 없었다.

결국 우리는 당 조직과 홍보·선전 활동을 강화하는 수밖에 다른 방도가 없었다. 사실 되돌아보면 제15대 대선에서 이 후보가 김대중 후보와 경쟁할 때에도 당에서 많은 중진 의원들이 JP와 연대할 것을 건의했지만 이 후보는 받아들이지 않았다. 그런데 5년이 지나고 대선을 20여 일 앞둔 이 시점까지도 수많은 의원들의 권유에도 이 후보는 완강하게 버티고 있었다. 당시 소문으로는 자민련에서 이적해온 모 부총재가 결사반대를 하고 있다는 것이었다. 일설에는 이 후보가 이 문제를 가지고 그분과 상의하자 그는 "나를 밟고 지나가라"면서 정색하면서 강력하게 반대했다는 미확인 전문도 있었다.

12월 5일이 되자 노 후보와 단일화에 합의한 정 후보의 태도가 안개 행보를 보인다는 언론 보도가 나오는 등 한나라당에 다소 유리한 여건이 조성되는 듯 보였다. 그러나 당의 여론조사 결과는 여전히 이 후보가 2등을 하고 따라잡을 기미를 보이지 않고 있었다.

대선 투표일을 일주일쯤 앞둔 12월 12일께로 기억된다. 이 후보는 대구에서 유세를 마치고 다음 날 부산으로 가기 위해 동대구관광호텔에서 하룻밤을 묵었다. 그때 나는 대선기획위원들도 12월부터 지역구에 내려가 활동하라는 당 방침에 따라 대구에 머물고 있었다.

그날 낮 한나라당의 홈그라운드인 대구에서 이 후보는 기분 좋게 유세를 마치고 수많은 당 관계 인사들과 저녁을 함께 든 뒤 오후 8시께 호텔로 들어갔다. 이 후보는 또다시 찾아오는 인사들을 접견하느라 분주했다. 밤10시께 나는 이채관 후보비서실 차장에게 전화를 걸어 이 후보와의 면담을 요청했다. 나는 대선기획단 위원으로 사명감에서 이 후보를 만나 이 건의만큼은 반드시 해야겠다고 생각하고 있었다. 그래야 기획위원으로서 시대적 사명과 책무를 다할 수 있을 것 같았다. 독대 신청은 바로 받아들여져 30분쯤 뒤에 이 후보를 만나게 됐다.

나는 전국을 다니느라고 노고가 많으시겠다고 간단한 수인사를 건넸다. 이 후보는 과거에 정이 많이 든 나를 반가이 맞아주었다. 밤도 늦었고 해서 두 가지 드릴 말씀이 있어서 찾아왔다고 말문을 열었다. 나는 대선 상황을 당에서 한 여론조사에 근거해서 "이대로 가면 선거는 이길 수가 없다"고 전제하고 "특단의 조치로 첫째 JP와 공조를 시급히 해야 하고, 둘째 정몽준 의원의 도움을 받을 준비를 해야 한다"고 건의를 드렸다.

그러면서 나는 "시간이 없으니 오늘밤이라도 서울로 올라가 청구동 JP 자택으로 찾아가서 담판을 지어야 한다. 허락만 해주시면 제가 다리를 놓아보겠다"고 제의하고 나섰다. 사실 이때 나는 JP는 물론 그분의 측근들과도 그 어떤 사전 연락 없이 그저 두 분이 만나기만 하면 성사가 될 것이라는 예감이 들었기 때문에 자신 있게 말했던 것이다.

그랬더니 이 후보는 "정 의원 부분은 이미 손을 쓰고 있다"고 말하고는 호텔 방 천정만 쳐다보고 계셨다. 더 중요한 것은 JP 부분인데 말을 않고 있으니 나는 그만 답답해지기 시작했다. 나는 JP와 만났을 때 상정되는 여러 가지 구체적인 협상 내용까지 나름대로 설명하면서 종용을 해댔다. 그랬더니 이 후보는 "3김식의 정치는 안 하겠다는 것이 나의 원칙이고 소신이요"라고 말했다.

나는 대선을 코앞에 둔 이 후보가 아직도 철학자 같은 말을 하고 있다니 어리둥절하기만 했다. 그것도 앞서가는 후보가 아닌 2등을 하고 있는 후보가 하는 말이니 더욱 의아했다. 나는 평소에 대쪽 같은 곧은 성품을 지닌 이 후보를 존경해왔는데 지고 있는 상황에서도 변함이 없으니 더 강한 표현으로 밀어붙여야겠다고 생각했다.

"져도 좋다고 생각하십니까. 그러면 후보님을 지지하고 따르는 많은 국민들과 한나라당 당원들은 어떻게 됩니까. 지난 5년, 또 앞으로 5년, 10년 동안을 저 사람들 세상으로 만들겠습니까. 이기고 봐야지요. 끝내 반대하시면 역사와 국민 그리고 당원 앞에 부끄러운 죄인이 되십니다."

이렇게까지 작심하고 좀 무례한 말씀을 드려도 이 후보는 아무 반응을 보이지 않고 천정만 바라볼 뿐이었다. 내가 너무 나간 것 같아 송구스럽기도 했으나 국가와 국민 그리고 당원을 생각하면 사명감에서 잘한 말인 것 같기도 했다.

원칙과 소신에 가득 찬 이 후보를 더 괴롭혀도 태도의 변함이 없을 것으로 보여 나는 자리에서 일어나 작별 인사를 하고 밤 11시께 호텔방을 나왔다. 내일 부산 유세 일정도 있고 해서 더 이상 시간을 끌 수가 없었다. 그러나 이 후보가 독야청청 고고한 자세를 계속 고집한다면 대선 패배는 명약관화한데 하고 생각하니 온몸에서 기운이 빠지는 것 같았다. 귀가하는 나의 발걸음은 그렇게 무거울 수가 없었다.

드디어 12월 19일 제16대 대선 선거일이 찾아왔다. 개표 결과 당에서 항상 필승의 근거로 내세웠던 '숨은 지지자 5%'는 찾을 길이 없었다. 이 후보는 1,144만 3,297표(46.58%)를 얻는 데 그쳤고 노 후보가 1,201만 4,277표(48.91%)를 얻어 57만 980표 차이로 당선되고 말았다.

나는 이 후보를 만나 긴급 건의를 드렸던 그날 밤의 일을 생각하면 안타까운 나머지 천추의 한(恨)이 되어 지금도 가슴을 치고 있다.

총무 도전 4수 실패 _국회 재경위원장 피선

이회창 대통령 후보의 낙선은 바로 한나라당의 위기로 연계됐다. 대선 직후 이 후보가 낙선 책임을 지고 정계 은퇴를 선언하자 당은 그만 혼란에 빠지고 말았다. 2003년 새해 한나라당은 서청원 대표를 중심으로 꾸려가고 있었으나 공황장애에 직면하고 있었다. 당은 과도비상기구로 '당·정치개혁특위'(공동대표 현경대·홍사덕)를 구성하여 새로운 틀과 질서를 만드는 한편 당 쇄신 방안을 만들어나가기로 했다.

나는 특위위원에 선정되어 활동에 나섰다. 이 당시 특위위원들의 관심은 지도체제의 변화에 쏠리고 있었다. 원내 정당화를 지향하고 당대표를 관리형으로 하자는 것이었다. 나는 생각이 달랐다. 대선 패배의 원인이 당 지도체제에 있는 것이 아니기 때문에 현행 집단지도체제를 유지하는 대신 당 체질 개선과 정치자금 등 운영 방식을 투명화해야 한다고 주장했다(문화일보, 2003년 1월 3일).

새해 벽두인 1월 7일 한나라당 특위위원들은 워크숍을 갖고 대선 패인 분석과 대안을 제시하느라고 열띤 토론을 벌였다. 그러나 30명의 위원 중 15명이나 되는 초선 의원들은 당의 보수 색깔이 너무 짙어 젊은 층을 껴안지 못한 것이 패인이라고 주장했다.

나는 보수라는 당의 정체성 때문에 진 것이 아니라 보수 세력의 무능·부패하고 나태한 대처 능력이 더 큰 문제였다고 지적했다. 대선 전부터 나는 집권층의 묵인과 전교조의 일방적 이념 교육으로 인해 좌파·진보 세력이 젊은 세대까지 크게 확장되고 있는 현실을 우려해온 터인지라 초선 의원들의 일방적 주장을 받아들일 수가 없었다. 그리고 당과 대선 후보가 이념 전략 부재와 후보의 도덕성과 투명성 및 대중성에서 나타난 부정적인 측면을 선거 전략과 홍보 측면에서 효과적으로 극복하지 못해 패배했다고 강조했다(중앙일보, 2003년 1월 8일).

이 워크숍에서 어떤 논자는 민주당은 기병(騎兵) 조직인 데 비해 한나라당은 보병(步兵) 조직이라서 졌다고 분석했지만 이것은 어디까지나 결과론적인 주장에 지나지 않았다.

한나라당의 당 쇄신 작업은 예상보다 더 오래 끌었다. 겨우 6월 26일이 되어서야 전당대회가 열렸고 최병렬 대표가 선출됐다. 이어 6월 30일에는 원내총무 경선이 있었다. 나는 이번 경선도 다선 의원이 나오면 당선이 어렵다는 것을 잘 알면서도 도전하지 않을 수 없었다. 연령적으로도 그렇거니와 앞으로 영남권 출신 의원이 당대표가 되면 총무 경선에 나갈 수 없기 때문에 절박한 심정으로 다시 도전하기로 했다. 물론 준비도 오래전부터 해왔지만 내가 총무에 선출되는 것은 너무나도 어려운 일인 것처럼 느껴졌다.

그런데 이게 웬일인가. 기우가 현실로 나타나고 말았다. 내가 평소에 좋아하고 대구동을 보궐선거 때 선거를 진두지휘하며 나를 도와준 홍사덕 선배가 경선에 나서고 만 것이 아닌가. 나는 당초 국회부의장까지 지낸 홍 선배가 총무에 나설 것이라고는 생각하지 않았다. 끝없는 도전만이 정치판에서의 생존방식인가. 나는 기가 꽉 막히고 어찌해야 좋을지 몰랐다. 홍 선배는 5선에 당 정치개혁특위의 공동대표가 아닌가.

재선 의원에 불과한 내가 관록과 경륜에서 밀리다보니 한때는 포기할 생각도 했다. 그러나 초지일관 해보기로 했다. 정치는 이렇게도 매정하고 살벌하며 선후배 의식도 없이 해도 되는 걸까. 나는 미안한 마음이 일었지만 어쩔 수가 없었다. 막상 경선에 나서고 보니 분위기가 좀 달랐다. 나와 막역하게 가깝게 지내고 있던 이방호 의원이 어느 날 최 대표가 나에게 열심히 하라고 격려하더라고 전해줬고 다선 원로 의원들의 반응도 예사롭지가 않았다. 특히 양정규·최돈웅 의원을 비롯한 다수의 원로 중진들은 나를 직접 불러 지지 의사를 전하면서 선전을 당부하기도 했다.

그러나 한편으론 이번에도 경북 지역 출신인 임인배 의원이 경선에 참가하여 표를 갈라 먹고 있었고 3선의 박주천 의원도 뛰고 있어 나에게 역시 불리한 구도로 진행되고 있었다. 그래도 나는 그 어느 때보다도 최선을 다해 노력을 했다.

경선하던 날 개표 결과를 보니 1차 투표에서 홍 의원이 52표, 내가 39표, 임 의원이 31표, 박 의원이 18표를 얻었다. 과반수 득표자가 없어 홍 의원과 내가 결선 투표에 나가 홍 의원이 82표, 내가 61표를 얻어 홍 선배가 당선되었다.

어느 모로 보나 부족한 내가 선전한 것으로 자위하는 수밖에 없었다. 이렇게도 나는 정치적으로 운이 없단 말인가. 연거푸 세 번씩이나 은메달에 그친 나의 총무 경선 과정을 돌이켜보면서 무능함과 박복함을 개탄했다.

총무 경선에서 낙방하자 나는 당내에서 비주류 신세가 되어 8월 중순에는 초·재선 12명의 의원들이 모여 '국익우선연대'를 결성하여 활동에 들어갔다. 여기에는 홍준표, 김문수, 정형근, 김무성, 이윤성, 이재오, 이주영, 이방호, 심규철, 김성조 의원 등이 참여했다.

2003년 10월 말. 국회 재경위원장에 선출된 필자가 재경위에서 사회를 보고 있다.

한편으로 나는 국회 활동에도 게을리 하지 않았다. 10월 17일에 열린 정치 분야 대정부 질문에 나선 나는 노무현 대통령을 향해 포문을 열었다. 나는 "노 대통령의 이념적 정체성은 좌파적 인기 영합주의"라고 지적하고 취임 초의 '반미면 어떠냐'는 발언과 거물 간첩 송두율 씨에게 면죄부를 주자고 했던 발언 등이 그 근거라고 들추어내며 고건

총리에게 따지고 들었다. 나는 이어 간첩 송씨를 엄중 처벌하라고 촉구하고 '코드 인사'도 즉각 청산할 것 등을 요구하기도 했다.

10월 24일 국회 본회의에서는 나오연 재경위원장의 임기 만료로 당에서 내정한 내가 국회 재정경제위원장으로 선출됐다. 재석의원 151명 중 124명이 찬성을 해주었다. 상임위원장은 상반기·하반기 원 구성 시에 선출되어 임기가 2년인 것이 정상적이다. 그런데 나 위원장이 중간에 선출되는 바람에 재경위 간사를 오래한 내가 승계를 하게 됐다. 임기가 고작 7개월밖에 안 되는 단명 위원장에 불과했지만 나는 다음 기회에 원내총무 당선을 위해서 손해를 보기로 하고 위원장을 맡기로 결정을 한 것이었다.

한편 그해 하반기에 한나라당은 지난번 대선 당시 정치자금 전달을 잘못 받아 '차떼기 정당'이라는 오명을 쓰게 됐다. 이 파장이 너무나 커서 다음 해에 있을 제17대 총선까지도 큰 영향을 받게 됐다. 나는 실추된 당 이미지를 만회하기 위해 11월 10일 맹형규·이윤성 의원 등과 함께 당사와 천안 연수원을 팔아서 기업에서 받은 정치자금 100억 원을 갚자는 취지의 캠페인을 벌이면서 의원들로부터 서명을 받았다. 60여 명의 의원들이 동참해주었다. 이 운동이 계기가 되어 한나라당은 그 뒤 부동산 자산을 모두 팔고 천막 당사 생활을 시작하게 된다.

그해 연말에는 한나라당은 다음 총선 자료로 사용할 5등급으로 분류된 당무 감사 결과가 언론에 유출되어 곧바로 공천 갈등이 폭발하는 등 혼란 속에 빠져들고 말았다. 이 자료 유출은 다분히 의도적인 것으로 보였다. 당무 감사 결과를 아예 공천 기준으로 삼자는 의도가 깔려 있는 것이 분명했다.

한 가지 빠뜨릴 수 없는 이야기는 주요 당직자 중 한 사람이 자기보다 좋게 나온 다른 의원의 당무 감사 결과를 자기 것과 바꿔치기한 사실이 시·도당 당직자의 증언으로 들통이 나기도 했다는 것이다. 일시적으로 공천이 유력한 B등급(사실은 C등급)으로 분류됐던 그 당직자는 그 뒤 공천 때 탈락하는 수모를 겪었다. 이런 것이야말로 사필귀정이 아니고 무엇인가. 그런 사람하고 의원 생활을 같이했다는 사실이 부끄럽고도 창피스럽다.

노 대통령 탄핵과 제17대 총선 역풍

2004년 새해가 되어서도 연초부터 한나라당의 공천 파동은 지속됐다. 그러나 우여곡절 끝에 제17대 총선 공천 작업은 찔끔찔끔 진행되다가 3월 14일경에 가서야 간신히 완료됐다. 나도 공천을 받게 되어 4월 15일에 실시될 총선 준비에 본격적으로 나서게 됐다. 대망의 3선 의원 꿈을 꾸면서.

이에 앞서 3월 2일에는 동아일보와 경실련이 공동으로 조사한 제16대 의원 의정 활동 종합평가가 발표되어 주목을 받았다. 나는 이 조사에서 전체 대상 의원 258명 중 54등을 차지하여 의정 활동 우수 의원으로 선정되기도 했다.

또 같은 날 한나라당 소장파 의원들(남경필, 권영세, 원희룡, 정병국 의원 등)이 '적극적인 대북 정책'의 일환으로 대북 현금 지원을 허용하는 것을 당 정강·정책에 포함시키자(북한에 진출한 남한 기업들이 법인세 형식의 세금을 북한 측에 내도록 하자)는 주장을 하고 나섰다. 이에 대해 나는 우리 기업들이 북한의 시스템을 믿지 못해서 선뜻 진출하지 못하고 있는 현실부터 알아야 할 것이라고 전제하고 잘못하면 한나라당의 정체성을 흔들 수도 있다는 우려의 뜻을 피력했다. 조선일보(2004년 3월 2일, A6면)는 이 사실을 보도하면서 재선 의원에 불과한 나를 '당 중진'

2003년 10월 14일.
탄핵 폭풍이 불어닥친 정기국회에서 필자가 본회의 대정부 질문을 하고 있다.

으로 추켜세우기도 했다.

대한민국 대통령으로서 처음으로 국회에서 탄핵소추를 받은 노무현 대통령, 나는 1년 전인 2003년 2월 어느 날 여의도 맨하탄호텔 현관 앞에서 취임 전의 노 대통령 당선인을 우연히 단둘이서 만난 일을 잊을 수가 없다. 그가 의원 시절 국회 의원회관 사무실도 바로 나의 사무실(6층) 앞방에 있어 친근감도 있고 해서 당선을 축하하고 나라를 위해서 최선의 헌신을 해달라고 인사를 건넸다.

그랬더니 그는 나를 물끄러미 쳐다보기만 할 뿐 아무런 말도 하지 않았다. 평소 나에 대해 좋지 않은 감정을 갖고 있었는지는 나는 알지 못한다. 대화가 별로 없었으니까. 단 한마디도 않는 것을 보고 이 사람이 대통령에 취임하면 나라 사정이 평탄하지 않겠다는 불길한 예감이 들기도 했다.

대통령 취임 1년이 조금 지났을까. 그는 불행하게도 2004년 3월 12일 국회에서 탄핵소추를 받게 되어 대통령 직무가 일시 정지(헌법재판소의 소추안 기각으로 2004년 5월 14일 복권)되고 말았다. 여기서 탄핵안 발의의 배경을 자세하게 설명하지는 않겠다. 그러나 노 대통령이 ▲여당인 새천년민주당을 버리고 노사모 세력을 중심으로 '열린우리당'을 새로 창당하여 친위 그룹을 만든 점, ▲4·15 총선을 앞두고 열린우리당에 유리한 발언을 잇달아 하여 선거법을 위반한 점, ▲국가 정체성을 흔드는 발언을 자주 하여 국민을 불안하게 한 점 등이 쌓이고 쌓여 드디어 탄핵안 발의로 발전하게 됐다고 볼 수 있다.

국회에서 탄핵소추안이 찬성 193표(반대 2표)로 가결된 데는 한나라당과 새천년민주당·자민련의 공조가 큰 힘을 발휘했다. 이들 3당은 탄핵을 반대하는 국민 여론이 그 당시 무려 65.2%에 달하고 있는 사실을 간과하고 원내에서의 힘만 믿고 밀어붙이다가 엄청난 역풍을 만나게 됐다.

국회에서의 탄핵안 가결에 반발하는 촛불집회가 전국에서 연일 일어났고 여론은 한 달 뒤로 다가온 한나라당 후보들을 모두 낙선시킬 듯이 싸늘하고 매서웠다. 역풍은 바로 태풍이었다. 심지어 한나라당의 아성인 대구에서도 여론이 나빠져 한나라당 후보의 당선을 확신할 수가 없을 정도였다.

그때 한나라당에 구원의 손길이 뻗치기 시작했다. 총선 20여 일을 앞두고 실시된 한나라당 임시 전당대회(3월 23일)에서 박근혜 부총재가 대표최고위원으로 선출되어 총선 분위기가 가까스로 달라졌다. 박 대표는 희망을 잃어가던 한나라당 후보들에게 큰 힘이 되었고 투표일이 다가올수록 기사회생하는 선거구가 늘어갔다. 거의 기적이라고 표현해도 과언이 아닐 정도였다.

박 대표는 틈을 내어 나의 선거구인 대구북을의 매천시장에서 유세를 해주기도 했다. 나는 박 대표가 1998년 8월 대구달성 국회의원 보궐선거에 출마했을 때 2주 동안 도와준 일을 상기하면서 이번에는 내가 도움을 받게 됐구나 하고 생각하니 참으로 고맙기 그지없었다.

총선 당시 나의 선거구 사정은 40대의 젊은 배기찬 열린우리당 후보가 나에게 도전을 하고 있었다. 그는 청와대 행정관으로 재직하다 노 대통령의 지원으로 출마하게 됐다. 고향도 바로 칠곡 토박이 출신이어서 지역 연고도 강했다. 사람도 유능하고 예절도 발라 지역민으로부터 호감을 사기도 했다. 대구북을 선거구에서는 모두 6명의 후보가 경쟁을 벌였다. 개표 결과 내가 6만 7,877표(58.71%)로 당선됐고 배 후보가 4만 2표(34.62%)로 예상 밖으로 많은 득표를 했다.

참으로 복잡다단한 과정을 거쳐 탄핵 폭풍은 총선을 끝으로 진정됐다. 한나라당은 전국에서 121석(지역구100석+비례21석)을 간신히 획

득했으나 152석을 얻은 열린우리당에 이어 원내 제2당(제16대 국회에서는 137석으로 원내 제1당)으로 밀려나고 말았다.

나는 3선 의원 당선의 기쁨도 잠시였고 제2당으로 추락한 당의 위상과 열린우리당의 총선 압승으로 기가 오를 대로 오른 노 대통령의 향후 좌충우돌식 정국 운영을 걱정하지 않을 수 없었다.

대구북구을 지역에서 3선 국회의원에 당선되는 동안 나에게 큰 힘이 되어주고 득표에 도움을 준 분들을 기록해두지 않을 수 없다.

- 사무국: 안희두(국회보좌관), 김용대(당협위 사무국장), 김선희(여성부장·구의원), 안미선(후원회 사무처장), 이재동(총무부장)
- 칠곡 지역: 이용우, 윤학수, 최상인, 이광식, 이병호, 이영호, 한준태, 곽종우, 故 김종호 선배, 조영호, 이한룡, 황경동, 서청훈, 김영욱, 임천택, 이재윤, 전운섭, 이동주, 박영근, 위무식, 최덕기, 박성수, 차백근, 신병혁, 추교선, 이성국, 윤원현, 박용일, 신현종, 차상태, 권오규, 이성만, 박유기, 홍인달, 이순영, 신말태, 차춘선, 이말태, 이옥수, 공순자, 채순애, 한옥련, 이애란, 김외숙
- 복현동 지역: 안윤덕, 박상근, 이영일, 강순덕, 김중한, 한상열
- 무태·조야·검단 지역: 권대인, 배인수, 백우현, 김용완, 석화자, 채오종
- 시의원: 이진호, 여원기, 이재술, 김충환
- 구의원: 구성본, 김충옥, 이차수, 안수호, 구권회, 최인철, 금병기, 박재홍, 차종운, 신태술, 김병규, 임종만, 노상권, 채동수, 이길재, 민병호, 김규학

(이상 무순)

집념의 도전과 '자유포럼' 발족

제17대 총선이 끝나고 2004년 5월로 접어들자 곧바로 당 지도부와 국회 원 구성작업 일정이 잡혔다. 무엇보다도 원내대표(당헌 개정으로 종전의 원내총무) 선출이 시급했다.

나는 이때 원내대표 경선 참가 문제를 놓고 고민에 빠지지 않을 수 없었다. 3선 중진 의원이 됐으니 이번에는 반드시 숙원을 달성해야 한다는 나의 오랜 꿈과 박근혜 당대표가 나와 같은 대구 출신이라는 지역 문제가 서로 충돌되고 있었다.

고뇌의 시간은 꽤 길었다. 마침내 탈출 논리를 찾아냈다. 나는 박 대표를 대구 출신 국회의원으로 국한시키는 것은 인격과 지도력을 폄하하는 것이라는 점을 강조하기로 했다. 다소 설득력이 있어 보이기는 했지만 의원들에게 이 논리가 먹힐지가 문제였다.

그런데 경쟁자로 5선의 중진 김덕룡 의원이 나온다고 했다. 당내 최고 중진급 의원들이 해마다 줄지어 나오니 젊고 유능한 차기 인물들이 성장할 수 없는 것이 안타까웠다. 김 의원은 대학의 한 해 선배이고 가까운 사이인데 또 경쟁해야 하는가. 또다시 이상과 현실 간의 갈등이 일었다.

김 선배는 5월 19일 경선 일을 3~4일 앞두고 국회 재경위원장실로 나를 찾아와 자기를 밀어주고 양보해줄 수 없느냐고 나를 설득했다. 나는 숙고 끝에 그의 제의를 거절하고 또 낙선해도 좋으니 경선에 나가기로 정면 돌파의 길을 선택했다. 누구도 못 말리는 집념과 불굴의 투지라고도 볼 수 있었지만 어리석은 미련함으로도 보이기도 했다.

김 의원이 나선다고 하자 당초 경선 참가 의사를 비쳤던 김무성·권철현·정의화·맹형규 의원 등은 불출마 선언을 하고 김 의원 지지 의사를 밝혔다. 판세가 나에게 불리하게만 돌아갔지만 그렇다고 주저앉을 수도 없었다. 경선에는 김 의원과 나 그리고 김문수 의원 간의 3파전이 벌어졌으나 단연 김 선배가 우세했다.

나는 경선 날 합동토론회에서 "경제통으로서 경제를 살리고 화합과 변화를 함께 추구해나가는 한편 합리적 개혁 보수의 원내대표가 되겠다"고 강조했다. 또 "16대 국회 4년간 수도권에서 원내총무가 나왔지만 대선·총선에서 모두 패배하고 당도 노쇠해졌다. 지금은 늦봄인데 김 의원이 나오는 것은 3김시대의 낡은 겨울외투를 다시 입겠다는 것이고, 개혁만을 외치는 김문수 의원이 대표가 되는 것은 한여름에나 입는 반소매 노타이셔츠를 지금 입자는 것"이라며 은유법을 써가며 지지를 호소했다.

그러나 경선 결과는 예상대로 대다수 의원들이 경륜과 안정을 선택하는 데 그쳤다. 김 의원이 과반수인 66표를 얻어 당선됐고, 김문수 의원이 39표, 나는 부끄럽게도 고작 14표를 얻는 데 그쳤다. 김문수 의원은 제17대 총선 공천심사위원장을 역임한 것이 큰 힘이 된 것으로 보였다. 나를 지지한 표는 비록 적었지만 내가 다섯 번째의 고난의 도전 길에 동참을 해준 지지여서 감사하기 이루 말할 수가 없었다.

나는 결국 이번 경선에서도 실패함으로써 5전5패의 완패 기록을 남기고 말았다. 일각에선 다선 중진 의원들과 경쟁하는 주제넘은 무모

2004년 8월. 국회 장애인 특별위원장인 필자가 유엔 장애인인권회의에 참석, 업저버석에서 방청하고 있다. 뒤편 왼쪽 끝이 한나라당 간사인 정화원 의원.

2004년 10월. 국회 건설교통위원회 의원들이 개성공단관리위원회 사무소 개소식에 참석한 뒤 선죽교를 방문했다. 필자(앞줄 가운데 왼쪽)와 김한길 국회 건교위원장, 허태열(필자 왼쪽), 정갑윤(필자 오른쪽) 의원 등이 보인다.

한 도전이라는 비판도 있었지만 "예순이 넘은 나이에 승패에 연연치 않고 도전한 뚝심과 패기는 박수를 받을 만했다"(매일신문, 2004년 5월 19일)는 찬사도 있었다. 나는 좀 더 젊은 나이에 국회의원이 되었더라면 하고 생각해봤지만 아무 소용이 없는 일이었다.

얼마 뒤 한나라당에서 국회 상임위원장을 내정할 때 나는 국회 장애인특위위원장으로 내정되어 본회의에서 정식 선출됐다. 이는 내가 재경위원장을 7개월만 하고 물러난 데 대한 당의 배려였다. 나는 장애인특위를 맡아 장애인복지기본법을 제정하기 위해 한나라당의 정화원(간사)·고흥길·나경원·최병국 의원, 열린우리당의 장향숙(간사)·권선택·안민석·장경수 의원, 그리고 손봉숙(민주당)의원과 현애자(민노당) 의원 등과 함께 많은 노력을 했다.

7월이 되자 한나라당 정기 전당대회가 열렸다. 박근혜 대표가 3월에 대표에 선출된 것은 최병렬 대표의 사퇴로 잔여 임기를 채우는 성격이었기 때문에 임기 2년의 새 대표를 선출해야 했다.

7월 19일에 열린 이 정기 전당대회에서 박 대표는 예상대로 압도적으로 재선출됐다. 전당대회를 앞두고 당내 각 계파 세력들이 군웅할거하는 모습을 보이기 시작했다. 세력화를 위한 당내 서클 만들기 풍조가 잇달아 일어났다. 특히 젊은 층과 수도권 의원들이 세력을 규합하는 징후가 나타났다. 국가발전연(이재오), 수요모임(남경필), 국민생각(강재섭), 푸른정책연구모임(박진) 등이 대표적이었다.

이에 영향을 받아 영남권 출신 다선 의원들 사이에서도 모임을 만들어 합리적 개혁 보수의 목소리를 낼 필요가 있다는 공감대가 형성돼갔다. 7월 15일 나와 이상배·정형근·이방호 의원 등이 모여 자유민주주의와 시장경제를 발전시켜나가자는 취지의'자유포럼'을 만들기로 발기모임을 가졌다. 곧이어 21명의 의원들이 가입 원서를 제출하여 정식으로 발족했다.

그런데 문제가 생겼다. 포럼 대표를 하겠다는 중진 의원들이 많아 고민을 하다가 대표를 뽑지 말고 비교적 젊은 의원을 총무로 하자는 절충안이 도출됐다. 그래서 재선의 이방호 의원(사천 출신)을 총무로 선출하기에 이르렀다.

이 자유포럼에는 발기 의원 외에도 김용갑, 김기춘, 이재창, 박종근 의원 등이 참여했다. 그들 중 일부는 그 뒤 때때로 보수 극우파의 목소리만 부각시켜 내가 발기 당시에 생각했던 합리적 개혁과는 다른 방향으로 흘러가기도 했다.

8월 하순(28~30일) 한나라당은 전남 구례·곡성에서 의원연찬회를 갖게 됐다. 이 연찬회에서 광주 5·18 묘역을 참배하는 문제를 놓고 영남권 중진들과 소장파 의원 간에 열띤 토론이 벌어졌다. 김용갑·이상배·이방호 의원 등은 끝내 참배를 하지 않았다. 나는 내심으로는 선뜻 내키지 않았으나 지역 화합과 한나라당의 전국 정당화 도약이라는 대의를 생각해서 참배를 했다. 나는 언젠가는 광주사태에 대해 역사적 사실을 바탕으로 한 사학계의 재조명이 반드시 이루어지리라고 믿고 있다.

9월 8일 매일신문에 보도된 '여의도 편지' 칼럼에 나는 '대구 살리기에 나서자'라는 제목으로 기고를 했다. 이 칼럼은 국회의원들의 기고문을 싣는 것인데 나는 이 기고에서 성장·발전의 잠재력을 갖추는 동시에 대구 시민의 마음(mind)과 생활방식(modus vivendi)을 바꾸는 것도 중요하다고 강조했다. 이는 우리 고향 사람들이 나도 그렇지만 평소에 배타성이 강하고 불뚝 고집이 있고 감성적인 판단에 흐르는 경향이 있는 점을 빗대어서 한 말이었다. 바꾸어 말하면 대구 시민의 나쁜 측면의 심성을 좀 누그러뜨려 기업하기 좋은 도시로 만들자는 뜻이었다.

10월이 되자 국정감사가 시작됐다. 나는 그 당시 7년간이나 몸담았던 재경위를 떠나 건설교통위로 옮겼다. 위원장까지 지낸 3선 의원이 재경위에 계속 머무는 것도 안 좋고 또 지역 발전도 챙기기 위해서였다.

그런데 국감 첫날인 10월 4일 오전 10시30분쯤 과천 종합청사에서 건교부에 대한 현황 보고를 받던 도중이었다. 나는 갑자기 의식이 흐릿해지더니 옆 좌석에 앉은 의원 쪽으로 쓰러지고 말았다. 청사 의무실로 옮겨져 진료를 받았으나 의사는 과로와 급체라고 진단했다. 의무실에서 한동안 안정을 취한 뒤 나는 다시 국감장에 돌아와서 국감 활동을 정상적으로 계속할 수 있었다.

그러나 앉은 자세로 실신하다니, 좀 이상하다고 생각하면서도 계속되는 국감 일정 때문에 시간에 쫓겨 큰 병원에 가보질 못하고 그냥 시간을 흘러 보내고 말았다.

이해찬 총리의 막말 파동

국감이 끝나고 대정부 질문이 시작됐다. 나는 정치 분야 질문자로 선정이 되어 원고 준비를 하느라고 많은 고생을 했다. 집권 2년 차를 맞은 노무현 정부는 총선 승리에 도취된 나머지 좌편향 개혁 드라이브를 노골적으로 드러내고 있었다.

그 무렵 정부와 여당인 열린우리당은 서로 공조 아래 논란이 크게 예상되는 국가보안법폐지법안과 과거사진상규명법안 및 언론관계법안 등은 의원입법 형식으로, 사립학교법개정안은 정부법안으로 제출하여 국회 통과를 밀어붙이고 있을 때였다. 나는 자유민주주의를 대변하는 한나라당 국회의원으로서 사명감을 가지고 어떤 보복이 가해지더라도 현존 헌법체제를 수호하는 데 앞장서기로 단단히 다짐하고 있었다.

2004년 10월 28일 오전 나는 굳은 각오를 하고 국회 본회의장 연단에 서서 숙연하게 질문을 하기 시작했다. "사회·경제 주요 정책에서 분배주의와 평등주의 이념을 지나치게 강조한 나머지 노무현 정권은 학계와 언론에서 사회주의 좌파 정권이라는 지적을 받고 있습니다. 386 주사파 세력이 청와대와 정부 부처 및 집권 여당 안에 골고루 포진하여 온통 이 나라를 좌로 좌로 몰아가고 있습니다. 누구를 위하여 어떤 나라를 만들기 위하여 좌향좌 진군 나팔을 계속 불어대고 있습니까. 386 세대는 3·1절도 6·25도 8·15도 모르는 세대라는 지적이 있듯이 세상사의 반쪽만 아는 안타까운 편향성 세대가 되고 말았습니다. 본 의원은 1960년대 6·3 학생운동을 줄기차게 주도한 운동권 학생 출신입니다. 대학 재학 시절 사회주의 이념에도 관심이 많아서 고서적을 탐독해보기도 했습니다. 그러나 경쟁력과 효율성이 떨어지고 평등 실현의 불가능성 등 본질적 약점에다가 한 시대의 사회 혁명을 통한 집권 도구 이념이라는 한계를 알고 나서부터는 사회주의로부터 멀어졌습니다. 본 의원은 선배 운동권의 한 사람으로서 후배 운동권 세대에게 감히 말씀드립니다. 경주마처럼 앞만 보지 마시고 세상의 좌, 우, 뒤쪽도 살펴보는 종합적 또는 다원화된 가치판단으로 정치를 해달라는 것입니다." 나는 질문의 본론에 들어가기에 앞서 386 세대에 대해 선배로서 훈계조로 한마디를 하지 않을 수가 없었다.

그리고 나는 바로 이어서 열린우리당이 10월 20일 국가보안법폐지 법안 등 4개 법안을 국회에 제출한 것은 '노무현 정권은 반국민적 좌파 정권'이라고 만천하에 선언한 것이라고 전제하고 "국보법 폐지는 김정일의 공산화 길을 열어주는 '트로이의 목마'가 될 것"이라고 지적했다. 나는 또 노무현 대통령이 "국가보안법을 칼집에 넣어서 박물관에 보내자"면서 보안법 폐지를 주장한 발언은 자유민주주의와 시장경제라는 국가 정체성과 정통성에 정면으로 도전하는 것이라고 맹비난했다.

그런데 곧이어 진행된 이해찬 국무총리와의 질문과 답변 시간에 나는 당혹스러움과 실망감을 느끼지 않을 수 없었다. 나는 이 총리를 상대로 최근 총리가 유럽 순방 중 베를린에서 가진 기자 간담회에서 "조선일보와 동아일보를 역사의 반역자라고 비난하고 조선과 동아는 까

불지 말라"는 식으로 말한 것을 가지고 따지고 물었다.

나는 "두 신문은 국가 발전에 기여한 공로가 훨씬 많은데 권력의 눈에 거슬린다고 해서 이렇게 매도해도 되는 것인가. 이것은 실언인가, 의도된 발언인가"를 밝히라고 물었다. 이에 이 총리는 "권력의 눈에 거슬린다고 해서 한 발언이 아니고 평소 느끼던 소회를 이야기한 것이다. 조선과 동아는 유신 긴급조치 때 자유언론을 주장하던 수많은 기자들을 집단해고를 해놓고 30년 동안 아직 복직을 안 시키고 있다. 그런 시대에 반하고 역사에 반하는 행위를 하고도 그것을 철회하고 다시 회복시키지 않는 것은 역사에 대한 반역이라고 생각한다"고 말했다. 참으로 총리로서 격에 안 맞고 또 한 가지만 알고 아홉 가지는 모르는 우물 안 개구리 식의 독선이 아니고 무엇인가.

어안이 벙벙해진 나는 이어 "한나라당이 집권하면 역사가 퇴보한다고 했는데 이렇게도 오만하고 독선적인 말을 어떻게 할 수 있는가. 당신 총리 맞는가. 정말로 어떤 말을 했는가"고 추궁했다. 이에 이 총리는 "정색을 하고 한 말이 아니고 가볍게 한 말"이라고 한 발 물러서는

2004년 10월 28일.
정기국회 본회의 대정부 질문에 나선 필자가 이해찬 총리를 상대로 질문을 하고 있다.
이날 이 총리는 막말 파동을 일으켜 국회는 14일 동안이나 공전되었다.

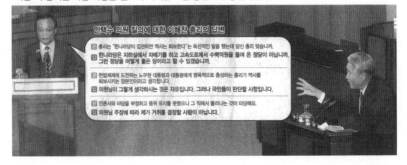

듯했다. 그러나 나의 사과 요구에 대해서는 대답을 않은 채 "한나라당은 지하실에서 차떼기 하고 고속도로에서 수백억 원을 들여온 정당이 아닌가" 하고 오히려 맞받아치고 나오는 것이 아닌가. 이 총리가 나의 논리적이고 예리한 질문에 열을 받아 일시적으로 흥분하여 총리의 신분을 망각한 것이 틀림없었다.

나는 질문을 하면서도 내 자신은 흥분하면 안 된다고 스스로 충고하면서 더 강한 톤으로 확전하고 싶은 욕구를 억지로 자제하기로 했다. 이 총리는 서울문리대 동문으로 나보다 9년이나 후배지만 명색이 일국의 총리인데 나까지 막말을 해대며 본회의장을 난장판으로 만들고 싶지는 않았다.

그러나 나는 여기서 이 총리의 기를 꺾을 필요가 있다고 보고 "언론사에 대해 품위 유지를 지키지 못했고 제1야당을 작심하고 부정하고 말았으니 깨끗하게 그 직에서 물러나라"고 윽박질렀다. 그랬더니 이 총리는 "의원님의 주장에 의해서 제가 거취를 결정할 사람이 아니다"라고 말하면서 완강히 버텼다.

나는 대정부 질문 결론 부분에 가서 "국민의 의사와 동떨어지고 헌법체제에 정면으로 도전하는 노 대통령은 이제 개혁과 진보라는 가면을 벗어던지라"고 주장하고 "국정을 올바르게 쇄신하든지 아니면 더 큰 국가적 불행을 초래하기 전에 대통령직을 자진 사퇴하든지 양자택일하라"고 요구했다.

이날 이 총리의 답변에서 나온 막말은 야당인 한나라당으로부터 거센 반발에 부딪쳐 오후 대정부 질문이 중단되고 국회는 마비되고 말았다. 당에서는 이 총리의 공식 사과가 없으면 총리 해임 건의안을 내기로 하는 등 정국은 급랭하고 말았다.

한편 이 총리는 언론으로부터도 집중 포화를 받았다. 총리의 막말이 정국 파란을 불러일으켰고 총리가 앞장서서 의회정치를 파괴했다고 비난했다. 이만섭 전 국회의장은 "라디오를 듣다가 보통 놀란 게 아니다. 오늘 같은 일은 처음이다. 총리가 국회의원과 맞서서 언쟁을 벌이면 남는 것은 여야 격돌과 국회 위신의 추락뿐"(조선일보, 2004년 10월 29일 A3면)이라고 충고했다.

또한 열린우리당 소속의 김부겸 의원은 "노 대통령은 이념 문제에서 가급적 한 발짝 물러나야 한다"는 반응을 보였고, 신학용 의원은 "개혁 의지와 당위만 앞세워 국민과 야당을 설득하는 데 소홀했던 우리에게도 책임이 있다"(한국일보, 2004년 10월 29일 1면)면서 4대 법안은 국민 여론을 수렴해가면서 할 필요가 있다고 주장했다.

한편 여당의 송영길 의원은 "서로를 인정하지 않는 고리를 끊어야 한다. 이 총리도, 안 의원도 면책특권 안에서 너무 함부로 말하고 있다"고 했고, 안영근 의원은 "이 총리 발언이 과했다"(이상 문화일보, 2004년 10월 29일 4면)고 지적하기도 했다.

이 총리의 막말 파동은 여야 간의 팽팽한 대립을 불러와 결국 국회는 14일 동안이나 공전되고 말았다. 또한 이 파동의 여파로 한나라당은 12월 초까지 이념 논쟁을 둘러싼 보수와 중도 및 개혁세력 간의 갈등이 한동안 일어나기도 했다.

나와 이 총리 간의 설전은 한때 세간의 화제가 되기도 했다. 포털 업체인 '네이버'는 이 설전 동영상이 인기가 있었던지 2015년 상반기까지 11년 동안이나 PC와 스마트폰에 게재하여 주목을 끌기도 했다. 한편 같은 포털인 '다음'과 '구글'은 지금까지도 게재해놓고 있다.

대구시당위원장 _가톨릭신도의원회장

2005년 3월 2일에는 행정중심복합도시 법안이 국회에서 통과되어 한나라당은 한때 파동을 겪어야 했다. 주된 이유는 '충청권 껴안기'와 '국가적 비효율성' 논리의 정면 충돌이었다. 대선을 겨냥하는 정치적 배려와 국가적 비효율을 우려하는 의원들의 의견 대립이 있었지만 '찻잔 속의 해프닝'으로 끝났다. 왜냐하면 두 논리가 모두 일리가 있는 쌍둥이 주장이었기 때문이다. 그러나 이 파동으로 김덕룡 원내대표가 사임하게 됐다.

바로 다음 날 나는 한나라당 대구시당위원장으로 피선됐다. 박종근 전임 시당위원장이 국회 재경위원장을 맡게 되어 사임하는 바람에 내 차례가 되어 추대됐다. 나는 시당위원장 취임식에서 "내년 지방 선거 필승을 위해 당 조직을 확대하고 대구의 발전을 위해 유능한 인재를 발굴하여 공천 하겠다"고 포부를 피력했다.

사실 대구시당위원장을 맡으면서 나는 고민에 빠지지 않을 수 없었다. 오매불망 나의 꿈인 당 원내대표 경선(3월 11일 예정)에 대한 참여 여부를 먼저 결정을 해야만 했다. 그러나 그 고민은 오래가지 않았다. 대구의 정치적 리더격인 강재섭 의원이 원내대표를 하고 싶은 의향을 보이고 있었기 때문이다.

그는 나보다 경북고 5년 후배지만 5선의 중진으로 대선 후보까지 꿈꾸는 정치적으로는 선배였다. 나는 그에게 깨끗이 양보하고 시당위원장을 맡기로 했으나 한 가지 다짐을 받아놓고 싶었다. 그래서 3월 7일 저녁 서울 강남에 있는 R호텔 일식당에서 강 의원과 단둘이서 만났다. 나는 그 자리에서 그가 원내대표를 마친 뒤에 대선 후보로 나갈 것인지 아니면 당대표로 나갈 것인지를 명확히 밝혀주기를 바랐다. 그는 그 무렵 박근혜 대표와 대선 후보 자리를 놓고 경쟁하겠다고 공언하고 당대표에는 나가지 않겠다고 말한 적도 있었다.

내가 왜 강 의원에게 이 같은 다짐을 받고 싶었는지는 그가 당대표가 되면 나의 원내대표 꿈은 또 사라지게 되기 때문이었다. 그날 강 의원은 나에게 대권 도전을 하겠다고 분명하게 밝혀 그의 진로에 관한 교통정리는 원만하게 끝낼 수 있었다. 나는 그 자리에서 원내대표 도전을 포기하고 그의 원내대표 지지를 약속한 뒤 둘이서 시원한 맥주로 맹약의 건배를 했다.

그 뒤 강 의원은 대구 출신의 박근혜 대표 체제 아래서도 너끈히 원내대표로 선출되어 한나라당의 대구 출신 의원 전성시대를 열었다. 당대표와 원내대표 지역 분리론은 지지세가 탁월하면 먹혀들지도 않았다. 역시 인물이 출중하면 장애물을 뛰어넘는 것을 보고 3선밖에 안 되는 나의 처지를 안타까워하며 이를 깨물고 또 깨물었다.

4월 13일 나는 국회 가톨릭신도의원회 회장 자격으로 정진석 대주교님을 국회 공소로 초청해 교황 요한 바오로 2세의 서거 추모미사를 가졌다. 추모미사는 국회의사당 지하 2층에 있는 공소에서 열렸다. 이날 미사에는 김덕규 국회 부의장을 비롯한 여야 의원 25명과 국회 가톨릭신자 직원 모임인 다산회원 등 모두 60여 명이 참석했다. 미사를 집전한 정 대주교님은 "백성들에게 빵을 주는 게 정치의 본질이며, 생명의 빵이 되는 게 정치의 임무이다"라고 뜻 깊은 말씀으로 강론을 했다. 나는 미사가 끝난 뒤 귀빈식당에서 대주교님과 의원들 및 직원들을 초청해 조찬 간담회를 가진 자리에서 답사로 "국민의 신뢰를 받고 국민의 복지를 적정하게 생각하는 국회의원이 되도록 힘쓰겠다"고 다짐했다.

나는 2005년 초부터 가톨릭신도의원회 회장을 2년 동안 맡아서 활동했다. 1년에 두세 번씩 공소에서 미사를 올리고 연말에는 불우이웃

2004년 1월. 국회 가톨릭신도회 임원이었던 필자가 동숭동 수녀원에서 김수환 추기경님을 신년인사차 예방한 뒤 기념촬영을 했다.

돕는 일을 했다. 또 김수환 추기경님도 모시고 미사를 올린 적도 있었다. 가톨릭의원회의 지도신부는 최창화 신부(몬시뇰)였는데 여러 해 동안 수고를 많이 해주셨다. 신도의원회 회장은 여·야가 번갈아가며 맡는 것이 관례였다. 나의 가톨릭 본명은 사도 요한이다.

4월 22일 국회 건교위에서 나는 철도청(현 한국철도공사)의 러시아 유전 개발 사업에 청와대 행정관이 개입한 의혹을 제기하여 정국이 한때 시끄러워졌다. 골자는 청와대 국정상황실이 유전 개발 사업 추진

2005년 4월 13일. 필자가 국회 가톨릭 신도의원회장 자격으로 정진석 대주교님을 국회로 초청했다. 국회 공소에서 교황 요한 바오로 2세의 서거 추모미사를 올린 뒤 조찬을 갖기에 앞서 인사말을 하고 있다.

경위를 5개월 전에 조사한 것을 최근에 확인하고서도 천호선 실장이 노무현 대통령에게 20여 일 늦게 보고한 것은 문제가 있는 것이 아니냐는 것이었다.

6월 24일 오전에 나는 한나라당 대구시당위원장에 재추대 선출됐다. 전임 위원장의 잔여 임기가 끝이 나서 재선출된 것이었다. 나는 지방 선거에 대비하여 당세 확장을 위해 동분서주하지 않을 수 없었다. 시당위원장은 평소에는 지역 경제 발전을 위한 정책과 예산 확보를 하는 한편 민원 처리에 노력을 하면 됐다. 그러나 지방 선거가 다음 해로 다가오고 있었기 때문에 신경이 차츰 쓰이기 시작했다.

나는 시당위원장 재취임을 맞아 가진 기자 간담회에서 "내년 지방 선거 자치단체장 공천은 관료 위주를 지양하고 경영마인드와 추진력을 공천의 우선 잣대로 삼겠다"고 강조했다. 그동안 구청장 공천에서 관료 위주로 공천을 해왔지만 비관료 출신 등이 훨씬 의욕적으로 일하는 것을 보고 관료 출신 배제를 강조하기 위해서였다. 또 그렇게 하면 관료 출신 지자체 단체장들이 자극을 받아 일을 더 잘 하도록 독려하기 위한 뜻도 내포되어 있었다.

대구도시철도 3호선 건설 비화

2005년 9월에 접어들자 국회의원들은 정기국회 준비를 위해 몸과 마음이 분주해졌다. 나는 또 한나라당 대구시당위원장을 맡고 있어서 더 한층 바쁘기만 했다.

내가 가장 신경을 많이 쓴 것은 대구지하철 3호선의 조기 착공이었다. 대구 북구 학정동과 수성구 범물동을 잇는, 즉 대구를 남북으로 관통하는 철도 공사였다. 시발점인 학정동은 나의 선거구여서 주민들의 숙원 사업이기도 했고 나의 선거 공약 사업이기도 했다. 또 국회 소속 상임위도 건설교통위인데다 시당위원장도 맡고 있어서 이 기회에 3호선의 조기 착공을 꼭 성사시켜보고 싶었다. 그래서 언론에도 추진 사실을 공표하고 활동에 들어갔다.

그 무렵 우리 지역구의 김충환·이재술 시의원이 합동으로 지하철 조기 착공을 촉구하는 시민들의 진정서를 받기 시작하여 활기를 띠었다. 그 당시 정부는 지하철 3호선 건설에 대한 예비타당성 조사를 실시했지만 가부가 반반으로 나와 결론을 내지 못하고 시간만 끌고 있었다.

9월 중순 나는 2006년도 정부예산안을 마무리하고 있는 기획예산처로 변양균 장관을 찾아갔다. 두 시의원과 함께 주민들로부터 받은 연판 진정서를 한 아름 들고 가서 장관실에 내려놓고 지하철건설 기초

설계비라도 내년도 예산에 반영시켜줄 것을 정중히 요청했다.

그러나 변 장관의 답변은 그리 신통치가 않았다. 그래서 '한번 뽑은 칼이니 호박이라도 찔러보자'는 심정으로 청와대 이강철 시민사회수석비서관을 만나자고 하여 사직동 J음식점에서 단둘이서 만났다. 점심을 들면서 지하철 건설의 필요성과 대구의 발전을 위해서는 필요불가결한 사업이라고 역설했다.

이 수석은 대구 출신으로 정계 진출을 위해 오랫동안 고생했으나 민주당 소속이기 때문에 대구 정서에 맞지 않아 뜻을 이루지 못하고 있었다. 그러다 때마침 노무현 정부에 들어와서 청와대에서 수석으로 발탁됐다. 또 내가 1993년 대구동을 보궐선거에 3당 연합공천을 받아 민주당 후보로 입후보했을 때 그는 민주당 대구동갑지구당 위원장을 맡고 있어서 그때부터 잘 알고 지내오던 터였다. 그는 내 말을 듣고 난 뒤 자기도 대구 발전을 위해 공감한다면서 노력해보겠다고 약속을 했다.

이런 우여곡절을 거쳐 한 달 뒤 정부는 대구지하철 3호선 공사를 하기로 최종 결정을 하게 됐으며 기초 설계비 예산으로 소액이나마 다음 해 정부예산안에 가까스로 편성하기에 이르렀다. 이 과정에서 이 수석이 노무현 대통령의 마음을 움직이는 데 결정적인 역할을 한 것은 불문가지였다. 나는 지금도 이 수석에게 감사하는 마음을 간직하고 있다.

그 뒤 지하철 3호선은 공사비 절감 논리에 떠밀려 모노레일 지상 도시철도로 바뀌었고 내가 국회의원을 그만둔 1년 뒤인 2009년6월에 착공되어 2015년 4월 23일 개통됐다. 영업 구간은 23.1킬로미터(30개 역)에 총 공사비는 무려 1조 5천억 원이 들어갔다.

대구시는 이 철도의 최대 유공자인 나와 이 수석을 개통식에 초청도

하지 않았다. 내가 이러한 사연을 평소에 자랑하고 다니지 않았기 때문에 대구시는 전혀 모르고 있었던 것일까.

이 총리와 2회전 _대구시당 활동

2005년 가을, 또다시 정기국회 대정부 질문 시즌이 찾아왔다. 그때는 마침 동국대 강정구 교수가 친북·좌파 발언을 하여 세상을 시끄럽게 하고 있었다. 강 교수는 그해 9월 30일에 열린 한반도 정세 토론회에서 "6·25전쟁은 통일전쟁, 내전이었으며 광복 후에는 공산주의를 택했어야 했다"면서 "6·25전쟁에 미국이 개입하지 않았으면 한 달 안에 전쟁은 끝났고 인명 피해는 1만 명 이하였을 것"이라는 말도 했다.

이 친북 발언으로 검찰은 강 교수를 국가보안법 위반 혐의로 구속 수사하려고 했으나 당시 천정배 법무부장관이 대한민국 헌정사상 처음으로 검찰에 대해 수사지휘권을 발동해 검찰총장에게 불구속 수사를 하게 하여 큰 논란을 불러일으켰다.

강 교수는 이에 앞선 2001년 8월 17일 평양에서 열린 8·15 축전 때는 만경대에 들러 방명록에 '만경대 정신 이어받아 통일위업 이룩하자'라고 서명하여 국가보안법상의 찬양·고무 혐의로 구속 기소되었다가 보석으로 풀려난 전과가 있는 사람이었다.

국가 안보를 최우선으로 생각하는 나로서는 강 교수 불구속 수사는 호재 중의 호재였다. 친북·좌파 발언을 고의적으로 두 번씩이나 한 사람을 불구속 수사하라고 법무부장관이 수사 지휘를 했으니 정체성이 온전한 정부인지 의심하지 않을 수 없었다.

나는 10월 24일 대정부 질문에서 이해찬 총리에게"수구꼴통 좌파 인사를 정권적 차원에서 두둔하고 나섬으로써 대다수 국민은 뒤통수를 해머로 맞은 것과 같은 큰 충격을 받았다"고 지적하고 "이 정권이 대한민국의 국기(國基)를 파괴하는 것은 아닌 가. 노무현 정부의 정체성은 도대체 무엇이냐"고 따져들었다.

나는 이어 "국민이 국가 정체성에 대해 의혹을 갖게 된 것은 강 교수 사건 하나 때문만이 아니다"고 말하고 ▲더글러스 맥아더 동상 철거 주장에 대한 정부의 늑장 대응 ▲거액이 들어가는 대북 전력 공급 추진 ▲북한 '아리랑' 공연 방문자 520여 명에 대한 신원조회 생략 등을 예를 들어 거론했다.

이에 대해 이 총리는 "외국 의원들이 방청 중인 이 자리에서 답변하는 게 창피하다"며 "(한나라당이 색깔론을)충분히 이용했는데 이렇게 계속되는 건 국회 품위에도 도움이 안 된다"고 답변했다. 이에 내가 "너무 오만하다"고 나무라자 그는 "국민을 분열시키는 이간 전술에 말려들 정도로 내가 미숙한 총리가 아니다"라고 뻣뻣하게 말했다.

이때 한나라당 의석에서는 "안하무인이네!" "말조심 해!"라는 등 야유가 일제히 쏟아졌다. 이 총리와 지난해에 이은 2회전 설전에서 나는 비상식적인 상대방과 맞서는 것 자체가 가소롭게 여겨져 더 이상의 질문은 하지 않기로 했다. 나의 이미지만 더 나빠지는 것이니까.

10월 26일에는 대구동을 선거구에서 보궐선거가 실시되게 되어 시당위원장으로서 역할을 하지 않을 수 없었다. 여당인 열린우리당은 이강철 청와대 시민사회수석을 후보로 내세웠고 야당인 한나라당에서는 유승민 비례대표 의원을 사퇴시켜 후보로 내세웠다.

처음에는 게임이 안 될 정도로 유 후보가 불리했으나 박근혜 대표가

2005년 5월 9일. 당시 한나라당 대구시당위원장인 필자가 대구여성 정치아카데미 1기생 수료식에 참석하여 수료생들과 함께 기념촬영을 했다.

2005년 12월 27일. 박근혜 대표를 비롯한 한나라당 지도부가 대구백화점 앞에서 개정 사립학교법의 무효화를 촉구하는 장외집회를 갖고 구호를 외치고 있다. 박 대표 오른쪽이 필자.

자주 대구에 내려와 지원 유세를 해주고 대구시당에서도 전폭적으로 도와주어 지지율은 상당히 올라가 5,500여 표 차이로 유 후보가 역전 승했다. 물론 박 대표의 헌신적인 지원과 유 후보 자신의 노력이 가장 중요한 승인(勝因)이었다. 그러나 내가 1993년 8월 대구동을 보궐선거에 출마한 적이 있었기 때문에 그때 알았던 인맥들이 유 후보를 많이 돕고 지지해준 것도 큰 힘이 됐다.

그러나 정치는 무정하고 비정한 것인가. 한 달 전까지만 해도 도시철도 3호선 조기 착공을 도와준 이 수석을 전혀 나 몰라라 하고 당원의 도리에 따라 유 후보를 당선시켜놓고 보니 인간적으로는 이 수석에게 미안하기 짝이 없었다.

한편 국회 건교위에서 나는 당초 미반영됐던 대구선 화물중계역 추가사업비 130억 원을 전액 확보했고, 달성2차 지방산업단지 진입도로 건설비 152억 원과 현풍-김천 간 고속도로 건설비 320억 원을 각각 추가로 확보하는 등 모두 602억 원을 증액시키는 쾌거를 이룩했다.

또 나는 시당위원장으로서 11월 29일에는 대구 두류공원에서 수도권 공장 신·증설 규제 완화를 규탄하는 집회를 주관했다. 이어 연말인 12월 27일에는 대구백화점 앞에서 박근혜 대표와 강재섭 원내대표 등과 함께 개정된 사립학교법의 무효화를 촉구하는 장외 집회를 개최하는 등 대정부 투쟁에도 앞장을 섰다.

그 무렵 나의 또 하나의 관심은 내년도 대구시장 선거에 내세울 한나라당 후보를 찾는 것이었다. 그래서 나는 윤종용 삼성전자 대표이사 부회장을 염두에 두고 두 차례나 직접 만나 의중을 떠보기도 했다. 언론에도 대구시장 후보로는 CEO 출신이 바람직하다고 애드벌룬을 띄웠다. 나는 대구 출신의 윤 부회장이 애향심을 가지고 대구 경제를 살려줬으면 하는 바람을 가지고 그에게 적극적으로 간청했다. 그러나 그의 승낙을 받아내는 데는 끝내 실패하고 말았다.

이재오 의원이 집으로 찾아오다

2005년 연말 한나라당의 사학법 저지 투쟁은 실패로 끝나고 말았다. 결국 강재섭 원내대표가 12월 30일 사의를 표명하고 그해가 저물었다. 강 대표는 사학법 국회 통과에 대한 책임을 지고 임기를 두 달쯤 남긴 채 스스로 물러났다.

2006년 새해가 밝자마자 한나라당은 후임 원내대표 선출을 둘러싼 경쟁을 시작했다. 나도 못 이룬 해묵은 꿈을 이뤄볼까 하고 동분서주해봤다. 그러나 의원들의 반응은 싸늘했다. 최근까지 당대표에 원내대표 두 자리를 TK가 독식했는데 또 그쪽에서 해서 되겠느냐는 것이었다.

나는 그래도 애를 써보았으나 시간이 갈수록 지지표가 모이질 않았다. 그래서 하는 수 없이 1월 9일 오전 도전 의사를 포기하고 집에서 쉬면서 애꿏게도 출신 지역 타령을 하고 있었다.

그러던 중 나의 원내대표 포기 소식을 들었는지 3선 의원 동기인 이재오 의원이 느닷없이 전화를 걸어왔다. 급히 만나 상의할 일이 있으니 우리 집으로 찾아오겠다는 것이었다. 오전 11시 반쯤으로 기억된다. 나는 집이 경기도 용인시 구성이라 너무 머니까 전화로 얘기하자고 했더니 벌써 경부고속도로에 진입해서 집으로 가고 있다고 했다.

벌써 오고 있다니 더 이상 말릴 수도 없었다.

우리 집으로 들어온 이 의원은 먼저 출마를 포기한 내 심정을 위로했다. 그러더니 다짜고짜로 "형님! 정책위의장을 맡아주시오. 나하고 러닝메이트로 나가면 무조건 당선되니까 원내와 당 정책을 우리가 생각하는 대로 이끌어봅시다" 하고 말하는 것이었다.

이 의원은 나보다 두 살 아래지만 나에게 예의를 갖출 때는 항상 형님이라고 불렀다. 또 이때 원내대표 선거부터는 원내대표와 정책위 의장이 짝(러닝메이트)을 지어 등록을 하고 선거운동도 함께하는 제도로 바뀌어져 있었다.

나는 그 말을 듣는 순간 당장 "노"라고 말하고 싶었으나 조금 뜸을 들인 뒤 "고마운 말이지만 받아들일 수가 없소" 하고 정중하게 거절했다. 그 순간 내 마음속에서는 그에 대한 라이벌 의식이 불길처럼 타올랐다. 한마디로 알량한 나의 자존심이 꿈틀대어 그의 제의를 도저히 수용할 수가 없었다. 이 의원에게는 미안한 일이지만 몇 차례 계속된 그의 제안을 나는 끝까지 뿌리치고 말았다. 이 의원은 실망한 표정이 역력했다.

그랬더니 그는 이번에는 "하지 않겠다면 다른 의원을 추천해달라"고 했다. 잠시 생각해보니 나와 평소에 가깝게 지내던 이방호 의원이 좋을 것 같아서 그를 추천했다. 이 의원은 조금은 섭섭한 표정을 하고 점심은커녕 차 한 잔만 마시고 시간이 없다면서 부랴부랴 우리 집을 나섰다.

그 뒤 1월 12일 이재오 의원은 김무성 의원을 물리치고 원내대표에 당선됐다. 그는 2001년에 이어 두 번째로 원내대표(첫 번째는 원내총무)에 선출되는 진기록을 세웠다. 한편 이방호 의원은 정책위 의장으로 당선됐다. 이방호 의원은 이를 발판으로 당내에서 힘을 길러 대통령 후보 경선 당시에는 이명박 후보 선대본부장을 맡았다. 경선 뒤에는 당 사무총장으로 제18대 총선 공천 작업을 진두지휘하는 등 막강한 파워를 과시하기도 했다.

인생에는 중요한 기회가 찾아올 때가 있는 것 같다. 내가 그 당시 이재오 의원의 제의를 받아들여 당 정책위 의장이 됐더라면 나는 정치적으로 어떤 길을 걷게 됐을까. 그것은 정확하게 알 수 없는 일이다. 나는 내가 내키지 않는 일은 하지 않는 성격이고 지금도 이 의원의 제의를 거절한 것을 후회하지 않는다. 나는 나답게 살아야 한다고 생각하니까.

지방 선거 공천 비화

2006년 5·31 지방 선거를 앞둔 한나라당 대구시당은 공천 심사 준비를 하느라고 분주했다. 3월 하순 공천심사위원회를 구성하고 관례에 따라 시당위원장인 내가 위원장에 지명됐다. 공심 위원은 모두 9명이었다. 학계, 언론계, 문화예술계, 여성계, 지역 국회의원 등으로 짜여졌다. 나는 대구시내에서 각 분야를 대표하는 최고 엘리트 인사를 교섭해 구성하도록 이상학 시당 사무처장에게 이미 지시를 해두었다. 그러나 이 지시가 나중에 공천 심사를 실제로 할 때 얼마나 나를 곤경에 처하게 할 줄은 그 당시에는 미처 몰랐다. 몇몇 공심 위원은 참으로 깐깐하고 논리정연하고 고집도 셌다.

마침내 숫자가 많은 구의원 공천 심사가 먼저 시작됐다. 공천 기준인 전과자 배제 원칙에 걸려 A국회의원이 추천한 고물상을 하는 후보가 예비심사에서 탈락 위기에 몰렸다. A의원은 나에게 전화를 걸어와 "생계형 전과자니 선처해달라"고 강력하게 요청했다. 그러나 전과가 7범이나 되기 때문에 도저히 예외로 할 수 없어 끝내 탈락시키고 말았다. 그랬더니 그 의원은 나에게 노골적으로 반감을 표하면서 그 뒤에도 유감의 끈을 놓지 않았다. 공천 심사 하다가 그와의 인간관계가 서먹하고 멀어지기까지 했다.

다음은 시의원 후보를 심사할 때였다. 현역 시의원으로 동료 시의원을 큰 돌로 찍어 폭행한 적이 있는 사람의 차례였다. 심사위원 모두가 탈락에 의의가 없었으나 그를 추천한 B국회의원은 재심 요청을 하며 끝까지 저항했다. 일부 심사위원들은 나중에 마음이 흔들렸다. 그래서 공심위는 하는 수 없이 해당 지구당의 경선에 회부하도록 결정했다. 그런데 어떻게 된 지구당인지 폭행을 한 시의원이 경선에서 승리하여 다시 시의원에 당선되고 말았다.

구청장 후보 공천은 참으로 험난했다. 어떤 구청장 후보의 경우 그 구의 두 명의 국회의원이 추천하여 C씨가 공심위까지 올라왔다. 그런데 심사 과정에서 적합한 인물이 없다 하여 추가 응모를 받기로 하는 등 난항을 겪다가 우여곡절 끝에 C씨가 공천을 받는 해프닝도 있었다. 역시 구청장 공천 심사를 할 때였다. D국회의원이 추천한 E씨보다 공심 위원들은 다른 인물을 선호하여 한동안 분란을 겪은 일도 있었다. 그래서 하는 수 없이 내가 직접 나서서 자초지종을 설명하고 E씨의 공천 타당성을 설득했던 일은 지금도 잊을 수가 없다.

공천 심사 때마다 가장 바른 소리를 많이 한 공심 위원은 윤순갑 교수(경북대 정외과)였다. 그의 정의롭고 해박한 지식은 나의 심금을 울리기도 했다. 또 그의 억센 고집은 시당 공천심사 제도의 발전은 물론 대구시 지방 선거 공천자의 수준을 한 등급 업그레이드 시키는 데 크게 기여했다. 나는 지금도 나와 동향(경북 예천군 풍양면) 출신인 윤 교수에게 고마운 마음을 간직하고 있다.

공천 작업의 하이라이트는 대구광역시장 후보를 결정하는 것이었다. 경선으로 치러지는 시장 후보에는 서상기 의원, 김범일 전 대구시 정무부시장, 신주식 전 CJ그룹 부사장 등 3명이 경합하여 57.7%의 지지를 받은 김범일 후보가 선출됐다. 신 부사장은 나의 CEO 출신 영입 노력에 영향을 받아 경선에 나서게 됐다. 인지도와 경력 비중이 조금 낮아 낙선은 했지만 그의 대구를 사랑하는 의지만큼은 높이 평가할 만했다.

　나의 시당위원장 역할은 그 뒤 한 달여 동안 각급 선거를 진두지휘하는 등 계속 이어졌다. 한나라당 후보들은 5월 31일에 실시된 지방선거에서 압승을 거두어 대구시당은 활기로 가득 차서 신바람 나는 출발을 하게 됐다.

참으로 불운한 정치인

2006년 5·31 지방 선거가 끝나자 한나라당은 전당대회(7월 11일 예정)를 열 채비를 하지 않을 수 없었다. 박근혜 당대표의 임기가 7월 10일로 끝나기 때문이었다. 또 박 대표는 이듬해인 2007년 말에 대통령 선거에 나설 준비를 해야 했기 때문에 당대표직을 더 이상할 수도 없었다.

이에 따라 6월 중순이 되자 당 중진들의 당권 도전 윤곽이 드러나기 시작했다. 그런데 그때 나에게 최악의 시나리오가 만들어지고 있는 줄을 나는 까맣게 모르고 있었다. 바로 강재섭 전 원내대표가 대권 도전 의사를 접고 당권 도전으로 선회하고 있었던 것이다. 또 한 사람의 당권 도전자는 이재오 원내대표였다. 그는 전당대회에 나가기 위해 6개월 만에 원내대표직을 사임한다는 것이었다. 이렇게 되면 또다시 원내대표를 선출해야 하는 등 당내에서 경선 빅 매치가 잇달아 열리게 되어 있었다.

나는 그 무렵 강 전 원내대표가 지난해 3월 7일 서울 강남의 R호텔 일식당에서 나와 한 약속대로 대선 후보로 나가는 줄로만 알고 원내대표 경선 준비를 나름대로 하고 있었다. 그런데 6월 말이 되자 설왕설래하던 강 전 대표가 당권 도전 선언을 하고 마는 것이 아닌가. 나에게는 한마디도 상의한 적이 없었다.

나는 쇠망치로 뒤통수를 한 대 얻어맞은 기분이었다. 나와 한 약속을 말 한마디, 전화 한 통화 없이 자기 마음대로 선언하고 나에게 한 언약을 공수표로 날려버리다니. 이게 고교와 대학의 후배이고 같은 정당의 정치 선배가 해야 할 일인가. 다른 사람이라면 몰라도 내가 좋아하고 신뢰했던 강 전 대표가 그렇게 처신해도 되는가 하고 생각하니 큰 배신을 당한 기분이 들기도 했다. 너무나도 섭섭하고 서운했다.

나는 심각하게 고민을 하지 않을 수 없었다. 나의 원내대표를 하고픈 꿈이 너무나도 간절했기 때문에 잠을 설쳐가며 며칠간 번민과 갈등을 겪어야했다. 마침내 비장한 결론을 내고 말았다. 강 대표가 먼저 배신했으니 나도 보복의 길로 가기로 결심한 것이다. 이것은 바로 내가 이재오 원내대표를 밀어주어 당대표로 선출되게 하고 내가 원내대표 경선에 나가기로 하는 엇박자 선택이었다.

나의 구상은 행동으로 옮겨졌고 이 대표와 어느 정도 상호 교감도 가지게 됐다. 그러나 두 가지 고민이 또 생겨났다. 첫 번째는 대구 지역 출신 의원 대부분이 강 대표를 지지하는 데 나 혼자만 이 대표를 지지하는 모양새가 보기에 좋지 않았다. 두 번째는 강 대표가 실제로 당대표가 된다면 나는 어떤 선택을 해야 하느냐는 것이었다. 생각해보니까 첫 번째 것은 그냥 밀고 가는 수밖에 다른 길이 없었고, 두 번째 것은 강 대표가 당대표가 되면 내가 원내대표 경선 도전을 포기하는 것이 순리일 것 같았다.

전당대회(7월 11일)와 원내대표 경선일(7월 13일)이 다가오던 7월 9일 나는 마침내 나와 최병국 의원(재선, 울산남갑)을 정책위 의장으로 하는 러닝메이트를 구성하여 원내대표 경선 후보 등록을 마쳤다. 4선의 김형오 의원과 3선의 김무성 의원도 후보 등록을 하여 나와 3파전을 치르게 됐다. 원내대표 선거운동은 당대표 선거 분위기에 휩싸여 활기를 띠지 못한 가운데 전당대회가 먼저 실시됐다. 그러나 전대 결과 내가 지지했던 이 전 원내대표가 석패하고 강 전 대표가 당대표로 선출되고 말았다.

사실 전대 분위기로 볼 때 강 전 대표의 우세가 점쳐져왔던 터라 나의 원내대표 진출 가능성은 적어진 것이나 마찬가지였다. 나는 최 의원과 상의하여 경선 출마를 포기하기로 하고 당초 언론에 약속한 대로 경선일을 하루 앞둔 7월 12일 입후보 등록을 철회하고 말았다. 평소에 가깝게 지냈고 신망이 두터웠던 최 의원에게는 미안하고 부끄러워 몸 둘 바를 몰랐다.

결국 나는 참으로 억세게 운이 없는 정치인이 되고 말았다. 남들은 두 번씩이나 하는 원내대표를 다섯 번이나 도전하고도 못했으니 단순히 정치 불운으로만 돌릴 수도 없었다. 나의 인물과 경륜 그리고 판단력에도 문제가 많았던 것이 아니었을까. 모든 것을 부족하고 용렬한 나의 탓으로 돌리는 수밖에 다른 길이 없었다.

초선 때부터 내 고집대로 정치를 해왔으니 나와 갈등을 빚는 의원들이 많이 늘어나게 된 것은 아닐까. 또 그것이 나에 대한 의원들의 인기와 지지를 갉아먹지는 않았을까. 나는 여기서 이런 점을 뒤늦게서야 깨닫게 되었다는 사실을 부끄럽지만 실토하지 않을 수 없다.

나는 여기서 후배 정치인들에게 남기고 싶은 말이 있다. 국회의원은 자기가 하고 싶은 말과 행동을 70%만 하고 정치를 하면 자신에게 큰 도움이 될 것이라는 교훈을 꼭 남기고 싶다.

중병을 극복하다

2006년 8월 30일, 한나라당은 아침부터 서울 서초구 양재동 교육
문화센터에서 '참정치' 워크숍을 갖느라고 부산했다. 이 워크숍은 강
재섭 당대표 체제 출범 후 처음으로 갖는 큰 행사였다. 소속 의원과 원
외 당원협의회 위원장 등 300여 명이 참석해 당시 한·미 간에 진행되
고 있는 전시작전통제권 이관 논의를 중단할 것을 요구하는 등 중요한
모임을 갖고 있었다.

오전 11시 20분쯤이 됐을까, 나의 휴대폰 벨이 울어댔다. 받아보니
서울대병원 강남건강검진센터였다. 나는 일주일 전에 그 센터에서 건
강 검진을 받은 일이 있었다. 예상보다 빨리 전화가 걸려오다니 다소
불길한 예감이 들었다. 아니나 다를까, 검진을 했던 의사가 조직 검사
결과 대장에서 암세포가 발견됐으니 수술을 받는 것이 좋겠다고 말하
는 것이 아닌가.

그 순간 나는 내 귀를 의심할 정도로 그 말이 믿기지 않았다. 내가
암에 걸리다니 참으로 믿을 수가 없었다. 그동안 나는 건강 상태는 좋
았다고 생각해왔다. 그리고 대장 전체는 내시경으로 보진 않았으나 1
년 전에는 직장 내시경 검사까지 해보았는데 별다른 이상은 없었지 않
았던가.

나는 충격적인 현실을 빨리 받아들이기로 하고 부랴부랴 수술 일정을 잡기 위해 서둘렀다. 평소 조금 알고 지내던 대장 수술의 권위자인 서울대병원 외과 박재갑 교수에게 전화를 걸어 선처를 부탁했다. 가까스로 입원은 11일 뒤인 9월 10일에 하고 수술은 9월 12일에 하기로 일정을 잡을 수 있었다.

그래 놓고 나니 정신적 공황 상태가 찾아왔다. 어찌 나에게 그 무서운 암이 찾아온 것일까. 암의 진행 상태는 수술을 해봐야 정확히 알 수 있다고 하니 매우 심각한 단계까지 진행된 것은 아닐까. 별별 불길하고 두려운 예감마저 들어 대장 전체 내시경 검사를 너무 늦게 한 나 자신을 원망하고 질책했다.

수술은 예정대로 잘 진행됐다. 집도를 직접 한 박 교수가 다음 날 입원실로 순회 진료차 들렀다. 수술은 잘 됐는데 조직 검사 결과가 나와봐야 정확한 병기(病期)를 알 수 있다고 말했다. 나는 조바심과 초조감에 빠져 조직 검사 결과가 잘 나오기만을 기도하면서 손꼽아 기다렸다.

마침내 4일 만에 결과가 나왔다. 천만다행으로 암세포가 림프절로 침입하지 않아 2기 암으로 판정이 났다. 참으로 운이 좋았다고나 할까. 암 초기 환자로 진단이 나왔으니 망정이지 림프절을 지나 다른 장기로 전이됐다면 생명까지도 위태로울 수가 있었다.

13일간의 입원 치료를 받고 9월 23일 서울대병원을 퇴원하는 날 나는 박 교수를 비롯한 의료진들에게 뜨거운 감사의 인사를 드렸다. 개복 수술의 고통도 간단치 않았으나 그분들 덕분에 생명을 건졌다고 생각하니 그렇게 고마울 수가 없었다.

그런데 퇴원하는 날 박 교수는 만일의 경우에 대비해 추가 암세포 발생을 막는 예방 차원에서 항암제 약을 먹는 것이 좋겠다고 말하는 것이 아닌가. 그래서 종양내과 김태유 교수가 주치의가 되어 그해 10월부터 다음 해인 2007년 4월 말까지 6개월 동안 항암제를 먹게 됐다.

대장 수술도 큰 수술이라 힘들었지만 항암제 복용은 더 큰 고통과 인내를 요구했다. 밥맛이 없고 일부 발톱이 변형이 되는 등 겪어보지 않은 사람은 이해할 수 없는 고난의 행군을 해야 했다. 항암제 복용 이후에는 약을 먹는 일은 없었고 정기적으로 체크를 하며 사후 관찰을 하는데 수술 후 7년이 지나자 1년에 한 번씩 검진하는 것으로 체크는 줄어들었다. 암 환자는 보통 5년 동안을 잘 견뎌내면 의학적으로 완치된 것으로 판정이 된다. 내 경우에는 지금까지 10년째 별다른 이상이 없으니 암을 완전 극복한 것으로 봐도 무리가 없을 것 같다.

내가 암에 걸린 것을 생각해보면 젊어서부터 술을 좋아했고 60세가 넘도록 운동도 제대로 한 것이 없었으니 득병은 당연한 것인지도 모르겠다. 게다가 넉넉한 부자도 아닌 사람이 정치를 한답시고 과도한 스트레스에 장기간 노출되었으니 병에 걸리고도 남을 일이 아니겠는가. 큰 병에 걸리면 사람은 한 단계 성숙해진다고 했던가. 어리석고 무지했던 자신을 뉘우치며 온유와 겸양을 배우며 좀 더 사람다워지는 것을 느끼게 되니까 말이다.

나는 항암제를 복용하면서도 국회 일이나 한나라당 당무에 소홀히 하지 않았다. 2006년 10월에 실시된 국정감사 활동에는 열심히 참여했으나 그해 국회 본회의 대정부 질문은 건강을 생각해서 처음으로 사양했다.

11월 18일에는 모교인 대구초등 개교 100주년 기념식에 참석했다. 학교는 나를 '모교를 빛낸 동문'으로 선정하여 역사관에 등재까지 해주었다. 11월 27일 나의 지역구에서 열린 한나라당 대구북을 당원협의회 당원 교육에도 적극적으로 참여하는 등 당 활동에도 열성을 쏟았다.

제8장

지역 여론과 다른길을 걷다

MB를 지지하다

2006년 정기국회 국정감사도 예년과 같이 치열하게 진행됐다. 그때 나는 국회 정무위 소속 야당 의원으로 미국계 사모펀드인 론스타의 외환은행 인수 과정에 관심이 많았다. 특히 인수 과정에 얽힌 권력층의 비리와 부정부패를 캐보려고 금융감독원을 상대로 많은 노력을 기울였다. 그러나 정보 부족과 피감기관의 선방에 막혀 성과를 거두지 못했다. 복부 수술 후유증으로 몸도 성치 않았지만 최선을 다해 국감에 임했다. 그러나 성과가 없었으니 허탈하기만 했다.

11월 말쯤으로 기억된다. 정무위 바로 내 옆자리에 의석이 있는 이재오 의원이 불쑥 나에게 한나라당 대선 후보 경선에서 이명박(MB) 후보를 지지해주면 좋겠다고 말해왔다. 사실 그때 그 말을 듣는 순간까지 나는 MB와 박근혜 후보 중에 누구를 지지할지 결정을 내리지 못하고 있었다. 나는 MB를 지지하는 핵심 인물인 이 의원에게 생각을 좀 해보고 결론을 내리겠다고 대답했다. 두 후보 진영에서 가장 먼저 제의를 해온 사람이 이 의원이었다. 그 뒤 박 후보 쪽에서도 김용환 전 의원(당고문)이 나에게 지지를 부탁하기도 했다.

연말이 되자 언론에서는 한나라당 내 '친이', '친박', '중립' 등 세 갈래로 나눠진 세력 분포를 조사하여 보도하기 시작했다. 조선일보는 12월

11일자에서 나를 '친이' 성향의 중립 그룹으로 분류해놓기도 했다.

이런저런 생각을 하면서 연말을 보내고 2007년 새해를 맞이했다. 새해가 되자 대선 주자들의 소속 의원 줄 세우기와 자발적인 줄 서기가 본격화됐다.

1월 15일경 박창달 전 의원이 MB를 직접 만나보라는 권유를 해왔다. 나는 긴히 할 이야기가 있어 MB와의 독대를 희망한다고 했다. 그랬더니 1월 20일께 롯데호텔 지하 일식당으로 오라고 연락이 왔다. 식당에 가보니 김석준 의원(대구달서병)도 와 있었다. 나는 MB에게 좀 무모하지만 다짐받고 싶은 것이 있었다. 앞으로 무슨 일이 있어도 자유민주주의와 시장경제체제에 바탕을 두고 국정 운영을 해나가겠다고 약속해준다면 지지하겠다고 말했다.

그랬더니 MB는 그것이야 당연한 것 아니냐는 표정으로 쉽게 약속을 해주었다. 그 후 2월 1일 나는 마침내 MB를 지지하는 기자 간담회를 갖고 나의 입장을 공식적으로 표명했다. 평소 가깝게 지내지도 않아 잘 모르는 MB를 지지하기로 한 나의 결정은 다분히 파격적이고 의외의 일로 받아들여졌다. 내가 더 가깝고 나와 같은 대구 출신인 박근혜 후보를 지지하지 않고 MB를 지지하고 나섰으니 말이다.

나는 나라 경제가 장기 불황으로 어려웠기 때문에 경제를 잘 알고 성공한 대기업 CEO 출신인 MB가 대통령이 되는 것이 더 낫지 않을까 하는 소박한 생각뿐이었다. 또 마음속으로는 박 후보가 MB보다 11년이나 젊어서 MB가 먼저 하고 그다음에 대통령을 해도 되지 않을까 하는 차기에 대비하는 판단도 작용하고 있었다. 한나라당에 차기에도 당선이 확실한 대선 후보가 있다는 것은 국민이나 당을 위해서도 다행한일이 아니고 무엇인가.

그러나 박 후보에게는 개인적으로 미안한 마음을 금할 수가 없었다. 그 뒤 국회 본회의 때 박 후보 의석으로 찾아가서 양해를 구하는 인사를 했다. 바로 옆자리에서 이상득 국회 부의장이 이를 지켜보고 있었다.

MB 지지를 선언하고 난 뒤부터 나는 분주해졌다. MB의 대구 행사에 차출되는 등 지원 활동이 많아졌다. 2월에 대선 후보 경선 준비위가 구성되자 경선방식과 경선시기 문제로 한 차례 시끄러웠다. 그러나 8월에 전대를 실시하고 선거인단 수를 사상 초유로 20만 명으로 하기로 결론이 났다.

3월 13일에는 경기도 고양시 킨텍스에서 MB의 출판기념회가 열렸다. YS를 비롯하여 전국에서 무려 2만여 명이 참석하는 대성황을 이뤘다. 현역 의원만도 62명이나 얼굴을 내보였다. 3월 21일 연합뉴스에는 MB 후보 경선선대본부장으로 나와 이윤성·권오을·이방호 의원이 물망에 오른다는 보도가 있었지만, 나중에 이방호 의원으로 정해졌다.

3월 28일에는 국회 초당파 방중대표단(단장 이상득 국회부의장)의 일원으로 중국을 방문하게 됐다. 먼저 안중근 의사가 고생하시다가 순국한 뤼순감옥을 둘러보고 유해 발굴 작업 예정지도 살펴보았다. 나는 우리 문중은 물론 우리나라의 큰 인물인 안 의사의 족적이 서린 뤼순감옥 현장을 살펴보는 감회가 남다르지 않을 수 없었다. 이어 랴오닝성 선양으로 가서 리커창 당서기(현 총리)와 성장을 만나 양국 간의 공동 관심사를 논의하는 자리에서 안 의사의 유해가 잘 발굴될 수 있도록 중국 측의 지원을 부탁하기도 했다.

이후 우리 대표단은 베이징으로 가서 댜오위타이(釣漁臺)에서 중국 공산당 대외연락부 주최로 열린 한·중 수교 15주년 기념 한·중 정당 세미나에 참석했다. 나는 이 세미나에서 '한국 정치의 민주화와 정책 협의 구조의 모색'이란 제목으로 주제 발표를 했다. 나는 여야 간의 본격적인 정책 협력은 12월 대선과 2008년 4월 총선 때문에 2008년 6월 이후에나 가능하게 될 것이라고 전망했다.

마침내 5월 31일 이명박 후보는 경선선거대책기구를 확정하여 발표했다. 중앙선대위원장에는 당 원로인 박희태 의원을, 부위원장에는 대구선대위원장인 나를 포함한 10명을 임명했다. 이제 바야흐로 경선 열기가 뜨거워지는 것 같았다.

그런데 나로선 큰 걱정이 앞섰다. 대구 출신 의원들을 열심히 접촉하고 노력했으나 나와 주호영·이명규·김석준 의원 등 4명만이 MB를 지지하는 데 그치고 있었다. 반면에 대구 출신의 박 후보를 지지하는 의원 수는 모두 8명에 달해 3분의 2(대구 의원은 모두 12명)를 차지했다.

조직 측면에서 3분의 1의 열세에 몰렸으니 대구 전투는 패배가 불가피한 상황이었다. 그나마 수도권에서는 MB 후보가 다소 강세를 보여 전국적으로는 팽팽한 대결 양상을 보이고 있었다. 긴장 속의 일대 결전의 날이 피를 말리며 다가오고 있었다.

박 후보 진영의 대구 경선 책임자는 평소에도 나와 사이가 돈독한 이해봉 의원(대구달서을)이 맡게 되어 우리 두 사람은 원치 않은 대리 전투를 벌이게 됐다. 또 자민련 때부터 매우 가깝게 지내오던 박종근 의원(대구달서갑)과도 대립·경쟁하게 되어 마음이 여간 편치 않았다. 이렇게도 정치란 줄을 서기에 따라서 인간관계가 이상스레 꼬여가기도 한다는 것을 처음으로 경험하게 됐다.

피 말리는 대선 후보 경선

2007년 5월 11일 이명박 전 서울시장은 염창동 한나라당 당사에서 대선 후보 출마 선언을 했다. 나를 비롯해 35명의 의원들이 그 자리에 참석해 분위기를 돋우었다. 바야흐로 이 후보 경선 캠프가 분주해지기 시작했다. 이번 경선에서 대구 지역을 책임 맡은 나는 조직·홍보 측면에 신경을 쓰지 않을 수 없었다. 또 중앙선대위 차원의 회의도 가끔 열리기도 해서 국회 일도 보랴 정말 바쁜 몸이 됐다.

5월 28일에는 이 후보와 함께 혜화동성당으로 김수환 추기경을 예방하기도 했고 6·3동지회 모임에도 참석했다. 나는 또 시간을 쪼개어 5월 31일에는 경기 양극화 해소 방안을 모색하는 의원 정책 세미나를 국회에서 주관하여 열기도 했다.

경선 분위기가 과열되어가자 나는 박근혜 후보 측 참모들의 지나친 발언을 호되게 비판한 것이 문제가 되어 한나라당 경선관리위로부터 주의를 받기도 했다. 경선 투표를 한 달가량 앞둔 7월 19일이 되자 공식적인 선거운동이 시작됐다.

그 무렵 나는 또 다른 고민에 빠지지 않을 수 없었다. 경선준비 자금이 너무나 빈약하여 대구 시내에 경선 사무실을 별도로 차리려다가 포기하고 적은 비용을 쪼개어서라도 조직 활동에 쓰기로 계획을 변경하기에 이르렀다. 박 후보를 지지하는 대구시내 8개 지구당의 조직책을 서둘러 정해야 하는 등 조직 비용을 충당하려다보니 고육지책을 쓰지 않을 수 없었기 때문이었다. 결국 나의 지구당 사무실을 경선 사무실로 사용하기로 했다. 세간에서는 재력이 튼튼한 이 후보가 돈을 많이 쓸 것이라는 소문이 돌았으나 일선에서 활동하는 선대위 책임자들의 마음고생은 이루 말할 수가 없었다.

홍보 측면에서는 대구 지역의 박 후보에 대한 일방적인 지지 여론으로 씨가 먹혀들지도 않았다. 심지어 나의 지역구 주민들조차도 왜 박 후보를 밀지 않고 생고생을 하느냐고 빈정대기도 했다. 이러한 사면초가의 악조건 환경 속에서 득표를 해나가기란 참으로 힘들었다.

마치 만주벌판에서 외롭고 처절하게 싸우던 독립운동가 정신으로 싸워나가는 수밖에 없었다. 그래도 나는 나의 지구당 사무실에서 조직 회의를 틈틈이 가지면서 선거인단 대의원과 당원들의 표심잡기 전략을 짜고 대응책을 논의하면서 독려를 하는 등 최선을 다하려고 애를 썼다.

경선 분위기가 과열의 정도를 넘어 경선이 끝나면 당이 깨지지나 않을까 하고 걱정하는 목소리도 나왔다. 이 후보는 '747'구상(7% 경제성장, 국민소득 4만 달러 진입, 세계 7위권의 경제대국)과 한반도 대운하 계획을, 박 후보는 규제 완화와 세금 인하를 골자로 하는 '줄푸세' 정책 등을 야심차게 내놓았다. 그러나 두 캠프의 상호 네거티브 공세 앞에 정책 대결은 무력해지고 말았다.

상대방 헐뜯기의 정도는 살벌하기까지 했다. "경선 운동이 시작된 뒤로는 도곡동 땅과 BBK 사건(이상 이 전 시장), 고 최태민 목사와의 관련설, 영남대 재단 관련 의혹(이상 박 전 대표) 등이 경선 이슈를 뒤덮었다"(동아일보, 2007년 8월 18일 A4면). 한편 경선 과정에서 '각종 의혹의 제기, 의혹 해명, 또 다른 의혹 제기'라는 악순환을 낳는 네거티브 공세는 앞으로는 자제되어야 한다는 교훈을 한나라당 당원의 뇌리에 뿌리 깊게 심어놓았다.

대구 지역에서의 경선 득표 성과는 별로 진전이 없었다. 우리 공조직 외에도 MB연대, 선진연대 등 우후죽순격의 자생 조직이 10여 개에 달했지만 이 후보 지지 열기는 크게 일어나지 않았고 그저 덤덤하기만 했다. 당시 많은 대구 시민들과 당원들은 대구 출신의 박 후보를 대통령에 당선시켜 전국 꼴찌로 낙후된 대구 경제를 일으켜 세워야 한다는 일념에 사로잡혀 있었다. 이 후보가 경북 영일 출신인데도 MB를 TK 출신이라기보다는 서울 사람이라고 우겨대면서 엉뚱한 주장을 하는 사람들을 만날 때마다 나는 어처구니가 없었고 안타깝기만 했다.

경선일(8월 19일)을 3일쯤 앞두고 나는 대구 시민을 대상으로 여론조사를 직접 실시해보기로 했다. 조바심도 나고 우리 조직의 그동안의 노력 성과를 알아보고 싶었기 때문이었다. 조사 결과 지지율을 보니 이 후보가 33%, 박 후보가 67%로 나왔다. 나는 이 후보의 지지율이 너무 낮아 한편으로 놀라면서도 지지 의원 수에서 3분의 1로 밀리고 있는 지역 조직의 구조상 어쩔 수 없는 일이구나 하고 체념할 수밖에 없었다.

그러나 마음속으로는 이러다가 대구 때문에 이 후보가 낙선한다면 그 책임을 내가 어떻게 진단 말인가 하고 생각해보니 앞이 캄캄해지는 것이었다. 며칠 동안이지만 최후의 안간힘을 다 쓰고 마침내 경선일을 맞았다. 초조감과 걱정으로 밥맛이 없어졌다.

8월 20일 오후 한나라당은 잠실 올림픽 체조경기장에서 전당대회를 열고 전날 실시한 선거인단(대의원 20%, 당원 30%, 일반 국민 30%) 투표함을 개표하고 여론조사 결과(20%)를 합산하여 당의 대통령 후보를 결정·발표했다. 개표 결과 선거인단 개표에서는 이 후보가 432표 차이로 밀렸으나 여론조사에서 2,884표를 앞질러 결국 2,452표 차이로 이 후보가 당선(이 후보 81,084표·49.56%, 박 후보 78,632표·48.06%)이 됐다.

이를 자세히 살펴보면 당심은 박 후보를, 민심은 이 후보를 선택한 것이었다. 민심은 어려운 나라 경제를 살리는 데는 이 후보가 조금 더 낫다는 판단을 하고 있는 셈이었다. 개표 결과가 발표되는 그 순간 나에게는 기쁨과 감격보다도 안도의 한숨이 저절로 나왔다. 자칫하면 대역죄인이 될 뻔했지 않았는가. 어리석고 못난 나의 등에서는 진땀이 나고 있었다.

2007년 5월 31일. 이명박 한나라당 대통령 경선후보가 경선대책 위원회를 구성·발표한 뒤 중앙선대위 부위원장 겸 대구 위원장인 필자와 악수를 나누고 있다.

그러나 개표 결과 대구 지역에서는 이 후보가 2,305표(31.25%), 박 후보가 5,072표(68.75%)를 얻어 나의 예상보다도 이 후보가 조금 더 적게 나오고 말았다. 나는 대역죄인은 간신히 면했으나 소역죄인이 된 것만은 피할 수가 없었다.

개표 결과를 자세히 살펴보면 이 후보 진영에 참여한 국회의원이 전국적으로 두 명만 적었다면 박 후보가 이겼을 것으로 추정될 정도로 경선은 참으로 치열했다. 이날 박근혜 후보는 경선 결과를 깨끗하게 승복하여 국민들과 한나라당원들에게 또 하나의 큰 희망을 선물하여 감동을 주었다.

대구지역 경선에서 이 후보의 득표에 도움을 준 분들을 모두 다 말할 수는 없다. 너무나 많았기 때문이다. 그중에서도 이원형(제16대 국회의원), 신기옥(이 후보 인척), 정영식(전 건강보험심사평가원장), 이덕우(한나라당 대구시당 고문), 김문오(현 달성군수), 김창환(대구시 장애인협회 회장), 손동락(대구시당 중앙위원장), 김창환(경선선대위 대구동갑위원장), 김종태(대구동구 구의원), 강주열(대구시당 중앙위원), 문신자(대구여성단체협의회장), 정영애(대구시의원), 김옥자(전 대구시 여성국장) 씨 등은 어려운 여건 속에서도 큰 역할을 해주었다. 감사하기 이루 말할 수 없다.

그러나 지금까지 많은 분들에게 아직 마음의 빚을 갚지 못해 부끄럽기 짝이 없다. 정치와 선거는 남에게 신세만 지고 보답을 다 못하는 것이니 정치인은 한낱 빚쟁이에 지나지 않는 부끄러운 존재라고나 할까.

쉽게 승리한 제17대 대선

　근소한 표 차이로 승리한 선거는 어떤 선거를 막론하고 항상 상당한 후유증이 뒤따른다. 한나라당 제17대 대선 후보로 당선된 이명박 전 서울시장도 예외는 아니었다. 특히 대구 시민들의 반응이 싸늘했다. 열성적으로 박근혜 후보를 지지한 시민들과 당원들은 이 후보를 위해 총대를 멘 나에게 노골적인 적대감까지 보이는 듯했다.

　이 후보도 이런 사정을 알았는지 경선이 끝난 지 25일 만인 2007년 9월 14일 대구를 방문하여 대구 민심 어루만지기에 나섰다. 중소기업인 간담회, 서문시장 방문, 지역 언론과의 대담에 이어 국회의원, 시·구의원, 시당 관계자를 포함한 당직자 400여 명을 초청하여 간담회를 가지는 등 하루 동안 강행군을 했다.

　이 후보는 이날 대구 지역 당직자들에게 "우린 남남이 아니라 경선으로 잠시 떨어졌다가 다시 만난 것"이라며 "남의 당이 아니라 다 한나라당 후보를 위해 뛴 거다. 이제 하나가 된 한나라당에선 내 편도 네 편도 없다"고 말했다. 이어 시당 위원장 자리를 놓고 '친박'인 박종근 현 위원장과 '친이'인 내가 경쟁하는 걸 언급하면서 "여러분이 잘 생각해서 대구에서 표 대결을 하지 않고 합의로 위원장을 추대했으면 좋겠다"고 말하기도 했다.

그 순간 나는 내가 양보해주는 것이 모양새가 좋을 것 같아서 발언 대로 나가서 "우리는 진심으로 하나가 돼야 한다. 당의 화합을 위해 내가 시당위원장 출마의 뜻을 접고 박 위원장의 연임 추대를 제의하겠다"고 말해 당원들의 함성과 함께 뜨거운 박수를 받았다.

나는 이미 대구시당 위원장을 연임한 적이 있고 '친박'이 대구 지역 경선에서 압승했기 때문에 대선 승리를 위해 '친이'가 양보하는 것이 순리에 맞는 것 같았다. 그러자 박 위원장도 "대선 승리를 위해 대구 지역의 90% 투표, 90% 득표를 달성하겠다"면서 화답을 해주었다.

이렇게 되자 대구 분위기가 서서히 풀려나가는 것 같았다. 한나라당은 10월 8일 대선선거대책위원회를 구성·발표를 했다. 나와 박종근 위원장을 함께 대구 선대위 공동위원장으로 임명했다.

대선 선거 전략도 무난하게 세워졌고 선거운동 또한 한나라당의 텃밭인 대구에서는 순풍에 돛단 듯 모든 일이 술술 잘 풀려나갔다. 대구 지역 대선 공약으로는 달성군에 300만 평의 국가공단을 조성해 대기업 3개를 입주시켜 대구의 지역 총생산액을 크게 증가시켜나가겠다고 약속했다.

중앙당 차원에서도 선거운동의 전개는 무리 없이 잘 진행돼나갔다. 선거운동 초기에 이회창 후보가 무소속으로 출마하여 한나라당 지지표를 잠식할 우려가 조금은 있었다. 그러나 '대통합민주신당' 정동영 후보의 지지세가 워낙 미약해 이 후보는 단 한 번도 고전하지 않고 순조롭게 12월 19일 선거일을 맞았다.

개표 결과 이명박 후보가 1,149만 2,389표(48.7%)를 얻어 낙승을 거두고 제17대 대통령에 당선됐다. 이 후보는 물론 한나라당 그리고 나까지 덩실덩실 춤을 추고 싶을 정도로 희열을 맛보았다.

김대중·노무현 정권 10년 만에 보수 우파 쪽으로의 정권 교체는 참으로 감격적이었고 그 의미가 심장했다. 대선에서 승리하자 나만큼 안 도감에 젖은 사람도 없었을 것이다. 우리 사회 곳곳에서 눈에 핏발을 세우며 광분했던 좌파 세력들의 발호는 저지되어 마땅했다. 또한 내 개인적으로는 과거에 이종찬 대표, JP, 이회창 총재 등 세 분의 대선 가도에 직접 참여하여 노력도 해보았다. 그러나 연거푸 실패한 지난날 을 생각해보면 네 번 만에 거둔 이번의 성공은 내가 대통령에 당선된 것이나 다름없이 기쁘기 그지없었다.

대선에서 승리하고 난 뒤 10여 일이 지난 연말의 어느 날, 이명박 대통령 당선인이 조각에 착수하기 시작했다는 언론 보도를 보고 오랜 만에 인사도 드릴 겸 MB에게 전화를 걸었다. 나는 대선 후보 경선 과 정에서 석패한 박근혜 후보를 차기 총리로 하면 어떻겠느냐고 넌지시 건의했다.

내 생각에 '친박' 세력들을 껴안고 가는 것이 정국 안정과 국정 수행 에 큰 도움이 될 것 같아서였다. 그랬더니 이 당선자는 "집권 초기부 터 국정 개혁에 드라이브를 걸어야 하는데 여기에 적합하지가 않은 것 같다"고 완곡하게 거절했다. 나는 더 이상 주장하기도 뭐해서 아무 말 도 안 했다. 하기야 박 후보 자신이 총리직을 제의한다고 해도 받을지 도 모르는 상황이기도 했다.

한편 이에 앞서 나는 11월 7일 국회 본회의 대정부 질문(정치·통일· 외교·안보)에 나서 노무현 정부를 호되게 비판했다. "본 의원이 생각하 기로는 노 정권의 실패에는 세 가지 원인이 있다고 봅니다. 첫째는 집 권 세력의 좌파적 가치관, 둘째는 국정 운영의 무능, 셋째는 권력형 비리 때문에 노 정권이 주저앉은 것입니다. 노 대통령은 지금 왕따를 당해서 대통령의 위상이 이루 말할 수 없게 됐지 않습니까. 그래서 노 정권 5년의 국정 흐름을 잘 살펴보면 노 대통령은 '위태'·'아슬'·'아리송

한' 대통령이 되었다고 저는 평가합니다"고 직격탄을 날렸다.

그런데 이 질문이 나에게 국회에서의 마지막 질문이 될 줄은 그 당시에는 티끌만치도 몰랐었다. 상상할 수도 없었다. 그 뒤 엄청난 충격적인 일이 나를 기다리고 있는 줄은 정녕 모르고 있었다.

뜻밖의 제18대 총선 공천 탈락

2008년 새해가 밝자마자 국회의원들은 제18대 총선을 앞두고 당의 공천 여부에 관심이 집중되고 있었다. 그도 그럴 것이 4년 동안 원내·당·지역구 활동을 아무리 잘해도 당의 공천을 못 받으면 허사이기 때문이다.

초·재선 때에는 정치 활동을 잘하면 대부분 공천을 받는다. 그러나 3선 이상이 되면 일 잘하는 것 외에도 줄서기를 잘해야 하고 적을 만들지 않아야 한다. 여차 하면 개혁의 이름 아래 낙천의 대상이 되고 만다.

의원들은 끝없이 선수(選數)를 쌓아 정치적으로 대성하기를 추구한다. 반면에 당의 입장에서는 총선 때마다 적정 비율로 의원들을 물갈이해서 유능한 신인을 충원하여 혁신을 해야만 지지율이 올라간다. 그런데 이것을 제대로 조정하기가 쉬운 일이 아니다.

그래서 당은 공천 기준과 원칙을 정한다. 그러나 역대로 한 번도 룰대로 공천을 한 적은 없다. 이런저런 구실을 붙여 껄끄럽거나 눈엣가시 같은 경쟁자들을 계파 간에 짝짓기 식으로 하여 적당히 도태시키는 공천권자들의 사심(私心)이 발동하기 때문이다.

그래서 여의도에는 정글보다도 훨씬 잔인하고 교묘한 숙청의 논리가 횡행하곤 한다. 또한 항상 예외 없는 원칙은 없다는 철칙이 존재하여 공천만 끝나면 당은 시끄러워지고 실세 당직자들은 멱살이 잡히는 등 곤욕을 치르곤 한다.

2월 초 한나라당은 총선 공천 기준으로 만 65세 이상의 3선 의원을 물갈이 대상으로 정했다. 나는 이때만 해도 나이가 만 64세이기 때문에 나에게는 관계없는 공천 원칙이라고 안심하고 있었다. 또 대여 투쟁과 원내 활동도 야당 의원으로서는 최상위 수준이었고 지역구 사정도 우수한 편에 속했다. 그리고 '친이'계로 경선 때 대구 책임자를 맡았으니까 배려가 어느 정도 있을 것으로도 생각했다. 건강은 조금 좋지 않았지만 주치의 말에 따르면 정상적으로 활동해도 아무런 문제가 없다고 했다.

그런데 자존심이 강해 아유구용(阿諛苟容)을 잘하지 못할 뿐만 아니라 당내에 나와 갈등관계에 있는 세력이 세 가닥이나 있다는 것이 다소 마음에 걸리기는 했다. 이들은 강재섭 당대표와 '친이'계의 실세인 이재오 의원 그리고 '친박'계 의원들을 지칭하는 것이다. 이들이 서로 밀고 당기다보면 '친이'와 '친박' 양쪽에서 낙천 대상자를 선정할 때 짝지어 끼워 넣기에 걸려들 가능성을 배제할 수가 없었다.

나는 내 성격대로 걱정은 나중에 하기로 하고 지역구를 열심히 다니면서 표밭갈이에 나섰다. 그런데 2월 중순 어느 날 비례대표 출신의 서상기 의원이 나의 지역구 사무실로 느닷없이 찾아왔다. 몇 달 전부터 서 의원은 대구북갑 지역에 출마를 준비하고 있었기 때문에 처음에는 나에게 조언을 구하러 온 줄로만 알았다.

그러나 웬걸 그게 아니었다. 나의 지역구인 북을 지역에 출마하기로 했다면서 선배에게 양해를 구할 겸 인사차 들렀다고 말하는 게 아닌가. 서 의원은 나보다 경북고 2년 후배로 평소에 가깝게 지내온 사이였는데 망치로 한 대 얻어맞은 기분이었다. 뭔가 이상해서 캐물었더니 "위에서 이쪽으로 가라고 해서 지역구를 바꾸기로 했다"면서 구체적인 언급은 피했다.

괘씸한 생각이 들었다. 그리고 누가 시켜서 하는 일인지도 대충 눈치를 챘지만 내색은 하지 않았다. 나는 선의의 경쟁을 해보자고 애써 여유를 보이면서 서 의원을 돌려보냈다. 정치는 복잡하고 음흉한 것이니까 이런 장난을 치고 있지만 그렇게 잘 되지는 않을 것이라고 믿으면서 나는 지역구 활동을 더 한층 강화해나갔다.

얼마 뒤 당의 공천 작업이 시작되어 속도를 내기 시작했다. 2월 23일자 언론에 따르면 나의 지역구인 대구북을 선거구에는 4배수로 압축되고 있다고 보도했다. 3월 5일자에는 2배수(나와 서 의원)로 압축됐다고 하면서 대구·경북 지역 공천자 발표는 연기된다고 했다. 특히 대구 지역의 3선 의원들에 대해 당 주변에서는 "이·박 양 진영의 균형이 고려될 가능성이 많은 것으로 예상하고 있다"고 보도했다. 대구의 3선 의원 3명(나, 박종근, 이해봉)을 모두 탈락시키지 않는다면 내가 살아날 가능성도 있어 보이기도 했다.

이렇게 애태우는 시간이 며칠 계속됐다. 대구·경북 지역은 한나라당의 텃밭인데 잘못하면 공천 파동으로 화약고로 돌변할 수도 있기 때문에 공심위도 한껏 뜸을 들이면서 바람 잡기에 나섰다.

한편 나는 공천 결정을 일주일쯤 앞두고 어딘가 미심쩍은 점이 있다는 생각이 들었다. 그래서 나와 가까운 이방호 한나라당 사무총장과 내가 기자 시절 조금 알고 지내던 안강민 공천심사위원장을 찾아가 선처를 부탁하기도 했다.

내키지 않는 일이었지만 다급하니까 어쩔 수 없었다. 한나라당 내에서 '자유민주주의와 시장경제를 확실하게 이론과 행동으로 지켜낼 수 있는 투사'는 반드시 공천이 되어야 한다고 강력하게 주장했다.

드디어 공천 발표가 3월 13일 오후로 정해졌다. 발표 두 시간 전쯤인 오후 3시께 갑자기 휴대폰이 울어댔다. 받아보니 뜻밖에 이상득 국회부의장이었다. 이명박 대통령 당선자의 친형인 이 부의장은 곧바로 "미안해서 어쩌지. 우리 쪽에서는 공천되도록 밀었는데 공심 위원들이 끝까지 반대해서 결국 안 되고 말았어. 어떻게 하지?" 하면서 안타까워했다.

청천벽력과 같은 소식이었다. 그 순간 귀가 멍멍해져서 땅에 주저앉고 말았다. 내가 완전히 배신을 당한 기분이었다. 그 어려운 대구 여건 속에서 독립운동 하듯 MB를 도와줬는데 이런 대접을 받다니 도무지 믿어지지가 않았다. 공천 내용을 알 만한 위치에 있으니까 이 부의장이 미리 나에게 알려준 것이다. 그렇지만 사전 양해와 반응을 한번 떠보기 위해 전화를 한 것 같기도 했다.

나는 공천을 앞두고 이 부의장에게 부탁한 적이 한 번도 없었다. 아마도 내가 '친이'계 사람이었기 때문에 충격을 줄여주기 위해서 미리 친절을 베푸는 것으로도 보였다. 정신없이 전화를 받다가보니 내가 무슨 말을 했는지도 모를 정도였다. 오후 5시께 TV 뉴스로 영남 지역 공천자 발표가 있었다. 이미 알려준 대로 낙천은 기정사실이 되고 말았다. 오장육부가 뒤틀리고 모든 것이 가라앉는 것 같았다.

영남 지역 현역 62명 중에서 25명을 탈락시켰다. 3선 이상은 나를 비롯해 박희태, 이강두, 김무성, 권철현, 정형근, 김기춘, 박종근, 이해봉, 이상배, 권오을, 임인배 의원 등 모두 12명이나 됐다. '친이'·'친박'계가 골고루 포함되었으나 '친이'계가 더 많았다. 낙천된 대구 지역 의원을 보면 '친박'계인 박종근(달서갑)·이해봉 의원(달서을)과 '친이'계인 나와 김석준 의원(달서병) 등 모두 4명이었다. 결국 대구의 3선 의원 3명 전원이 낙천되고 말았다.

나는 결국 계파 간 비율 맞추기 방식인 '짝지어 잘라내기'에 걸려들어 공천의 기준과 원칙에도 맞지 않게 희생의 제물이 되고 말았다. 제18대 공천의 숨겨진 진짜 기준은 공천 개혁을 한다는 미명 아래 첫째, 실세들의 경쟁자 찍어내기, 둘째, 미운 털 박힌 의원 솎아내기, 셋째, 자기 세력을 심기 위한 전략 공천 등이라고 분석해볼 수 있다.

이런 이유들이 아니고서는 공천 대학살을 설명할 길이 없는 것이 아닌가. 결국 이렇게 해서 공천은 사천(私薦)으로 둔갑되고 말았던 것이다. 이로 인해 결국 한나라당은 개혁적 우파라는 정체성이 약화되어 물에 물을 탄 정처 없는 정당으로 변질되어 그 뒤에 많은 어려움에 직면하게 됐다.

공천을 전후해 알게 된 이야기를 종합해보면 공천에 관한 한 믿을 사람은 아무도 없는 것 같았다. 강재섭 당대표는 나의 공천 배제는 "'친이'쪽에서 먼저 꺼냈다"고 말했다. 한편 이재오 의원은 그 자신이 낙선하고 미국에 갔다가 귀국한 뒤 "그때 공천심사위원들을 바꿔서라도 나에게 공천을 줬어야 했다"면서 나를 위로했다. 그러나 그 말은 좀 너무 나간 것이 아닌가 하고 갸우뚱해지기도 했다. 정치인들의 말만 믿고 진실을 규명하기란 불가능한 일인지도 모르겠다.

장고 끝에 불출마 선언

공천 탈락 후 나는 한동안 무중력 상태에 빠진 것 같았다. 나의 정치 운명이 이것으로 끝난 것으로 받아들이자는 체념이 먼저 나를 지배하는 것 같았다. 그러나 이내 억울하고 분통이 터져 잠을 이룰 수가 없었다. 잘못된 공천에 맞서기 위해 탈당하고 무소속 출마라도 해야 하는 것 아닌가. 계속되는 반발과 저항의식은 나를 한동안 혼란 속으로 몰아넣었다.

주치의의 말로는 선거에 나가도 건강에는 이상이 없다는 말이 솔깃하게 들려오기도 했다. 머리가 어지러워 집사람과 함께 동해안 낙산사에 가서 심사숙고를 해봤다. 집사람의 의견도 경청해보았다. 결사반대였다. 닷새 만에 결론에 도달했다. 모든 유혹과 충동을 물리치고 불출마하기로 했다. 나는 3월 19일 언론사에 다음과 같은 내용의 보도자료를 발표했다.

"본인은 한나라당 제18대 국회의원 공천에서 탈락하여 엄청난 충격을 받았습니다. 그러나 한동안 고민과 갈등 끝에 불출마하기로 결심하였습니다. 작년 대통령 후보 경선 때 이명박 후보 대구 선대위원장을 맡았고 대선 본선에서 대구시당 공동선대위원장으로 혼신의 노력을 다한 본인에게 낙천이라는 청천벽력이 떨어질 줄은 참으로 상상조차 못하였습니다. 그러나 본인이 앞장서서 만든 이명박 대통령에게 고무신을 거꾸로 신고 무소속 출마를 강행한다는 것은 참된 정치인의 자세가 아니라는 점과 낙천되면 출마하지 않겠다는 평소의 소신에 따라 불출마 결정을 하게 됐습니다. 좌파 정권을 물리치고 우리들이 세운 이명박 정부는 반드시 성공해야 합니다. 지난 12년 동안 본인을 신뢰하고 지지해주신 지역민들과 한나라당 당원 동지 여러분들에게 진심으로 송구함과 감사의 말씀을 드립니다.”

낙천되어 중앙당사로 달려가 아우성을 치는 동료 의원들을 볼 때마다 나는 저렇게 하면 안 되지 하면서 자제를 하며 참을 수밖에 없었다. 중앙당사에 아예 얼씬거리지도 않았다. 낙천이 되자 국회의원의 임기는 5월 29일까지였으나 이미 끈 떨어진 갓 신세가 되고 만 기분이었다.

3월 31일 저녁, 취임 6일째를 맞은 이명박 대통령은 낙천 의원 중 중진 의원 7명을 청와대로 초청해 위로 만찬을 베풀었다. 4선의 이강두 의원과 3선의 맹형규·김기춘·이상배·이재창·권철현 의원, 그리고 내가 참석했다. 이 대통령은 그 자리에서 “다들 나라와 당을 위해 열심히 했는데 낙천하게 돼 위로의 말씀을 드린다”면서 “당과 나라를 위해 계속 힘을 보태고 성원해달라”고 당부했다. 나는 그때까지도 낙천 충격의 여진이 남아 있었던지 이 대통령과 참석자들의 말이 제대로 귀에 들어오지 않았다.

제18대 총선일이 4월 9일로 다가왔다. 전국적으로는 한나라당 후보들이 선전하고 있었다. 그러나 일부 대구·경북 지역에서는 낙천 의원 중 탈당하여 ‘친박’연대 또는 무소속으로 출마한 의원들이 강세를 보이는 선거구도 5~6곳이나 됐다. 당은 4월 4일 궁여지책으로 나를 중앙선대위 부위원장 겸 대구·경북공동선대위원장에 임명하여 열세 지역에 투입하기로 했다.

실은 대구 연고가 강한 강재섭 당대표가 열세 지역을 맡으면 되는데 당대표이기 때문에 전국적으로 활동해야 하므로 '친이'계인 내가 대타로 나서게 된 것이었다. 사실 나는 처음에는 대구·경북 지역 지원 유세를 맡는 것을 꺼려했다. 이상득 국회부의장이 강권하여 하는 수 없이 맡기로 했지만 고민이 많았다. 무엇보다도 나와 가까운 사이인 박종근·이해봉·김태환·이인기 의원(이상 친박계)들과 전투를 벌여야 하니 난감하기만 했다.

선거 기간 동안 대구와 경북 지역을 돌면서 친박계 의원들과 조우할 때에는 미안하기도하고 괴롭기도 했다. 그래서 낙천된 나에게 무거운 짐을 지운 이 부의장이 매우 야속하게 느껴지기도 했다. 그렇지만 한편으로는 그들이 탈당 인사라는 점을 상기하면 한나라당 후보를 돕는 것이 당원으로서 당연한 일이기도 했다. 그렇게 자위를 해가며 10여 일 동안 연거푸 거리 지원 유세를 벌여나갔다.

마침내 투표일이 다가왔고 개표가 끝났다. 제18대 총선 결과 299석 중 한나라당이 153석을 얻어 간신히 과반수 의석을 확보하는 데 성공했다. 그러나 내가 지원에 나섰던 대구·경북의 열세 지역은 모두 참패하고 말아 나의 체면이 말이 아니었다. 이번 총선에서도 대선 경선에 이어 '친박'의 결집력은 대단하여 그 위세를 꺾을 수 없었다. 게다가 공천 파동 후유증이 지역 유권자들에게도 영향을 미쳐 친박연대 또는 무소속으로 출마한 박종근·이해봉 의원은 4선에 성공하는 쾌거를 이루었다.

한편 제18대 공천에 깊이 간여했거나 공심위원으로 참여한 이재오·이방호(이상 '친이')·강창희('친박') 의원 등은 공천을 받고 지역구에 출마했다가 공교롭게도 모두 낙선했다. 또 강재섭 당대표는 공천을 받은 뒤 우여곡절 끝에 공천을 자진 반납하는 등 공천 실세 4인방이 모두 여의도에 입성하지 못하는 진기록을 세웠다.

나는 여기서 공천 실세들을 비방할 생각은 추호도 없다. 그러나 제18대 총선 결과는 공천에 문제가 많았다는 것을 국민이 투표로 심판한 것은 아닐까. 당의 공천을 심사하거나 관리하는 정치인은 항상 국민을 두려워해야 한다는 무서운 교훈을 남긴 선거 결과였다고도 할 수 있다.

총선이 끝나고 이틀 뒤인 4월 11일 이명박 대통령은 총선에 수고가 많았던 한나라당 지도부와 선대위 간부들을 청와대 상춘재로 초청하여 만찬을 베풀면서 그간의 노고를 치하했다. 만찬에 앞서 녹지원에서 다과회가 있었다. 몇몇 인사들과 대화를 나누던 이 대통령이 한 걸음 떨어져 힘없이 서 있는 나에게 다가오더니 중요한 말을 던지는 것이었다.

"사실은 말이지 나는 안 의원에게 공천을 마지막에 주려고 했었지. 그래서 공천 발표 직전에 부랴부랴 강재섭 당대표에게 전화를 걸었더니 받지를 않아. 이상해서 그다음에 이방호 사무총장에게도 전화를 했었지. 또 받지를 않아 다급히 수배를 하고 있는데, 얼마 안 있어 공천자 발표를 하고 마는 것이 아닌가."

대통령의 이 말을 듣는 순간 진심으로 나를 위로하려는 MB의 마음을 읽을 수 있었다. 그러나 대통령의 전화도 안 받는 간 큰 당직자도 있을 수 있나 하는 의아심도 함께 들었다. 버스가 다 떠난 뒤에 듣는 이야기지만 듣지 않는 것보다는 기분이 좋았다. 그렇지만 그 말이 사실이라면 강 대표와 이 총장의 앞날이 걱정되기도 했다. 왜 그런가 하면 대통령에게 큰 불경을 저질렀으니까.

이 대통령은 이어 열린 만찬에서 "이번 총선에서 국민들이 한나라당

에 과반 의석을 준 의미를 잘 헤아려야 한다. 경제 살리기와 사회 통합
으로 나라를 일으켜서 국민들께 보답하는 데 힘을 합치자"고 강조하
면서 건배 제의를 했다.

정치는 무엇인가

여러 가지 직업 중에 정치인이 가장 어렵고 힘 드는 업종 중 하나일 것이다. 먼저 정치판에 뛰어들려면 국회의원이 되어야 하는데 배지 달기가 여간 어렵지가 않다. 물론 쉽게 당선되는 사람도 있지만 그것은 각 정당에서 영입 대상이 될 정도로 각계에서 탁월하게 성공한 사람의 경우다. 대부분의 정치 지망생은 치열한 경쟁의 좁은 문을 뚫고 정당의 공천을 받아야 하고 그다음에는 선거에서 승리해야 한다. 국가와 국민을 안전하게, 보다 더 행복하게 살도록 하는 데 최선을 다하겠다고 입이 닳도록 약속을 하면서 말이다.

금배지를 달고 국회에 들어가면 초심의 공약은 뒷전으로 밀려난다. 좌·우 정파 또는 대권 주자 패거리의 구성원이 되어 끝없는 '너 죽고 나 살자'는 이념 투쟁이나 정쟁 대열에 동원되기 일쑤다. 애국과 애민의 공약을 지키려고 몸부림치는 모범 국회의원은 차츰 설 땅이 없어진다.

오늘날 한국 정치는 어떠한가. 진보를 위장한 종북·좌파 세력까지 제도권에 진입해 정치판 자체를 근원적으로 변질시켜놓았다. 이들 좌파는 그동안 교육계와 노동계 및 우리 사회 전반에 걸쳐 세력을 확산시켜왔다. 그래서 오늘날 국정교과서 문제와 노동개혁 문제가 심각한 저항에 직면하고 있는 것이다.

지금 한국 정치는 백척간두 위에 서 있다고 해도 과언이 아니다. 다시 한 번 좌파 정권이 집권하는 날이 온다면 대한민국의 기본 축이 붕괴될까봐 여간 걱정스럽지가 않다. 나는 이 점을 항상 우려했기 때문에 국회의원 시절 나의 모든 것을 바쳐 좌파 세력과의 투쟁에 자발적으로 나섰다. 수구꼴통이라는 비난을 감수하면서도 열정적으로 싸웠다. 종북·좌파에 대한 이념 투쟁은 보수 우파 쪽에서 중단 없이 확실하게 대응해나가야 한다고 생각한다.

1991년을 기하여 사회주의 공산체제인 소련이 자생력의 한계 때문에 붕괴·소멸했음에도 불구하고 지구상에서 하나밖에 없는 세습 왕조 공산 독재국가인 북한을 추종하는 세력이 우리 땅에서 활개를 치고 있다는 것은 지나가는 소도 웃을 일이다. 가히 정치적 '몬도가네 현상'이 아닐 수 없다. 이 땅에서 종북 세력은 반드시 척결되어져야 한다.

과연 정치는 무엇인가. 공자(孔子)는 민생을 올바르게 보살피는 것이라고 했다. 물론 어느 정도는 포함돼 있다고 보지만 나는 여기에 '정의롭게'를 추가하고 싶다. 양심을 가지고 정치에 임하자는 것이다.

정치판에는 애국과 국리민복을 보살피는 긍정적인 측면의 의원들도 있지만 자숙해야 할 부정적인 측면의 의원들도 많다. 이들의 '아더메치추뻔'한 작태는 하루빨리 자제되어져야 한다. 세간에 유행하는 '아더메치'(아니꼽고 더럽고 메스껍고 치사하다)라는 말에 추하고 뻔뻔스러움이 추가되는 이런 행위는 제발 하지 말자는 것이다. 이런 행동 때문에 정치인의 권위와 품위가 개탄스러울 정도로 추락하고 있다는 사실을 정치인들은 알아야 할 것이다.

정치 지망생들을 위해 참고로 하고 싶은 말이 있다. 정치는 학력, 경륜, 인격, 혈연, 지연, 재력, 정당 공천 등 7가지 스펙도 중요하지만 지역정서(바람)와 상대성원리(경쟁자 잘 만나기) 및 정치 시운(時運) 등 3 가지가 더 한층 중요하다는 점을 강조하고 싶다. 선거는 이들 요소가 융·복합적으로 작용하는 '종합예술'의 결과이기 때문에 잘 판단해서 불리한 때에는 피하고 유리할 때에는 전력투구하여 승리를 쟁취하길 바란다.

우리는 오랫동안 지역민을 볼모로 삼는 '3김 정치'시대에 살았다. 이 시대에는 인물 스펙이 필요 없고 오로지 정당 공천이 당락을 좌우했다. 정치 발전 자체가 거의 없던 암울한 시대였다. 이젠 3김 시대도 끝났기 때문에 특정 지역에 빌붙는 못난 구시대형 정치지도자는 사라졌으면 하는 마음 간절하다.

언제쯤 이 나라에 건전한 민주 이념으로 무장되고 국민의 가려운 곳을 긁어주는 선진 민생 국회의원들이 많아질까. 안타까운 마음으로 그런 정치인들이 늘어나도록 두 손 모아 간절히 고대한다. 그래야만 우리 자손들에게 이 나라를 부강한 통일 선진국으로 격상시켜 물려줄 수 있기 때문이다.

이 간단한 명제 앞에 우리 국회의원들은 어떻게 그렇게도 수많은 세월을 허송하고 있는지 참으로 한심하고 개탄스럽다. 국가이익도 뒷전으로 팽개치고 말이다. 하루빨리 개과천선하여 건전하고 행복한 대한민국을 만드는 대업의 길에 동참하길 학수고대한다.

정계를 떠나다

　화불단행(禍不單行)이라고 했던가. 낙천거사가 되어 우울하게 지내고 있던 2008년 4월 21일 형님(益秀)이 병환으로 별세했다. 향년 71세. 오랜 세월 사업으로 성공해보겠다고 평생을 고생하다가 세상을 떴다. 그래도 마지막으로 나이 어린 무남독녀(혜진)를 결혼시켜 요채(了債)를 하고 편안하게 눈을 감으셨다.

　형님은 나하고 가깝게 지낸 편이었다. 형제로서 의기가 통했다. 늘 내가 양보하고 살았지만 형님은 형님이었다. 나는 1973년에 막내 동생 춘수(椿秀) 군을 잃은 아픈 상처가 남아 있었다. 이어 형님마저 떠나게 되니 허전하고 안타까운 마음을 금할 길이 없었다.

　4월 25일 저녁에는 이명박 대통령이 낙천·낙선 의원 40여 명을 청와대로 초청해 만찬을 함께했다. 이 대통령은 이날 "낙선·낙천자모임을 하려니까 처음에 좀 주춤주춤 했다. 그래도 만나니까 좋다"면서 "오늘은 훌훌 털고 가자"고 말한 뒤 "경제를 살리는 데 힘을 모아달라"고 당부했다.

　이 자리에서 공천을 자진 반납한 강재섭 대표는 "다 털고 역사를 전진시키는 데 힘을 합치자"고 했고, 낙천된 박희태 선대위원장은 "아웃 오브 사이트, 아웃 오브 마인드(눈에 보이지 않으면 잊혀진다)"라고 말한 뒤 "자주 불러달라"고 했다. 역시 낙천자인 김덕룡 의원은 "우리도 리사이클링(재활용)하자"고 말해 좌중을 웃겼다.

한편 대선 경선 때 우리 캠프에서 나와 함께 MB를 도왔던 대구 지역의 많은 인사들이 나에게 '좋은 소식이 없느냐'고 자주 물어왔다. 즉, 자신들의 취업에 관한 문의였다. 안타까운 일이지만 중앙선대위나 청와대 관계자들 어느 누구도 나서서 보답을 해줘야만 할 인사들을 챙기는 창구가 없었다.

각자도생을 하면 그 혼란과 불공정을 어떻게 감당해야 할지 알 수가 없었다. 나는 시간이 한참 흐른 뒤까지도 도움을 줬던 많은 사람들로부터 서운함과 원망 섞인 눈초리의 인사를 받아야만 했다.

시간은 자꾸 흘러 국회의원 임기 만료일(5월 29일)이 다가왔다. 며칠 전부터 안희두·이승우 보좌관과 유주형·신애희 비서와 함께 해 묵은 짐을 정리하고 집으로 옮기느라고 여러 날 동안 부산했다. 특히 나의 조카이고 12년 동안 나를 보필해준 안 보좌관과 이 보좌관은 내 의정활동의 생생한 기록물인 『쓴 소리 바른 소리 12년』(총 602쪽)을 만들어 나에게 기념품으로 선물해줬다.

이 책자는 국회에서의 대정부 질문을 비롯하여 상임위 활동 및 국정감사 활동 등에 관한 발언 속기록을 한 데 모아 정리한 것이었다. 국회의원 졸업 선물로는 멋지고 값진 선물이었다. 나는 이 책자에 '여의도에 자유 민주 초석을 다지고'라는 부제를 달아 대구북구을 지역구에서 그동안 나를 위해 많은 도움을 준 분 500여 명에게 선물로 보내드렸다. 의원으로서의 정치 활동을 마감하는 것을 신고하고 그동안의 노고에 대해 감사의 인사를 하기 위해서였다.

국회의사당을 마지막으로 떠나던 날 나는 나의 사무실인 의원회관 523호실에서 창밖으로 내다보이는 의사당 돔 지붕을 바라보니 만감이 교차했다. 맨손으로 부딪치며 우여곡절 끝에 간신히 당선되어 여의도에 입성했던 일, 철없던 좌파 정권과의 처절한 원내외 투쟁, 5전 전패로 끝난 원내대표 도전, 야당 생활만 했던 비운의 의원 생활, 여당 정권을 내 손으로 만들고도 정치판을 떠나야만 하는 이 쓰라린 아픔….

JP가 설파했듯이 정치는 과연 허업(虛業)이던가. 그날 나의 심경에 이처럼 딱 들어맞는 말이 없었다. 내가 용렬하고 그릇이 작아서 국회에서 밀려나야만 하는 참담한 현실 앞에서 나는 한없이 작아지고 있는 자신을 발견했다. 그래서 그것이 싫어 자리에서 벌떡 일어났다. 국회의원 임기 만료일인 5월 29일 오후 3시, 나는 착잡한 심정을 안고 마지막 퇴근길에 올랐다. 아듀! 국회의사당이여!

집으로 돌아가는 자동차 안에서 곰곰이 생각을 해보았다. 나쁘게 말하면 '너 죽고 나 살자', '만인의 만인에 대한 투쟁'(토마스 홉스)의 장터인 국회를 떠나는 것이 한편으로는 이상하게도 홀가분하게 느껴지기도 했다. 왜 그럴까. 앞으로는 영혼이 오염되거나 황폐해지는 일이 없게 됐기 때문일까. 영혼이 자유로운 세상에서 살 수 있게 된 것이 얼마만의 일인가. 이렇게 생각하니 마음 깊은 곳에서 작은 기쁨이 솟아나기도 했다.

그로부터 얼마 뒤 나는 지역구를 한 바퀴 돌면서 낙천 인사를 하고 다녔다. 어느 날 대구 북구 사수동에 있는 베네딕도수녀원에도 들러 수녀님들과 대화를 나눴다. 그때 최카타리나 원장님이 나에게 "하느님이 한쪽 문을 닫으시면 반드시 다른 쪽 문을 열어주시니 힘내라"고 격려해준 말씀은 지금까지도 잊을 수가 없다. 참으로 감명 깊고 고마운 덕담이었다.

법률안 발의 남발

국회의원 생활을 하다보면 스트레스 받는 일들이 꽤나 많다. 가장 큰 것은 지역구에 관한 일이지만 의원 활동과 관련된 것도 몇 가지가 있다. 그중에 의원 본연의 임무인 법률안 발의는 모든 의원의 한결 같은 고민이다. 법안 발의가 의원 활동 평가 항목에 들어가기 때문이다. 그래서 많은 연구를 거쳐 법안을 만들어 제출하기도 하지만 많은 경우 간단한 내용 수정이나 아니면 자구 수정을 위한 개정안 등이 판을 친다.

의원들의 법안은 제정 법안과 개정 법안으로 나뉘고, 발의 형식에 따라 대표발의와 공동발의로 다시 분류된다. 제정 법안의 경우에는 참으로 많은 노력이 필요하다. 그 반면에 개정안의 경우는 간단한 수정 작업이 대부분이기 때문에 큰 힘이 들지 않는다. 법안을 제출할 때에는 의원 10인 이상의 찬성을 받아 연서(국회법 제79조)해야 하는데 의원 상호간에 품앗이 삼아 서명해주는 사례가 비일비재하다.

의원들의 발의 법안 중 국회 본회의 통과 비율은 매우 저조하다. 이것을 보면 법안 발의의 남발은 자제되어져야 마땅하다고 생각된다. 그러나 의원들은 이런 풍조를 잘 알면서도 시정되기는커녕 오히려 갈수록 법안 제출 비율이 늘어만 가고 있으니 개탄스러운 일이다. 솔직히 말해 나 자신도 이런 풍조에 휩쓸려 의원 생활을 했으니 반성하지 않을 수 없다.

정부 발의 법안의 통과 비율은 의원 발의 법안에 비해 상당히 높은 편이다. 이는 정책의 필요성과 전문성에 대한 신뢰 등이 작용하기 때문인 것으로 보인다. 정부는 또 국무회의 의결을 거쳐야 하는 등 법안 준비를 하는 과정에서 시간에 쫓기게 되면 여당 의원에게 부탁하여 의원 입법으로 법안을 제출하기도 한다.

의원 생활 12년 동안 내가 발의한 법안 수는 대표발의 14건, 공동발의 547건 등 모두 561건에 달했다. 이들 법안을 간단히 살펴보면 다음과 같다.

대표발의 법안

1. 식품위생법중개정안(2000년 6월 25일): 다원화되어 있는 식품안전체계에 체계적이고 종합적인 통합정보 시스템을 구축·운영하고 식품 제조·판매자에 대한 형사 처벌을 강화하기 위한 것임.

2. 조세특례제한법중개정안(2001년 10월 24일): 중소기업 육성·발전을 위해 한시적으로 중소기업의 법인세 및 소득세를 50% 감면하기 위한 것임.

3. 금융실명거래및비밀보장에관한법중개정안(2001년 11월 15일): 국가기관 등이 금융기관에 거래정보 등의 제공을 요구하는 경우 재정경제부장관이 정한 표준양식에 의하도록 하고 거래기간, 요구의 법적 근거, 요구하는 기관의 담당자 및 책임자의 성명과 직책 등 인적 사항을 명기하도록 하는 규정을 법률사항으로 명시하기 위한 것임.

4. 국가보훈기본법안(2004년 10월 8일): 현재 대상별로 개별 법에

의하여 수행되고 있는 보훈정책에 대하여 총괄적이고 종합적이며 미래 지향적인 기본법을 마련하기 위한 것임.

5. 주세법중개정안(2004년 10월 22일): 도하개발아젠다(DDA)협상과 자유무역협정(FTA) 체결에 따른 농산물시장 개방으로 인하여 과수농가의 어려움이 가중될 것이 예상되므로 과실주의 세율을 대폭 인하하여 국산 농산물을 이용한 과실주의 소비를 촉진시키기 위한 것임.

6. 대중교통의육성및이용촉진에관한법률안(2004년 11월 23일): 대중교통을 체계적으로 육성·지원하고 자가용 승용차 이용자의 대중교통 이용을 촉진하기 위한 법률을 제정·시행함으로써 교통체증을 완화하고 국민이 안전하고 편리하게 대중교통을 이용할 수 있도록 하기 위한 것임.

7. 개발제한구역의지정및관리에관한특별조치법 일부개정안(2005년 4월 15일): 지방 대학이 학교 부지를 확보하기 위하여 개발제한구역의 해제를 요청하는 때에는 이를 도시관리계획으로 그 해제를 결정할 수 있도록 제도적 근거를 마련하여 지방 대학을 육성하고 나아가 국가 균형 발전을 도모하기 위한 것임.

8. 건축법 일부개정안(2005년 5월 3일): 건축물대장에 난방설비 설치자를 반드시 기재하도록 함으로써 보일러의 불법·부실시공에 따른 제반 문제점을 해소하려는 것임.

9. 건설산업기본법 일부개정안(2005년 5월 3일): 등록 기준에의 적합 여부에 관한 실태조사 및 표시제한 여부에 관한 조사를 협회 등에 위탁할 수 있는 근거를 마련함으로써 건설공사의 적정한 시공과 건설산업의 건전한 발전에 기여하고자 함.

10. 건설산업기본법 일부개정안(2006년 7월 6일): 수급인이 하도급

금액 지급 내역서를 발주자에게 제출하도록 하고, 이를 제출하지 아니하거나 허위로 제출한 경우 제재 근거를 마련함으로써 공정한 도급 질서를 확립하려는 것임.

11. 공직선거법 일부개정안(2007년 4월 3일): 공정하고 신뢰할 수 있는 개표 작업을 하기 위하여 개표는 반드시 수작업으로 진행하고 전자투표지 분류기 등 전산 조직의 사용은 수작업에 의한 개표를 보완하는 선에서 그쳐야 한다는 것을 명문으로 규정하려는 것임.

12. 보험업법 일부개정안(2007년 10월 4일): 금융기관 보험대리점의 판매 가능한 상품의 범위를 가급적 제한, 선의의 보험계약자를 보호하고 향후 발생할 수 있는 부작용을 미연에 방지하고자 하는 것임.

13. 세무사법 일부개정안(2007년 11월 22일): 세무사에게 조세행정소송에 한하여 변호사와 공동으로 소송대리를 할 수 있도록 자격을 부여함으로써 조세 소송의 당사자인 납세자의 권리구제의 기회를 확대하는 한편 납세자의 실질적 권익 보호에 기여하고자 함.

14. 세무사법 일부개정안(2007년 11월 23일): 지가공시뿐만 아니라 단독주택 및 공동주택의 가격공시에 관한 이의신청의 대리를 세무사의 직무로 하여 세무대리의 범위를 명확히 하고자 함.

주요 공동발의 법안
1. 공비재난보상및특별지원에관한법률안(1996년 12월 3일) 1996년도 1건.
2. 조세감면규제법중개정안(1998년 10월 12일) 등 1998년도 3건.

3. 국민기본생활보장법안(1999년 7월 6일) 등 1999년도 3건.

4. 농어촌주택개량촉진법중개정안(2000년 6월 23일) 등 2000년도 21건.

5. 정보통신망이용촉진및정보보호등에관한법중개정안(2001년 5월 8일) 등 2001년도 64건.

6. 의료법중개정안(2002년 4월 2일.) 등 2003년도 50건.

7. 대구경북과학기술연구원설립에관한특별조치법안(2003년 4월 23일) 등 2003년도 101건.

8. 학교보건법중개정안(2004년 7월 14일) 등 2004년도 51건.

9. 국가유공자등예우및지원에관한법 일부개정안(2005년 4월 14일) 등 2005년도 88건.

10. 장애인소득보장법안(2006년 3월 7일) 등 2006년도 61건.

11. 신용보증기금법 일부개정안(2007년 5월 4일) 등 2007년도 56건.

12. 여성발전기본법 일부개정안(2008년 1월 21일) 등 2008년도 48건.

힘 드는 지역 예산 따내기

국회의원으로서 가장 힘 드는 일 중 하나는 지역구 사업을 위한 예산을 확보하는 것이다. 정부 부처나 해당 광역자치단체로 하여금 예산안을 편성하게 하여 국회 또는 광역시 의회에서 확정지어 배정받는 일이다. 그 경쟁은 참으로 치열하기만 하다.

서로 달라고 조르는 의원 수는 많고 예산은 한정되어 있으니 예산 확보 투쟁은 일 년 내내 뜨겁기만 하다. 의원들의 등 뒤에는 호랑이 같은 지역구민이 감시하고 있으니 의원들은 열심히 뛸 수밖에 없다. 지역 발전 사업을 게을리 했다가는 다음 선거에서 표가 나오지 않으니 당연한 일이기도 하다.

그래서 상당수 의원들은 자기가 직접 확보하지 않고 시청·구청이 독자적으로 벌인 지역 사업도 마치 자기가 한 것인 양 의정보고서에 버젓이 올려놓는 것을 보면 철면피가 따로 없다. 또한 구청장과 시의원 및 구의원들 역시 국회의원이 애써서 따온 예산을 마치 자기가 예산을 마련해서 지역 사업을 벌인 것처럼 위장 또는 포장하는 사례가 비일비재하니 선거구민들은 이 점을 눈여겨보아야 할 것이다.

의원들은 지역 발전 예산을 많이 따내기 위해 국회 예산결산특위, 건설교통위, 농수산위, 교육위, 행정자치위원회 등을 선호한다. 이 탓에 이들 특위와 상임위는 인기가 높다. 그래서 국회 상임위 배정 때가 되면 경쟁률이 대단하다. 국정감사 때나 상임위 활동 때 의원들은 관계 부처 장관을 비롯하여 관련 공직자들을 호되게 야단친다. 그러나 회의가 끝나면 그들에게 머리를 숙이고 예산 부탁을 해야 하니 체면이 안 서게 되는 일도 있다. 표를 얻는 일이라면 무슨 일이라도 해야 되니 이 점은 의원으로서 궂은 일이 아닐 수 없다.

나는 3선 의원 재직 중에 교육위, 환경노동위, 예결특위, 재경위, 건교위, 정무위 등에서 일을 했다. 그런데 지역 예산과 직접 관계가 없는 재경위에서만 7년이나 일해 예산 확보에 애로가 많았다. 그러나 대변인 역할을 오랫동안(자민련·한나라당 합쳐 모두 2년 4개월) 하여 각 부처에서 많은 도움을 주었다. 감사하기 이를 데 없는 일이다. 지역 발전 예산을 확보하기는 어려워도 사업이 끝나고 준공 때가 되면 그 기쁨과 보람은 이루 말할 수 없이 컸다.

내가 역할을 하여 확보한 가장 큰 예산으로는 2003년의 대구지하철 적자보전 예산 1천억 원이다. 이것은 대구 출신 의원 모두가 공동으로 법안을 발의하여 통과시켜 확보한 것으로 그 의의가 매우 크다 하겠다. 그다음으로 나의 지역구인 대구 북구을 지역(칠곡·복현·검단·무태·조야동)을 위해 확보한 예산은 재직 12년 동안 모두 35건에 1,033억 1천만 원에 달했다. 그 내용은 다음과 같다.

연도별 지역구 사업
■ 1996년
10월 14일. 대구문성초등 강당 증축(교육부, 특별배려)
11월 19일. 대구북부초등 5개 교실 신축(교육부, 6억 원) 대구 북구
　　　　　　구암초등 3개 교실 신축(교육부, 3억 2천만 원)

■ 1997년

1월 30일. 대구 북구 읍내동1132번지 도로 건설(행정자치부, 3억 5
천만 원) 대구 북구 읍내동1067번지 도로 건설(행정자치
부, 2억 5천만 원)

4월 15일. 대구 북구 성북초등 3개 교실 신축(교육부, 3억 7천만 원)

5월 30일. 16월 30일. 대구 북구 검단동 민들레아파트 남쪽도로 건
설(행정자치부, 7억 원)

10월. 대구-안동국도와 매천로간 도로 확장 예산(건설교통부, 56
억 원)

11월 18일. 대구 북구 매천초등 교실 및 화장실 증축(교육부, 3억
4,700만 원)

■ 1998년

6월 30일. 중앙고속도로 대구 북구 금호동 구간 방음벽 보완공사
(한국도로공사, 1억 5천만 원)

9월 30일. 대구-왜관국도 태전동 구간 하수관거 매설공사(건설교통
부, 15억 원)

11월 20일. 대구 북구 서변동905-1번지 도로 건설(행정자치부, 8
억 원)

■ 1999년

7월. 대구 북구 강북노인복지회관 건립(행정자치부, 10억 원)

10월. 대구 북구 복현동 대불청소년수련원 청소년문화의 집 건설
지원(문화관광부, 2억 원)

12월. 대구 북구 팔달동 배수펌프장펌프시설 4대 설치비(건설교통
부, 30억 원)

■ 2000년

12월. 대구 북구 동변동285번지 도로 건설(행정자치부, 7억 원) 대구 북구 조야동102-1번지 도로 건설(행정자치부, 3억 원)

■ 2001년

8월 17일. 대구 북구 동호동548-7번지 도로 건설(행정자치부, 8억 원)

■ 2002년

5월 16일. 대구-안동국도 시경계절개지 낙석방지 공사(행정자치부, 2억 8천만 원)

5월. 대구 북구 매천대로 무료화 확정(대구시, 675억 원)

6월. 대구 북구 복현동 대불노인복지회관 건립(행정자치부, 8억 2천만 원)

7월. 대구 북구 검단동1068-1, 1087-1번지 도로 건설(행정자치부, 4억 원)

■ 2003년

5월 23일. 대구 북구 팔달동132번지 도로 건설(행정자치부, 4억 원)

6월 30일. 대구 북구 읍내동 샛강복개도로 건설(행정자치부, 5억원)

7월 21일. 대구 북구 관음동599번지 도로 건설(행정자치부, 7억 원)

12월 29일. 대구 북구 태전동749번지 도로 건설(행정자치부, 5억 원)

■ 2004년

12월 22일. 대구 북구 조야초등 강당 신축(교육인적자원부, 10억 6,200만 원)

12월 28일. 대구 북구 팔달동34번지 도로 건설(행정자치부, 5억 원)

■ 2005년

12월. 대구도시철도3호선 기본설계비(건설교통부, 30억 원)

■ 2006년

11월 6일. 대구 북구 구수산공공도서관 건립(행정자치부, 8억 원)

12월 20일. 구안국도-우방3차아파트-구암동 연결도로 건설(대구
　　　시, 10억 원)

■ 2007년

4월 4일. 대구 북구 구수산공공도서관 추가건립비(행정자치부, 10
　　　억 원)

7월 20일. 구안국도-우방3차-구암동 연결도로 건설(대구시, 41
　　　억 원)

12월. 대구 북구 칠곡중학교 강당 신축비(대구시, 12억 원)

신용보증기금 이사장이 되다

제17대 국회의원 임기가 2008년 5월 29일자로 끝나는 바람에 나는 하루아침에 무직자가 됐다. 초기에는 무거운 책임도 내려놓아 완전 자유인의 여유를 만끽하는 등 얼마간은 홀가분하기도 했다. 그러나 얼마 안 가 아직도 나이가 65세밖에 안 됐는데 하고 생각해보니 일을 더하고 싶은 충동이 발동하는 것이었다.

이런 생각을 하고 있을 즈음인 6월 10일경 때마침 신용보증기금 이사장 공모 소식이 들려왔다. 신보 이사장 공모에 응모해볼까 하고 곰곰이 생각해보니 재경부 1급 공무원들이 퇴직하고 가는 자리를 3선 의원에 국회재경위원장까지 지낸 사람이 가다니 처음에는 좀 망설여졌다.

그러나 달리 마땅한 자리도 나타나지 않고 해서 몸을 낮추는 셈치고 응모를 하기로 했다. 국회 재경위에서 신보에 대해 7년 동안 1년에 한 차례씩 현황 보고와 국정감사 등을 통해 기본적인 현황과 문제점을 알고 있었기 때문에 업무 처리에 어느 정도의 자신은 있었다.

응모 후 일주일쯤이 지난 6월 20일경부터 매일경제는 하루가 멀다 하고 나에 대해 전문성이 없는 낙하산 인사가 응모를 했다고 비판하고 나섰다. 이에 영향을 받은 일부 다른 언론 매체들도 비판 대열에 나서기도 하여 나의 신경을 곤두서게 했다.

매일경제는 자사 장대환 회장이 지난날 국무총리에 임명되지 못한 것은 국회 인사청문회 과정에서 나의 반대 역할 때문이었다고 미뤄 짐작하고 비판적인 기사를 잇달아 보도하는 듯했다. 그러나 나는 이에 조금도 개의치 않았다. 국회의원을 하기 전에 국민연금공단에서 재정이사도 역임하여 금융성 공공기관의 운영·관리에는 어느 정도의 전문성은 갖췄다고 생각하고 있었다.

신보에서 면접시험도 치르고 난 뒤 20여 일이 지난 7월 18일 오후, 나는 대통령 임명장(전광우 금융위원장 전수)을 받고 3일 뒤인 7월 21일 정식으로 신보 이사장으로 취임했다. 마포 본사 회의실에서 취임식을 가지기 직전 노조 집행부에게 신보 발전을 위해 최선의 노력을 다한다는 약속을 해야만 했다. 당연히 해야 할 일인데 다짐을 해야 하다니 알다가도 모를 일이었다. 그러나 노조 측은 나에게 거는 기대가 컸든지 구자군 위원장이 전례 없이 나의 취임식장에 참석하여 노사 화합의 연대의식을 보여주기도 했다.

나는 신보 이사장직을 나의 마지막 직장으로 생각하고 남다른 애국적 사명감으로 헌신·봉사하겠다는 각오를 단단히 했다. 2,200여 명의 임직원을 거느리는 준정부 금융공공기관인 신보의 이사장으로 솔선수범을 통해 신보에 새로운 개혁 바람을 불러일으키겠다는 큰 포부도 가지고 있었다.

금융위기 극복과 공심(公心) 경영

신보 이사장으로 취임하자마자 나는 관련 부서로부터 현황 보고를 받느라고 경황이 없었다. 업무 개선과 개혁의 필요성이 어디에 있는지 열심히 찾고 있던 2008년 9월 중순경, 미국의 '리먼브러더스'은행이 극적으로 파산하는 것을 시작으로 글로벌 금융위기 사태가 발발했다.

신보의 대응 방안 강구를 위해 나는 즉각 '비상경제상황실'을 설치·가동시키는 한편 임원회의를 자주 열어 대책을 모색했다. 재경부·금융위로부터도 지침을 받아가면서 적극적인 대응을 모색해나갔다. 그러나 우리 경제에 미치는 충격은 리먼브라더스 사태 초기에는 그다지 크지 않았다. 2개월 정도가 지난 연말로 가면서 금융위기는 전 세계적으로 파급되었고 우리나라도 예외가 아니었다. 주가는 폭락하고 금융은 경색되어 기업의 자금난은 악화일로를 걷기 시작했다.

2009년 새해가 시작되자 정부는 급기야 1월 하순 청와대 지하벙커에서 금융위기 극복을 위한 비상경제대책회의를 이명박 대통령 주재로 열었다. 나도 참석한 이 회의에 가보니 대책 중 가장 중요한 부분이 신보와 기보(기술신용보증기금)의 신용보증 확대였다. 신보 직원들에 의하면 1997년 IMF 외환위기 당시에도 신보가 효자 노릇을 했다고 했다.

정부는 급기야 추경예산 편성도 결정하여 신보는 2009년 새해 본 예산의 정부 출연금 9,500억 원 외에도 1조 300억 원을 추가하여 모두 1조 9,800억 원의 보증재원을 확보할 수 있게 됐다. 금융위기 극복에 필요한 실탄을 충분하게 비축한 것이다. 물론 관계 부처와 화력의 규모 책정을 놓고 나는 직원들에게 엄살을 좀 피우라고 주문을 해놓았다. 정부는 신보 측의 주문대로 '충분한 양'을 추경에 반영해주었다. 나의 이 같은 주문은 실탄이 부족해 금융위기를 재대로 극복하지 못할 경우에 대비한 것인데 그 뒤 지나놓고 보니 참으로 잘한 조치였다는 평가를 받았다.

재경부와 금융위 그리고 신보는 이 보증 재원을 '조기에, 충분하게, 빠르게' 보증·지원한다는 원칙에 합의했다. 이 보증 재원도 부족할지도 몰라 정부의 지원 아래 전국의 시중은행과 지방은행 및 대기업까지도 신보와 협약을 맺어 특별출연 명목으로 약 7,500억 원의 재원 (2008~2010)을 별도로 확보하는 계획을 세우기도 했다.

이제 신보의 몫만 남았다. 나는 지방 출장에 나서 지방은행과 협약을 맺는 등 전국에 있는 신보 영업본부(9개)와 99개 영업점을 모두 순방하면서 정확하고 신속한 보증 지원을 독려해나갔다.

2010년 3월경에 전 영업점 순시가 한 차례 끝났다. 그러나 많이 간 영업점은 두세 차례나 됐다. 신보 직원들은 평일은 밤 11시까지 일해야 했고 초기 2개월 동안에는 토요일도 근무해야만 했다. 건강을 해치는 혹사가 계속됐다.

나는 조기 보증에 걸림돌이 되는 직원들의 책임 문제와 관련하여 감사원에 긴급건의도 했다. 감사원으로부터 '고의성만 없으면 책임을 묻지 아니한다'는 면책 조항을 받아내어 신속 보증에 윤활유 역할을 하도록 했다. 나는 때때로 과도한 업무에 지친 직원들에게 "강물은 강을 떠나야 바다에 이를 수 있고 나무는 꽃을 버려야 열매를 맺을 수 있다"면서 과감한 조기 보증을 계속 설득해야만 했다.

임직원들의 이 같은 엄청난 노력에 힘입어 신보는 예년보다 18조~19조 원이 증액된 보증 지원(2010년 6월 말 보증 잔액 49조 1,717억 원)을 할 수 있게 됐다. 이에 힘입어 한국의 금융위기는 본격화된 지 1년 6개월 만인 2010년 6월 말로 진정세를 보여 세계에서 가장 먼저 위기를 극복할 수 있게 됐다.

이로써 신보는 금융위기 극복의 일등공신이 되었고 그 존재이유를 국민에게 널리 알릴 수 있게 됐다. 이 기간 동안 나와 함께 힘쓰고 고생해준 신보 임직원들에게 지금까지도 나는 동지로서의 뜨거운 전우애를 느끼고 있다.

나는 취임 초에 신보의 핵심적 사훈(社訓)으로 '공심(公心, Pubric Mind) 경영' 시스템을 도입했다. 공심 경영이란 선공후사(先公後私)의 정신에 입각하여 공익을 최우선으로 추구하는 투명하고 공정한 업무 처리 자세를 의미하는 것이다.

내가 공심 경영을 강조하게된 것은 신보 직원들이 평소에 자신들을 시중 은행원 정도로 인식하고 애국심이 결여된 자세를 보이고 있는 것과 연관성이 있었다. 직원들의 이 같은 안이한 인식을 보고 안타까운 나머지 신보 직원은 '금융공공기관 직원'이라는 점을 각인시키기 위해 공심 경영 자세 확립을 의도적으로 주장하게 된 것이었다.

내가 퇴직한 지금도 재직 당시 임직원들이 참여하는 친목모임이 있다. 나는 그 모임의 이름을 '공심회'라고 지었다. 요즘도 1년에 네댓 차례 만나면서 금융위기를 극복해냈던 동지로서 친목을 도모하며 전우애를 두텁게 쌓아가고 있다.

보증심사 시스템의 개혁

신용보증을 함에 있어 가장 중요한 것은 대상 기업에 대한 정밀한 보증심사다. 이사장이 보증심사에 직접 관여하는 것은 아니지만 기업인들과의 대화에서 그들의 고충과 건의를 듣다보면 보증심사 시스템을 개선하거나 개혁할 필요성을 느끼게 된다.

취임한 지 4개월쯤이 지났을 때였을까, 몇 사람의 중소 기업인들이 보증 신청을 한 시점이 11월인데 신보는 해당 기업의 지난해 매출액을 가장 중요시한다면서 불만을 토로했다. 그렇게 하면 만약 그 기업이 금년도에 들어와서 매출액이 크게 증가했다면 억울하지 않겠느냐고 따지고 드는 것이었다. 나는 그 말에 일리가 있다고 생각하고 국세청에 신고된 매출액을 역산해서 최근 1년간 매출액을 주요 기준으로 삼도록 보증심사 기준을 개정했다.

이 기준은 한마디로 기업의 최근 업황을 생생하게 반영하는 '살아 있는 보증심사'를 가능하게 해준다. 그러나 성장성이 높은 기업은 이를 환영하지만 한계기업은 싫어할 수밖에 없다. 나는 성장성이 돋보이는 기업이 보증 지원을 우선적으로 받아야 한다고 생각했기 때문에 심사 기준 변경을 밀어붙여 2009년 9월부터 실시에 들어갔다. 기업인들의 반응은 호의적이었고 환영 일색이었다.

그다음 단계로 나는 기업의 매출액이나 신용등급과는 달리 기업의 성장성과 미래가치를 제대로 반영하는 보증심사 시스템을 개발하도록 보증부에 지시했다. 직원들은 금융위기 극복 업무에 시달리면서도 외부 용역 팀과 함께 6개월 만에 새 시스템을 개발하는 데 성공했다.

드디어 금융위기를 극복하고 난 직후인 2010년 9월부터 '기업 가치 평가 시스템'을 실시하게 됐다. 처음에는 시스템 개발이 잘못되어 보증 부실률이 증가할까봐 걱정이 됐다. 그러나 실제로는 오히려 낮아져(분기별 기준 0.2~0.4% 정도가 낮아짐) 안도할 수가 있었다. 이렇게 하여 신보의 보증심사체계는 매출액과 신용등급에만 의존하던 과거의 심사 방법에서 탈피하여 한 단계 업그레이드 진화될 수 있었던 것이다.

그 무렵 직원들도 신바람 나게 일하여 2011년 1월부터는 '온라인 대출 장터' 제도를 실시하게 되어 기업의 금융비용을 절감하게 해주었다. 이 제도는 보증 대출을 해주는 은행을 대상으로 온라인상에서 기업이 대출금리를 역경매방식으로 경쟁시켜 결정하는 것으로 기업인들에게 인기가 있었다. 아울러 기업인이 자신의 대출 금리를 사전에 예측할 수 있는 '금리캐스터' 제도도 곧이어 개발하여 기업 서비스를 강화해나갔다.

온라인 대출 장터는 대출 관행에서 '을'이었던 기업을 '갑'으로 신분을 상승시켜 대출금리를 선택할 수 있도록 한 혁명적인 시스템이라는 평가를 받았다. 온라인 대출 장터를 이용하는 기업들의 평균 금리가 5.79%로 그 이전보다 무려 0.43%포인트가 인하되어 이용 기업들은 연간 약 2,400억 원의 금융비용을 절감할 수 있게 됐다.

한편 1월 27일에는 기업의 자금난 해소에 큰 도움이 되는 '일석e조 보험' 제도를 중소기업청 및 기업은행과 함께 손잡고 출시하여 주목을 끌기도 했다. 이 제도는 매출채권보험에 가입하는 기업은 손실(돈

떼일) 위험도 해소할 뿐만 아니라 매출채권(외상값)의 80%까지 대출도 받게 되어 자금 융통을 원활하게 해주는 등 두 가지 효과를 거두는 편리한 것이었다. 이 제도는 기업인들에게 인기가 매우 높았으나 한때 악덕 기업인들이 이 제도를 악용하는 사례가 생겨 부실률이 높아지기도 했다. 그러나 곧 보증심사 강화를 통해 문제를 해결하고 정상화시킬 수 있었다. 이 '일석e조 보험'은 2012년 3월 매일경제 금융상품대상을 기업은행과 공동 수상하는 영광을 안겨주기도 했다.

이 밖에도 '모바일 one-stop 보증서비스제도'와 '무방문 기한연장시스템'도 과감하게 채택하여 기업인들에게 신속하고 편리한 보증 서비스를 가능하게 해주었다. 한편 기업의 성장 단계별로 '맞춤형 보증 지원 체계'를 구축하고 보증 부실을 예방하는 최적화된 '신용 조사 시스템'을 개발한 것은 신보 재정 건전화에 큰 도움이 됐다. 신보의 보증과 관련된 이 같은 노력은 보증 품질의 향상에 크게 기여한 것으로 고객(기업인) 서비스 향상과도 직결되는 것이었다.

2009년부터 2011년까지 3년 동안 신보 임직원들은 금융위기를 극복하고 보증심사 체계를 업그레이드 시키는 한편 중소기업에게 과감하고 편리한 금융 서비스 상품을 개발하는 등 가히 신보의 '르네상스 시대'를 열었다고 말할 수 있다. 신보는 또 2년 연속 공공기관 경영평가 A등급(기획재정부 2010년 6월)을 받는 등 대외평가도 잘 받았다. 나는 이에 힘입어 2011년 7월 18일 3년 임기가 끝나고 1차 연임(1년)에 성공하는 기쁨을 맛보기도 했다.

어머님의 소천

내가 신보에서 금융위기 극복을 위해 마지막 노력을 다하고 있던 2010년 6월 무렵, 나는 몇 달 전부터 소화불량으로 고생하시는 어머님께 대구에 있는 경북대 부속병원에 가서 정밀 진찰을 받도록 주선해드렸다. 그런데 이게 웬일인가. 담당 의사는 말기 대장암이라면서 간이 수술을 받으면 6개월 정도 더 사실 수 있다고 진단했다고 했다. 나는 주저하지 않고 동의를 하였고 어머님으로 하여금 수술을 받도록 했다.

진단을 받기 1년 전부터 어머님은 속이 편치 않다며 한의원을 주로 다니셨는데 연세도 86세로 고령인지라 나는 노환 정도로만 여겼었다. 그런데 이것이 어찌된 것인가. 나와 똑같은 대장암이라니. 차이가 있다면 나는 초기인데 반해 어머님은 말기 병력이라는 것이었다. 나는 엄청난 자격지심에 빠지고 말았다.

내가 수술을 받았을 때 어머님도 대장 내시경 검사를 받도록 해드렸어야 했는데 하고 여간 후회스럽지가 않았다. 대장암은 유전성 병력이 있다는 것을 알면서도 내가 하는 일이 이렇게도 못나고 실수투성이구나 하고 후회해봤으나 아무런 소용이 없었다.

평소 아주 건강하고 체구도 좋으셔서 중병을 앓으리라고는 생각지도 못했다. 수술을 받기 전까지도 대구에서 혼자 지내면서 부엌일을 직접 하셔서 건강에 이상이 없는 것으로만 알았다.

어머님은 의사의 예상 진단보다 2개월 정도를 더 사시다가 2011년 2월 19일 새벽 2시, 87세를 일기로 소천하시고 말았다. 나는 신보 이사장으로 서울에서 재직하고 있었기 때문에 아버님 때에 이어 이번에도 어머님 임종을 지켜보지 못한 불효자가 되고 말았다. 매주 주말마다 대구로 내려가서 뵈었지만 어머님의 마지막은 막내 여동생(惠玉)만이 지켜보았을 뿐이다. 나는 잠을 자다가 그날 새벽에 여동생의 전화 연락을 받고 어머님의 비보를 듣게 됐다. 나는 대구로 곧바로 내려가서 경북대 부속병원 영안실에서 어머님께 용서를 빌었다. 싸늘한 시신으로 변한 어머님이셨지만 마치 살아 계시듯이 편안한 모습으로 나를 반겨주시었다.

어머님의 나에 대한 사랑은 참으로 지극하셨다. 자나 깨나 아들 걱정으로 평생을 가슴 졸이면서 사시다가 돌아가셨다. 나를 아는 많은 분들이 조의를 표해주었고 특히 신용보증기금 직원들의 노고가 많았다. 어머님은 고향 땅 선산의 아버님 옆자리에 묻히셨다.

어머님의 일생은 참으로 기구했다고 말할 수 있다. 일제 말기 정신대에 끌려가지 않기 위해 만 18세에 조혼하여 나를 그 이듬해에 낳으셨다. 어머님은 1남 2녀가 있는 상처하신 아버님을 만나 결혼을 하셨는데 결혼 생활이 초년부터 쉽지 않았던 것은 짐작이 가고도 남는다.

초등학교 출신으로 간호사 일을 하시다가 결혼한 것으로 알고 있다. 개성이 뚜렷하고 억척같은 집념으로 가계를 도우려고 많은 노력을 기울였다. 아버님이 군수로 계실 때도 돼지나 닭을 기르면서 알뜰하게 살림을 꾸리셨다. 근검·절약정신이 몸에 배여 우리 8남매가 넉넉지는 못했어도 밥 굶는 일은 없었다.

쪼들리게 사실 때에도 내색하는 일이 없었고 항상 밝은 표정을 지으셨다. 그런 어머님을 노년에 맛있는 음식으로 마음 편하게 제대로 한번 모시지도 못해보고 하늘나라로 떠나시게 했으니 이 불효자식의 마음이 아프기가 그지없다.

어머님은 본디 불교에 관심이 많았으나 나의 권유로 천주교에 입교하여 말년에는 열심히 성당에 다니셨다. 장지로 가실 때에는 본당인 칠곡성당에서 연미사를 보고 떠나셨다. 본명은 '율리안나'이셨다.

기본재산 확충과 보증 질서 확립

　나의 신보 재직 5년 2개월 14일 동안 신보는 괄목할 만한 도약을 했다. 물론 글로벌 금융위기 덕분(?)에 큰 동력을 얻은 것이지만 임직원들의 노고도 간과할 수 없다. 경제가 어려워지면 신보의 역할이 커지기 때문에 역설적으로 경제위기는 신보에겐 발전의 호기가 된다.

　신보의 발전상은 나의 취임 초기(2008년 9월 말)와 이임할 때(2013년 9월 말)를 비교해보면 한눈에 알 수 있다. 보증업체 수는 10만 351개에서 12만 5,078개로 2만 5,727개가 증가했고 보증 잔액은 28조 6,531억 원에서 48조 1,926억 원으로 1.68배가 늘어났다. 또한 기본재산은 3조 7,182억 원에서 6조 1,711억 원으로 1.66배가 확충되어 신보는 큰 부자가 됐다. 보증 부실률은 4.9%에서 3.9%로 크게 낮아져 지나치게 안정 위주로 운영한다는 비판을 받기도 했다.

　한편 신보가 내실을 기하고 알부자가 되자 기획재정부는 다른 생각을 하기 시작했다. 신보의 기본재산에 여유가 많으니 정부로 되돌려달라고 졸라댔다. 나는 한동안 고민을 했다. 신보 창립 이래 한 번도 전례가 없는 정부로의 역출연을 해줘야만 하는가 하고. 나는 정부가 재정이 어려워 오죽하면 돈을 돌려달라고 하겠는가 하고 생각하니 여유가 있을 때 돌려주는 것도 괜찮을 것 같아 돌려주기로 결단을 내렸다.

앞으로 보증 재원이 부족해지면 정부는 당연히 신보에 출연을 해줘야 하기 때문에 큰 문제가 없었고 정부가 어려울 때 준정부기관이 도와주는 것 또한 당연하다고 생각했다. 그래서 2012년에 3,500억 원을 신보사상 처음으로 정부에 되돌려주고 이와는 별도로 다시 3,500억 원을 저금리를 받고 정부에 빌려주는 역사적인 대기록을 세우게 됐다. 이렇게 모두 7천억 원을 정부에 역출연하거나 빌려주고서도 내가 이임할 때 신보의 기본재산이 6조 1,711억 원으로 확충된 것은 신보 임직원 모두가 기뻐하지 않을 수 없는 일이었다.

다음으로 신보 이사장을 하면서 괴로웠던 일은 수많은 보증 청탁이었다. 국회의원 출신이었기 때문에 여야 의원을 비롯하여 지역구민 그

2013년 5월 중소기업인들이 청와대에서 열린 대회를 마치고 박근혜 대통령과 함께 기념촬영을 했다. 두 번째 줄 오른쪽에서 네 번째가 필자.

리고 학교 동창 등 지인들이 많았다. 그들은 심심찮게 나를 찾아오거나 전화로 보증 청탁을 해왔다. 참으로 한심하고 짜증나는 일이었다.

한동안 많이 시달리다가 마침내 방책을 강구해냈다. 그동안 경험을 해보니 기업인 자신들이 신보 지점 창구에서 보증 심사를 받아보다가 안 되는 것을 정치인이나 지인에게 부탁하여 나에게 다시 청탁하는 사례가 많았다. 이런 사례는 거의 95% 수준에 달했다.

그래서 1차로 지점 창구에서 불가 판정을 받은 것은 모두 나의 선에서 냉정하게 자르는 수밖에 없었다. 그리고 창구에 가기 전이라고 주장하는 보증 부탁(5% 해당)은 해당 지점에 '법규대로 심사하라'고 단단히 이르고 부결 대상은 끝까지 부결되도록 하라고 강력하게 지시했다. 그래서 때로는 오히려 부탁해온 보증 건이 더 엄격하게 심사받는 역차별을 받기도 했다.

이런 조치를 취하고 보니 부탁해온 보증 건이 승인 나는 경우는 현저하게 줄어들 수밖에 없었다. 이렇게 부탁한 보증 건이 잘 안 되니까 자연적으로 청탁자들로부터 "안 된다고 하니까 이사장한테 부탁하는 것인데 조금도 봐주지 않는다"고 하는 불평이 이어졌다. 그래서 나는 본의 아니게 많은 지인들로부터 인심을 잃게 되고 말았다. 그러나 나는 이렇게 철저하게 보증 질서를 세우지 않으면 안 되는 이유로 첫째로는 신보 직원들에게도 보증 심사 자세가 동요될 수 있다고 보았으며, 둘째로는 보증 부실률도 높아져 신보 재정에도 큰 문제가 생길 수 있다고 내다봤기 때문이었다.

사람은 자기 이기심 앞에는 안면을 몰수하고 철면피한 행동도 쉽게 한다는 것을 나는 경험했다. 평소에는 모른 척 하고 지내다가 내가 신보 이사장이 되니까 마구 부탁을 해오는가 하면 어떤 사람은 아예 노골적으로 브로커처럼 행세하기도 했다. 또 어떤 이는 자기 체면에도 맞지 않게 나를 찾아와 무릎 꿇고 절을 하겠다면서 보증 부탁을 해대어 나를 당혹스럽게 하기도 했다. 어디 그뿐인가. 장관까지 지낸 어떤 이는 나와 잘 알지도 못하면서 전화로 청탁을 해대어 나를 실망시킨 적도 있었다.

취임 후 1년 동안 내가 직접 나서서 보증 청탁을 막고 바람막이가 되어주니까 직원들은 소신대로 보증 심사를 할 수 있게 됐다. 직원들도 '안 되는 것은 안 된다'는 나의 원칙을 잘 지켜주어 보증 질서는 신보에서 이제 확고하게 자리를 잡게 된 것 같았다. 요즘도 직원들이 그때 이사장이 보증 질서를 잡아주어 이제는 체질화되었다고 자랑스럽게 말하는 것을 보면 마음 한편으로 흐뭇하기만 하다.

보증제도의 해외 전수 활동

우리나라 신용보증제도에 관한 외국 금융기관의 관심은 매우 높다. 한국의 괄목할 만한 높은 경제성장은 신용보증제도의 효율적인 운용 덕분이라고 보는 시각이 많았기 때문이다. 특히 개도국이나 신흥국에서의 관심은 대단하다.

신보의 신용보증제도 해외 전수 활동은 신보가 주체적으로 벌인 사업이라기보다는 타율적으로 이뤄진 것이 많았다고 평가할 수 있다. 왜냐하면 국제 업무 사업 예산도 적었거니와 인력도 충분하지 않아 적극적으로 추진하는 데 제약이 있을 수밖에 없었다.

내가 신보에 부임하기 전까지 베트남과 캄보디아에 대한 전수 활동은 어느 정도 진전되어 있었다. 베트남은 우리나라 신보제도를 도입해 베트남은행이 2008년부터 제한적인 보증 사업을 벌이게 됐고 캄보디아도 전수에 관심은 많았으나 재원 등의 문제로 적극성은 띠지 못하고 있었다.

나의 신보 재직 기간 중의 해외 전수 활동은 주로 정부(기획재정부)의 '경제발전경험공유사업(Knowledge Sharing Program: KSP)'에 신보가 참여하여 진행된 것이 대부분이었다. 여기에 나 자신이 ADB(아시아개발은행) 총회에서 만나는 아시아 각국의 금융계 인사들과의 교류를 통해 한국의 신보제도를 홍보하고 도입을 권유하는 활동이 보조 역할을 했다고 할 수 있다.

KSP에 참여한 여러 공공기관의 성과를 보면 단연 신보의 실적이 가장 현저하게 우수하다는 평가를 받았다. 여러 국가와의 전수 활동 중에서 가장 성과를 낸 국가는 중앙아시아의 카자흐스탄이었다. 이 나라는 나를 두 번(2010년과 2012년)이나 '아스타나 경제 포럼'에 공식 초청하여 보증제도 도입에 열성을 보였다. 2012년 8월 두 번째 경제 포럼에서 카자흐스탄 정부의 기업육성기금(DAMU)은 회의장 단상에 미국의 존 내쉬 등 노벨 경제학상 수상자 3명과 함께 나를 동석시키는 등 극진한 배려를 해주었다.

이에 앞서 2010년 7월 처음으로 카자흐스탄에 갔을 때에는 초청자인 볼랏 스마구로프 회장(PPP센터, 고려인과 결혼)은 아스타나에 거주하고 있어서 직접 알마티 공항에 나올 수 없으니까 대신 처제를 내보내 나를 마중하게 했다. 그녀는 마이바흐 승용차로 나를 호텔까지 태워다 주는 등 극진한 친절을 베풀기도 했다.

나는 이때 카자흐스탄 경제개발통상부 청사를 찾아가 마랏 쿠사이노프 차관과 면담했다. 빠른 경제 성장을 원한다면 한국형 신용보증제도를 도입하는 것이 첩경이 될 것이라고 강조하고 우리의 성공 사례를 진지하게 설명해주었다. 쿠사이노프 차관은 검토해보겠다고 말했지만 상당한 관심을 가지고 있는 듯했다. 사실 그 무렵 카자흐스탄은 같은 중앙아시아 경제권인 터키의 신보제도 도입을 검토하고 있었다. 그 뒤 쿠사이노프 차관의 역할에 힘입어 카자흐스탄 정부는 당초 방침을 바꾸어 한국형 신보제도를 도입하기로 결정하기에 이르렀다.

카자흐스탄이 2013년 7월부터 제한적이지만 한국형 보증제도를 베트남에 이어 두 번째로 실시하게 된 것은 신보로서는 큰 성과를 거둔

2012년 8월. 카자흐스탄 '아스타나 경제 포럼'에 참석한 필자(오른쪽에서 두 번째)가
미국의 존 내쉬(왼쪽 첫 번째)를 비롯한 노벨경제학상 수상자 3명과 함께 단상에 앉아 있다.

것으로 평가하지 않을 수 없다. 내가 카자흐스탄에 열정을 가지고 보
증제도 세일즈에 나선 것은 이를 계기로 한국과 카자흐스탄 양국 간에
교류가 빈번해져서 자원 외교 등 경제 협력 전반으로 발전하기를 바랐
기 때문이었다. 그렇게 되면 두 나라는 서로가 '윈윈' 하는 좋은 모델
을 만들 것으로 생각했다.

그 밖에도 2011년 10월에 방한하여 신보에서 보증 전수 MOU를 체
결한 카이랏 아이테케노프 기업육성위원회 위원장과 의욕적으로 일하
는 여걸형의 리아자트 이브라기모바 DAMU 사장을 지금도 잊을 수가
없다.

한편 2010년 5월 ADB 총회 때 우즈베키스탄에 가서도 그 나라 정

2012년 8월. 필자가 두 번째로 카자흐스탄을 방문했을 당시 볼랏 스마구로프 엔지니어링공사 사장이 선물한 그 나라 귀족 전통복장을 입고 기념촬영을 했다. 필자 오른쪽이 스마구로프 사장.

부 측에 보증제도 전수 의사를 타진했다. 그러나 보증사업 재원이 여의치 않아 지금까지도 도입을 미루고 있어 안타깝기만 하다. 이 밖에도 터키 신보(KGF)와 MOU 체결(2011년 3월), 아프리카의 가나와 KSP 계약 체결(2012년 6월), 인도네시아 신용보증공사 잠크린도(Jamkrindo)와 MOU 체결(2012년 6월), 몽골과 KSP 계약 체결(2013년 6월) 등이 신보의 대표적인 국제 업무 활동의 성과였다고 할 수 있다.

신보의 가장 큰 자산은 인적 자원

　신보 재직 중 나는 경영 방침의 초점을 고객인 기업인에 대한 진정한 봉사와 서비스 향상에 두고 총력을 기울였다. 직원들이 좀 고달파도 기업인이 편리하고 고맙게 생각하도록 고객 만족도 제고에 온 신경을 썼다. 그 결과 신보의 역할과 성과에 대한 대외 평가도 좋아져서 많은 상을 받게 됐다.

　수상 실적을 보면 2년 연속 공공기관 경영평가 A등급 기관 선정(기획재정부, 2010년 6월)을 비롯하여 노사문화대상 고용노동부장관상(2011년 11월), 2012포브스 최고 경영자대상 창조경영부문대상(중앙일보, 2012년 4월), 3년 연속 고객감동경영대상 종합대상(한국경제, 2012년 1월) 등 나의 재직 기간 중에 모두 29개의 각종 상을 수상했다. 특히 2012년 5월 17일 청와대에서 열린 중소기업인대회에서 금융위기 극복에 기여한 공로로 과분하게도 나 자신이 동탑산업훈장을 수훈한 것은 잊을 수가 없다.

　내가 각종 상과 훈장을 받게 된 것은 신보 임직원들의 성실한 경영 성과 노력 덕분이라고 말하지 않을 수 없다. 신보의 우수한 인적 자원은 높이 평가해도 지나치지가 않다. 하나같이 유능하고 도덕성이 강한 모범생들이기 때문이다.

2012년 5월 17일. 이명박 대통령이 청와대 녹지원에서 열린 중소기업인 대회에서
금융위기 극복에 기여한 공로로 필자에게 동탑산업훈장을 수여하고 있다.

나는 간혹 이 직원들이 다른 직장에서 일했다면 더 큰 발전과 성취
감을 맛보았을 것이라고 상상도 해보았다. 금융공공기관인 신보라는
조직 안에서 지내다보니 직원들이 보수성과 안정성에 젖어 과감한 도
전과 개혁정신이 좀 부족한 것이 나에게는 항상 욕심스런 불만이 되곤
했다. 나에게 신보에서 가장 큰 자산이 무엇이냐고 묻는다면 나는 '인
적 자원'이라고 주저 없이 자랑하고 싶다.

신보 직원들 모두가 뛰어난 인재들이지만 그중에서도 한경택·김태
환 감사, 김영동·권오현·유태준·권태홍·권의종·권영택·한종관·황병홍
전무이사, 이석배·박재준·노용훈 이사(채권관리부문), 임석순 본부장(성
과평가부문), 이상경 본부장(SOC보증부문), 박국근 본부장(신용보험부
문), 박철용 본부장, 김진원 지점장, 김대복 지점장(이상 비서실장 역임)

등을 잊을 수가 없다. 특히 한종관 전무의 보증 분야 발전에 쏟은 공로는 높이 평가받아 마땅하다고 생각한다. 한편 국제업무부문에서는 곽성철·박찬기·진용주 지점장, 박용평 부장, 오영권 팀장, 김정은 차장(아프리카 가나 출장) 등의 노고는 신보 역사에 길이 남을 만하다.

한편 나는 신보 직원들에게 퇴직 후의 일자리를 위하여 SPC 대표이사제와 SOC 보증회사 감사제 등을 도입하는 등 많은 노력을 했다.

2013년 9월 30일. 5년 2개월 14일간의 최장수 신보 이사장 재직 기록을 세우고 임직원들과 함께 이임 기념사진을 촬영했다. 앞줄 가운데 꽃다발을 든 사람이 필자.

필자가 임직원들의 따뜻한 송별 인사를 받으며 정들었던 '신보'를 떠나고 있다.

　훌륭하고 모범적인 임직원들의 노고 덕분에 나는 뜻밖에도 연임(1
년)을 두 번씩이나 하고 5년 2개월 14일이라는 신보 역사상 최장수 이
사장 재임 기록을 세우게 되었다.

　2013년 9월 30일 내가 퇴임식을 마치고 신보를 떠날 때 임직원들
은 도열해서 뜨거운 박수로 나의 노고를 격려하며 진심으로 위로해주
었다. 이에 앞서 나는 퇴임사를 통해 사랑하는 직원들에게 "신보 재직
기간 동안 가졌던 보람과 긍지 그리고 영광을 여러분들과 함께 영원히
나누고 싶다"고 말하고 "앞으로도 나와 같이 일했을 때와 똑같이 애
국심으로 똘똘 뭉쳐 중소기업을 발전시키는 일에 적극 매진해달라"고

당부했다.

신보 재직 중 특기할 사항은 내가 5년여 동안 결근 한 번 하지 않고 성실하게 일했다는 것이다. 남들은 욕할지 모르지만 매제가 세상을 떠났을 때에도 아침에 열린 발인제만 참석하고 신보에 출근을 했을 정도였다.

신용보증기금 이사장을 마지막으로 나의 직장 생활도 만 70세에 마감됐다. 나에게 고희 때까지 일할 수 있도록 배려해준 이명박 대통령과 다른 분들에게 깊은 감사를 드리지 않을 수 없다. 지금은 여생을 조용히 보내면서 그동안 제대로 해보지 못했던 취미 생활로 소일하고 있다.

그리고 한동안 소원했던 JP(김종필) 총재와 JC(이종찬) 대표를 가끔 찾아뵙고 정계 입문 당시를 회상하며 문안을 드리고 있다. 열정적으로 보필했던 과거 일들을 더듬으며 끝까지 모시지 못한 인간적인 연민과 회오에 시달리면서 노년에 인생의 철리를 깨닫기도 한다.

제10장

대한민국을 위한 나의 제언

우리나라가 가야 할 길

우리나라가 가야 할 길

우리나라는 지금 너무나 어려운 상황에 처해 있다. 북한의 핵무기 공갈 협박에 입으로만 대응하고 타국에만 의존하는 국가 안보, 미국의 만류에도 불구하고 중국에 달려가 북한을 견제해줬으면 하고 기대했다가 성과가 없자 눈만 흘기는 외교, 민생은 돌보지 않고 여·야 대치만 일삼는 대권병 환자들의 한심한 정치, 글로벌 저성장 시대에 수출과 성장이 움츠러들고 거기에다 성장 동력마저 한계에 다다른 풀죽은 경제, 비효율적인 시스템과 전교조를 방치한 병든 교육, 기득권에만 안주하려고 맹추위에도 가두시위만 일삼는 노동계의 투쟁 등 참으로 답답하기만 한 일이다.

이대로 가다가는 대한민국은 미래가 없는 나라가 될까봐 걱정스럽다. 지금 지식인만이 아니라 많은 국민이 이 나라를 걱정하고 있다. 하루하루가 다르게 피부로 느끼고 있으니 국민이 불안해하고 있다. 어제까지만 해도 우리는 우리가 얼마나 잘사는 나라에 살고 있는지도 모르고 있는 사람들이라고 여유를 부리며 살아왔다.

그런데 이제 이야기가 달라졌다. 국가 안보와 외교, 정치, 경제, 사회 각 분야에서 우리는 극복해야 할 많은 문제들을 안고 있다. 지금이라도 근본적인 대안 마련을 서둘러야 할 때다. 각계의 전문가들은 우리나라가 나아가야 할 길을 찾아내고 공청회를 통해 사회적 합의를 도출해내야 할 것이다.

나는 각 분야에서 깊이 있는 박사급 수준의 전문가는 아니다. 그러나 지금까지 살아오면서 각 분야에서 경험과 경륜을 두루 쌓아왔기 때문에 이 나라가 이렇게 허송세월해서는 안 된다고 하는 동물적인 감각은 갖고 있다. 이 같은 나의 직감에서 생각나는 각 분야별 정책 대안을 나름대로 제기해보고자 한다.

G2(미국·중국)에다가 대국병에 걸린 일본의 도전으로 국제 정치의 큰 축이 흔들리다보니 동북아 정세도 급변하여 우리의 생존 방식도 수정되어져야 한다고 본다.

먼저 국가 안보에 관한 것이다. 이제는 국력도 상당한 수준으로 신장됐으니만큼 자주 국방의 준비를 단계적으로 도모해야 될 때가 됐다고 본다. 자주 국방은 궁극적으로 북의 핵개발에 대비해 우리도 핵무기 등을 개발하여 맞대응을 해나가는 것이다. 여기에는 미국·중국·일본·러시아의 반대가 심각할 것이다. 하루아침에 자주 국방 태세를 갖춘다는 것은 현실적으로 난관이 너무 많아 매우 어려운 과제다.

이제 우리는 북의 핵위협에 맞서 먼저 우방인 미국·일본과 협의하여 '사드' 배치에 이어 전술 핵무기를 한국에 재배치하는 안보·외교 노력을 경주해야 될 때가 왔다고 생각한다. 중국의 반대가 만만치 않을 것이다. 그러나 국제 사회에는 영원한 적도 동지도 없다는 철칙 앞에 우리는 다음 단계로 미국과 본격적인 핵무기 개발 협상을 낮은 단계에서부터 벌여나가야 할 것이다. 미국이 동의해준다면 자주 국방의 터전을 확보하기 때문에 좋은 일이고 그 반대라면 다른 흥정을 할 수 있는 지렛대를 만드는 것이기 때문에 우리에겐 부차적인 안보 이익이 별도로 뒤따르게 될 것이다.

자국의 생존을 위해 인도·파키스탄·이란 등이 핵개발을 했듯이 우리의 안보를 미국에만 영원히 의존해서는 안 될 것이다. 우리가 자주적으로 나라를 지키지 않는데 어느 나라가 영원히 우리를 지켜줄 것이라고 생각한다면 어리석은 일이다. 과거 베트남의 사례가 웅변으로 말해주고 있지 않는가. 자주 국방의 길은 고도로 훈련된 외교관들이 미국·중국·일본·러시아와의 협상에서 단계적으로 틈새를 계속 벌여나가야만 열릴 수 있을 것이다.

반면에 그 전제조건으로 미·중·일·러 등 강대국의 견제로 인해 우리에게는 경제 위축이 일어날 수도 있는 만큼 국민의 생활수준이 지금보다 뒤떨어질 수도 있다는 것을 먼저 각오해야 할 것이다.

문제는 결국에는 국민에게 생활수준, 즉 삶의 질이 떨어지는 자주 국방 정책을 선거로 당선되는 대통령이 과연 선택할 수 있는가 하는 것이다. 이렇듯 자주 국방의 길은 어렵고도 두려운 것이다. 그러나 탁월한 국민적 지도자는 만난을 무릅쓰고라도 국민적 합의를 바탕으로 하는 자주 국방의 길을 모색하기 위해 꾸준히 노력하고 전진해나가야만 할 것이다.

다음은 외교도 전략적으로 전개해야 한다. 국가 간의 교섭은 국가 이익이 기본이 된다. 이것도 국력이 대등할 때 하는 이야기다. 외교에서 교섭 당사자가 약소국이라면 상대방 강대국에 끌려 다니는 수밖에 없다. 여기에 국력에서 밀리는 우리나라 외교의 고민이 있다.

외교 교섭에서 순진성은 참으로 위험하다. 국가 이익을 밀고 당기는 외교전에서는 정확한 정세 판단과 샤일록 같은 외교 기술이 있어야 승리할 수 있다. 약소국이 외교에서 실리를 얻는다는 것은 고도의 전략적인 외교 전술을 구사했거나 운이 좋아 조금 챙기는 경우일 것이다. 그래서 외교관의 전문성과 외교 역량은 과거 그 어느 때보다도 중요하다 아니할 수 없다.

기존 우방 국가와의 우호관계를 견고하게 유지하는 가운데 제3국과의 관계 개선을 조심스럽게 도모하는 것이 외교의 기본이다. 잔머리를 굴리는 것이 아니라 정도(正道)를 걸으면서 상황 변화에 적절하게 대처하는 전략적인 외교 능력이 그 어느 때보다도 필요하다 하겠다. 그렇게 하자면 슈퍼 엘리트 외교관의 양성이 필수조건이 될 것이다.

우리나라의 정치는 국민에게 짐이 된 지 오래됐다. 문제는 그런 정치밖에 할 줄 모르는 수준의 정치인을 계속 뽑으면서 정치 현실을 탓하고만 있다는 것이다. 역량도 부족하고 존재감도 없는 국회의원은 과감히 도태시켜야 한다. 그래야 정치인이 국민을 두려워한다.

우리 정치는 대화와 타협이 없는 원시적인 '평행선 달리기' 수준에 머물고 있다. 여·야의 정치지도자는 대권만 생각하지 말고 평소에 민생을 성실하게 돌보는 정치를 해야 할 것이다. 정치인은 국민을 편안하고 행복하게 살 수 있게 해주는 것이 정치의 기본이라는 것을 항상 염두에 둬야 한다.

그래서 안보와 경제에는 여도 야도 없어야 한다고 생각한다. 종북과 친북 세력이 아니라면 여야 간에 머리를 맞대고 풀지 못할 일이 어디에 있겠는가. 총선과 대선을 앞두고 유·불리에 너무 집착하다보면 정치판이 깨진다는 것을 정치인들은 모른다. 지금 국회의원들은 기성 정치인 모두를 퇴출시켜야 한다는 국민적 여론이 날로 커지고 있다는 사실을 알아야 할 것이다.

국회의원에 대한 혐오감과 국회 무용론 주장이 더 커지기 전에 국회의원들은 자기들이 해야 할 일에 더 한층 충실해야 할 것이다. 공천을 앞둔 계파 싸움도 때 이른 대권 놀음도 도를 지나치면 불신을 받게 될 것이고 마침내는 국민적 저항에 직면하게 될 것이다. 국민적 저항이 일어나면 그때에는 모든 것이 불타버린 뒤가 될 것이다. 정치인들의 자기 절제와 민생 챙기기를 간곡하게 당부한다. 미국처럼 우리나라도 기성 정치에 대한 염증이 정치혁명을 불러올 수도 있기 때문이다.

국회를 개혁하겠다고 여야 합의로 제19대 국회에서 국회선진화법을 제정했다. 그런데 기가 막히는 것은 가장 중요한 안보·경제·노동 관련 법안들은 손도 못 대고 있으니 문자 그대로 식물 국회가 아니고 무엇인가. 다수결 원칙이 보편적인 가치인 의회민주주의를 국회가 스스로 포기했으니 무엇을 어떻게 하겠다는 것인가. 국회를 이 지경으로 개악해놓고도 책임지는 사람이 없으니 참으로 가소로운 일이다.

제20대 국회 초반부터 선진화법에 대한 각 정당의 올바른 해법을 촉구한다. 이 문제를 시급하게 해결하지 않는다면 국회는 곧 국민적 저항에 직면하게 될 것이 명약관화하다. 야당은 자기들이 다음 대선에서 집권에 성공하는 경우도 한 번쯤 생각해봐야 할 것이 아닌가.

말도 많고 탈도 많은 4·13 총선이 여당인 새누리당의 대참패로 막을 내렸다. 그 이유는 두 가지다. 하나는 경기 침체와 청년 실업 등으로 민생이 어렵다는 것이고, 두 번째는 정부·여당의 독선과 오만에 가득 찬 막장 공천 파동에 대한 정치 혐오 때문이다. 그래서 국민이 준엄한 심판을 내린 것이다. '민심이 천심'이라는 정치의 기본을 망각하고 제멋대로 놀아났으니 큰 벌을 받아 마땅하다고 생각한다.

이번 총선 결과 여소·야대 정치구도가 되었다. 대통령은 야당의 협조 없이는 아무것도 할 수 없는 한계에 봉착했다. 바로 식물 대통령이 눈 앞으로 다가왔다. 온 국민을 세 대결의 극한상황으로 내몰고, 전력 투구로 선출된 대통령이 국정을 제대로 추진하지 못한다면 현행 대통령 제도는 박물관에 가야 할 정도로 심각한 문제점을 안고 있는 것이 틀림없다.

이 차제에 국회 선진화법 등으로 작동이 고장난 대통령제를 버리고 기왕 협치(協治)를 할 바에야 권력구조를 의원내각제로 개헌해버리자는 제안을 하고 싶다. 다만 남북대치 국가상황과 정치·사회혼란 및 부정부패를 방지하기 위해 내각총리에게 비상대권을 주는 등 적절한 안전장치를 반드시 헌법에 규정하는 것을 전제조건으로 해야 할 것이다.

경제가 어려운데 경제를 살릴 길이 쉽지 않다. 그런데도 세간에서는 경제민주화와 동반성장에 관한 화두가 주목받고 있다. 경제민주화는 따지고 보면 올바른 주장이지만 경제민주화를 언제, 어느 정도의 강도로 정책화할 것인가가 바로 문제다.

우리나라 100대 대기업의 GDP 점유 비율이 60%에 달하는 것은 문제가 아닐 수 없다. 경제의 집중력이 너무 지나쳐 재벌의 문어발식 경영은 한계점을 넘었다는 지적도 나온다. 그래서 빈부의 양극화 문제와 소득의 불균형 문제가 이번 제19대 대통령 선거에서 가장 중요한 이슈가 될 것이 틀림없다.

나는 여기서 재벌들이 정부와 함께 우리 경제의 성장 동력인 첨단신산업과 과학기술 개발에 상당한 투자를 지속적으로 해야 한다고 생각한다. 그저 돈 벌기 쉬운 골목 상권까지 넘보고 중소기업의 납품 단가 후려치기로만 일관한다면 우리 경제는 물론 우리 사회의 존립까지도 위협할 수 있다고 생각한다.

한편 정부는 경제민주화 차원에서 재벌 관리에 나서 국민적 지탄의 대상이 되는 대기업의 나쁜 관행을 단계적으로 과감하게 교정해나가야 할 것이다. 물론 대기업의 소유·지배 구조에서 외국인 지분이 많은 것은 사실이지만 정책을 통한 대기업 컨트롤은 필요불가결하다고 하겠다. 이렇듯 국민이 납득할 만한 건전한 재벌 정책이 추진되어야만 부자 증세와 불공정 문제, 나아가 흙수저와 금수저 논쟁 등이 불식될 것이다.

재벌과 대기업의 순기능적 역할을 과소평가할 수는 없다. 그러나 자본의 생리상 일탈행위는 항상 있을 수 있는 것이기 때문에 정부의 재벌 정책은 경기 변동에 따라 상시적으로 조절되어야 마땅하다고 본다. 청년 실업률이 12.5%선을 넘고 수출이 전 분기에 비해 18.5%나 격감하는 작금의 우울한 경제 현실 앞에서 강력한 경제민주화 정책을 하루 아침에 100% 수준으로 펴나가기는 어렵다고 본다.

이와는 달리 대·중소기업 동반성장 정책은 적극적으로 시행되어야 한다고 생각한다. 그래야만 중소기업도 제대로 활력을 찾아 일자리를 늘릴 수 있고 GDP에서 차지하는 중소기업의 비중도 점차적으로 높여 부의 집중화 현상을 완화시켜나갈 수 있게 될 것이다.

우리나라는 시장경제를 지향하는 나라다. 요즘처럼 반재벌적·반기업적 사회 풍조가 날로 힘을 얻게 되면 시장경제 체제는 물론 자유민주주의 체제마저 붕괴시킬지도 모른다. 이 땅의 경제인들은 오늘날 자신의 부가 어떻게 해서 형성·축적됐는지를 성찰하여 '나의 기업이 아닌 국민의 기업'이라는 자세로 이 어렵고 힘든 글로벌 경제 파고를 국민과 함께 극복할 각오를 새롭게 해주기를 간절히 바란다.

우리나라는 반드시 선진국으로 올라서야 한다. 중진국 함정에서 벗어나서 선진국이 되자면 국민·정부·기업이 삼위일체가 되어 굳은 단합과 각고의 노력으로 매진해나갈 때 가능할 것이라고 생각한다.

다음으로 교육과 노동 등 사회 정책에 대해서 말하고 싶다. 사실 온 국민이 자녀 교육 문제에서는 거의 박사 수준에 달할 정도로 교육 문제는 국민적 관심사다. 그런데도 교육의 핵심 문제는 늘 등한시되고 있다. 바로 인격 함양을 위한 인성 교육을 강화하고 입시지옥 문제를 해결하는 것이다. 국어·영어·수학 등 교과목 성적만 좋으면 이 나라가 필요로 하는 인재가 되는 것인가. 건전한 인성을 키우면서 대학과 사회에서 학문과 경험을 통해 국가적 동량으로 성장하는 것이 아닌가.

그렇다면 교육 시스템과 입시 제도를 바꾸어야 할 것이다. 예를 들면 인성 교육의 비중을 높이고 교과 과정에서의 난이도도 문과·이과에 따라 차등화하여 대폭 낮추어야 할 것이다. 한편 공교육이 겉돌지 않게 사교육 문제 대책을 강력히 세웠으면 한다. 학교 교사는 학생들이 다니는 학원을 믿고 수업을 소홀하게 하고 학생들은 학원에서 이미 배운 것이라고 교실에서 잠을 자고 있다니, 이런 교육의 현장이 이 지구상에 또 어디에 있겠는가. 게다가 사교육비 문제까지 포함하여 교육 개혁이 심각하다는 현실을 잘 알면서도 아직 제대로 손을 쓰지 못하고 있으니 정부의 안이한 대처를 비판하지 않을 수 없다.

아울러 대학 입시도 학력 성적에만 의존하지 말고 입시생의 독서력과 창의력 및 특기 능력에도 높은 배점을 주는 등 입시 제도를 전면적으로 대폭 개혁해야 할 것이다. 그래야만 학생들이 입시지옥에서 벗어나서 다양한 능력과 인격을 함양하게 될 것이다.

그리고 학생들이 무조건 대학에 진학하는 경향을 줄여나가는 노력도 함께해야 할 것이다. 벌써 학생 수가 줄어 각 대학이 구조조정에 나서고 있는데 유명무실한 대학은 이번 기회에 과감하게 문을 닫게 해야 할 것이다. 아울러 학업 성적이 우수한 중학 졸업생은 일반계 고등학교를 거쳐 대학으로 가고 조금 떨어지거나 집안이 어려운 학생은 실업계 고교나 취업 전문 2년제 대학으로 진학하도록 학생 지도를 전략적으로 해나가야 할 것이다.

전교조는 이제 지난날의 편향된 이념 교육을 반성하고 정체성을 재확립할 때가 되었다고 본다. 정부도 시대정신에 맞게 전교조의 활동을 올바르게 유도하도록 정책적 대응을 적극적으로 해나가야 할 것이다.

노동 문제 또한 간단치 않은 중요한 문제다. 나는 노동계의 가장 중요한 과제는 비정규직 문제라고 본다. 노조가 자기 밥그릇을 놓지 않으려고 입으로는 비정규직을 옹호하는 것처럼 하면서도 실제로는 기득권 지키기에 여념이 없어 비정규직 문제를 방치하고 있으니 참으로 안타깝다.

나는 인권 차원에서 비정규직은 정규직의 양보로 철폐되어야 한다고 생각한다. 서구 국가나 일본에서도 비정규직은 사회문제화되고 있다. 교육 수준이나 기술력에서 조금 차이가 난다고 해서 급여 수준을 엄청나게 차이 나게 하고 취업을 불안정하게 한다는 것은 비정규직의 인권을 지나치게 유린하는 것이라고 생각한다.

비정규직을 단계적으로 폐지하여 정규직화하되 호봉과 급여 수준을 다단계로 적절히 조정해 그들의 인간다운 삶을 제도적으로 보장해줘야 한다. 저임금의 불안정한 떠돌이 생활에 지쳐 있는 비정규직의 인간적인 비애를 언제까지 두고만 볼 것인가.

한편 그동안 노·사·정 합의의 도출에만 목을 매어온 정부의 노동 정책은 이제 방향을 바꿀 때가 됐다고 본다. 정부는 노·사·정 합의 과정에서 정녕 최선을 다했다면 이제는 과감하게 노동법 개정을 통해 노동 현장의 여러 가지 문제점을 해결해나가야 한다고 본다. 국회로 공을 넘겨 여·야가 다시 노동계와 조율하여 머리를 맞대고 입법을 해나가도록 해야 할 것이다.

민주노총을 제외하고 한국노총과 한 합의를 한때 역사적인 노·사·정 전체 합의라고 과대 선전한 정부의 모양새는 의아하기만 하다. 그러다가 한국노총마저 이젠 합의를 깨고 돌아앉고 말았으니 정부는 국민에게 민망하지도 않은가.

노동계도 최근의 글로벌 경기 침체의 현실을 직시하고 기득권 수호에만 연연하지 말기를 바란다. 나라 경제가 어려울 때에는 대승적 차원에서 노·사·정 합의에도 협조해주고 그 대신 앞으로 경제가 회복된 뒤에는 다시 권익을 신장해나가는 신축성 있고 실효적인 노조 활동으로 지혜를 모아줬으면 하는 마음 간절하다.

다음은 통일에 관한 문제다. 동족 간의 통일은 그 어떠한 국가적 과제보다도 우선시되어야 하는 것이 마땅하다. 그러나 통일의 필요성을 노래만 한다고 해서 통일이 되는 것은 아니다. 또 혹자는 불식간에 통일이 찾아온다고 하면서 지금 당장 대비해야 한다고 말하기도 한다.

그러나 남북통일은 그렇게 쉽게 이뤄지는 것이 아니다. 남한과 북한 쌍방 간의 문제라 해도 어려운데 여기에 북한의 종주국 격인 중국과 러시아가 이해 당사국가로 버티고 있으니 산 넘어 산과 같은 어려운 일이 아닐 수 없다.

우리의 통일 문제는 국가 안보 문제와 밀접하게 연관되어 있다. 그런 만큼 조급하지 말고 인내심을 가지고 한반도 주변 정세를 잘 이용하고 또 통일·외교 역량도 배양하여 체계적으로 통일 준비 작업을 해나갔으면 한다.

끝으로 복지에 관한 나의 생각을 피력하고자 한다. 결론적으로 말하면 나의 복지관은 '공짜 복지'는 해서는 안 된다는 것이다. 선진 복지국가인 북유럽 국가들은 국민이 자기 월급의 50% 이상을 복지세로 내고 높은 수준의 복지 혜택을 누리고 있다. 물론 이들 국가의 복지 시스템은 우리나라와는 근본적으로 다르다.

이에 반해 우리나라는 근로자 봉급의 15% 내외 수준의 건강보험과 국민연금 갹출료를 내고 비교적 낮은 수준의 의료와 연금 혜택을 받고 있다. 거듭돼온 경제 성장의 여파로 국민은 더 많은 복지 수혜를 바라고 있지만 그 재원이 자신의 호주머니에서 나와야 한다는 것은 이해하려 하지 않는다. 그저 정부가 공짜로 복지를 확충해주기를 바라고 있는 것이다. 그 막대한 비용을 어디서 조달할 것인가. 북유럽 국가들은 지난 1980년대에 지나친 복지 확대로 한때 '복지병'에 걸려 국가 재정이 마비되는 일도 있었다.

복지에 관한 한 우리는 먼저 복지 시스템을 어떤 방향으로 할 것인지를 국민적 합의로 결정하고 복지 수준에 맞는 복지세금이나 의료 및 연금 갹출료를 단계적으로 높여나가야 할 것이다. 다시 강조하지만 국민이 지금보다 복지 수혜의 확충을 원한다면 기본적으로 국민 스스로가 그 부담을 감당할 각오를 먼저 해야만 한다는 것이다.

더불어 정부의 저소득층에 대한 사회안전망 성격의 복지는 지속적으로 확충해나가야 할 것이다. 건전한 대책 없이 포퓰리즘에 휩쓸려 선거 때마다 춤추는 마구잡이식 복지 확대는 결국 그리스처럼 복지 망국으로의 길로 안내할 것이 틀림없다.

부록

감동의 아프리카 기행
붉은 광장의 아이러니한 교훈

감동의 아프리카 기행

대자연은 웅장한 자태로 살아 숨 쉬고 있었다. 아프리카인들이 자연에 너무 가깝게 살고 있다는 것이 안타까웠다. 아프리카 여행은 나의 대망이요 꿈이었다. 직장을 그만두면 꼭 떠나고 싶었다. 70대 초반의 노인이 너무 무리하는 것은 아닌지 걱정도 됐다.

2014년 2월 24일 밤 9시, 우리 일행을 태운 KAL 959편은 인천공항을 힘차게 솟아올랐다. 아프리카 케냐까지 가는 길은 무려 1만 킬로미터. 기내식사와 영화 두 편 그리고 잠을 두 번쯤 잤을까. 14시간 만인 이튿날(2월 25일) 아침 6시 케냐의수도 나이로비에 도착했다. 승객을 태운 공항버스는 한창 공사 중인 새 터미널 건물을 돌고 돌아 낡고 허름한 입국장 앞에 섰다.

안으로 들어서니 낯선 케냐인들이 우리를 맞아주었다. 입국 심사대에서 비자 수수료(visa fee) 40달러를 내고서야 입국이 허락됐다. 너무 비싼 수수료가 마음에 걸렸다. 공항 밖으로 나오니 검은 얼굴들이 많아 아프리카에 온 것을 실감할 수 있었다.

기온은 그리 높지 않아 견딜 만했다. 교외에 있는 작은 호텔에서 뷔페식으로 아침을 때웠다. 탄자니아 '아루샤'로 가기 위해 간단한 짐만 챙기고 큰 짐은 돌아올 때 들릴 나이로비 호텔로 보냈다.

20인승 승합차를 타고 아루샤로 향했다. 가는 길에는 사바나 기후 탓인지 관목이 많이 보였다. 우산을 쓴 듯 키 큰 아카시아나무들이 드문드문 보였다. 어디쯤인지는 모르겠으나 현대자동차 사무실도 보여 반갑기 짝이 없었다. 그런데 신기한 것은 걸어서 출근하는 사람들이 참으로 많다는 점이었다.

두 시간 반쯤이 지났을까. 왼쪽 저 먼발치로 킬리만자로 산이 어렴풋이 보이는 게 아닌가. 흰 눈을 이고 희미하게 보이는 아프리카 최대의 명산을 보자 어니스트 헤밍웨이의 『킬리만자로의 눈(The Snow of Kilimanjaro)』이라는 단편 작품이 생각이 났다.

드디어 케냐와 탄자니아의 국경 도시인 '나망가'에 도착했다. 조그마했으나 깔끔한 출입국관리 사무실이 보기 좋았다. 사진 촬영을 하고 싶어 카메라를 꺼내 들자 불현듯 경찰이 달려와 야단을 치는 게 아닌가. 마침 촬영을 하지 않아서 다행이지 큰 소동이 일어날 뻔했다.

잡상인들이 토산품 등을 팔려고 아우성을 치는데 살 것이 없었다. 나는 물건을 사는 대신 돈을 좀 주고서라도 여인네들의 특이한 모습을 사진에 담고 싶었다. 사무실 쪽 촬영은 안 되지만 다른 곳은 허락됐다. 두 사람만 찍을까 하고 생각했는데 오판이었다. 세 명의 여인네가 갑자기 몰려와서 모두 다섯 명이 포즈를 취하는 게 아닌가. 난감했다. 고민 끝에 2달러로 겨우 흥정을 하고 사진 한 컷을 찍을 수 있었다.

케냐에서 출국 수속을 마치고 탄자니아 땅으로 넘어오니 조금 허름하고 짜임새가 덜한 것이 확연했다. 입국 수속에 드는 비자 수수료가 또 50 달러, 관광객을 대상으로 하는 비자 수수료 수입도 짭짤할 것 같았다. 두 나라 국경 도시들의 민가 모습이나 길거리 풍경은 좀 삭막하고 황량했다. 아프리카의 가난의 현장을 보고 있노라니 안타까워 어쩔 줄을 몰랐다. 그 원인이 무엇이든 간에 공연히 부아가 치밀어 올랐다. 어설픈 인류애 탓일까. 이렇게도 어렵게 살 수도 있는 것인가.

탄자니아 국경 도시 주변에는 요즘 중국 정부가 도로를 깔아주는 공사를 한창 벌이고 있었다. 아프리카 곳곳에서 중국과 일본이 도로와 건물을 만들어주는 등 선심 공세를 펴면서 자원 외교를 벌이고 있다고 한다.

다시 1시간 30분을 차로 달려 작지만 흥청대는 탄자니아 제2의 도시 아루샤에 도착했다. 케냐에서 탄자니아로 올 때까지는 사바나 기후 식물들이 즐비한 대평원의 연속이었다.

작은 호텔에서 점심을 들고 동물의 천국 세렝게티(Serengeti)국립공원으로 가기 위해 아루샤 교외에 있는 경비행장으로 갔다. 작은 비행장이지만 10여 대의 비행기가 계류돼 있었다.

우리 일행은 한진관광여행사가 주선한 단체관광 팀으로 팀원 16명에 가이드 1명 등 모두 17명이었다. 6쌍의 부부 12명에다가 여자분 4명이 있었다. 의사, 약사, 사업가, 언론계, 공직 출신 인사들이었다. 모두들 매너 좋고 시간을 잘 지켜 팀워크가 그만이었다.

사파리 첫째 날

세스나보다 조금 큰 경비행기를 타고 연둣빛의 세렝게티 상공을 나는 기분이 그렇게 상쾌할 수가 없었다. 세렝게티는 마사이어로 '끝없는 대평원'이란 뜻인데 21세기 지금까지도 태고의 자연이 숨쉬고 있는 것 같았다. 한 시간 조금 더 걸려 광활한 초원을 비행한 끝에 들판 맨바닥 활주로에 착륙했다. 오후 5시가 가까웠다.

덜컹대기도 하고 많이 흔들렸다. 아스팔트나 콘크리트 활주로를 깔지 않은 것은 동물을 보호하기 위해서란다. 자연환경을 파괴하지 않고 화학성분 냄새를 풍기지 않도록 하기 위함 이라고. 동물들을 위해 세

심한 배려가 있었구나 하고 생각하니 덜컹거림은 참을 만했다.

도착한 비행장은 바로 사파리 시작 장소와 가까이에 있었다. 초원 비행장에서 기다리고 있던 사파리 차량을 타고 야생동물을 만나러 바로 나섰다. 도요타 밴을 개조한 사파리 차는 지붕을 들어 올릴 수 있어 구경하기에 편리하고 시원했다.

차를 타고 얼마 가지를 않아 들판에서 멧돼지 두 마리가 나타났다. 처음 보는 야생동물이라 다소 흥분되기도 했다. 곧이어 얼마 가지를 않아 일단의 기린 떼가 움직이는 것이 보였다. 마치 군무를 추는 것 같아 아름답고 신기했다.

운전기사 겸 가이드인 '미카엘'이 연신 무전기를 들고 동물이 많은 곳으로 우리를 안내하느라고 분주했다. 다음에는 표범이 나무 위에 걸터앉은 곳으로 쏜살같이 달려갔다. 좀 멀리 떨어져 있어서 표범의 몸체는 잘 보이지 않고 꼬리만 축 늘어진 게 보였다. 움직일까 싶어 한동안을 기다렸으나 허탕이었다. 아마 잠이라도 자는 것일까.

우리는 또 이동했다. 이번에는 사자 두 마리가 걸터앉아 있는 큰 나무 앞으로 갔다. 좀 멀지만 누런 색깔의 암사자 두 마리가 나무 위에 걸터앉아 있는 것이 보였다. 으르렁대는 포효소리도 나지 않았고 사파리 차도 여러 대가 구경하고 있어서 두렵지는 않았다.

다시 한동안을 달리니 한 무리의 코끼리 떼가 어슬렁거리며 걸어가고 있는 게 아닌가. 모두 20여 마리쯤 되는데 젊고 싱싱한 놈들이 활보를 하고 있었다. 나 자신도 모르게 힘이 솟는 것 같았다. 작은 연못 속에서 놀고 있는 하마도 몇 마리 구경했다. 우리 일행은 연신 감탄사를 쏟아내면서 대자연의 품속으로 빠져들었다.

해가 뉘엿뉘엿해지자 숙소로 갈 시간이 됐다. 아루샤에 살고 있는 미카엘은 우리를 다시 표범이 있는 곳으로 안내했다. 움직이는 모습을 보여주기 위해서였다. 그러나 이번에도 표범은 꿈쩍도 않고 있었다.

석양이 깊어지려고 하자 세렝게티 대평원은 장관을 연출했다. 끝없는 들판과 저 멀리 산과 나무들이 연두색 옷을 입고 사뿐사뿐 춤을 추기 시작했다. 아름답다 못해 숙연해지기까지 했다. 그 모습을 영원히 잊을 수가 없다.

숙소인 '세레나' 로지(lodge)로 가면서 연두색 자연에 취해 감탄을 연발했다. 가까이에 있는 나무와 숲속에서 임팔라들이 사이좋게 뛰놀고 있었다. 동물의 왕국이 아니라 '동물의 천국'이었다.

로지는 그런대로 마음에 들었다. 30년 이상 된 건물이지만 탄자니아 특유의 독립 숙소 형태로 지었기 때문에 아늑하고 편안했다. 저녁은 뷔페식으로 식사했는데 거의 서양식이라 먹을 만했다.

이 로지는 인도인이 회장으로 있는 세레나그룹이 운영하는 것으로 회장은 사업 수완이 탁월한 것으로 보였다. 케냐나 탄자니아 등 동부

아프리카 특히 과거 영연방국가들의 경제권은 요즘에 와서 인도인들이 장악하고 있는 경우가 많다고 했다.

아프리카 대자연에 심취했는지 집사람도 오길 잘했다고 대만족이었다. 이렇게 아프리카의 사파리 첫날은 감탄과 평온 속에 조용히 저물어갔다.

사파리 둘째 날

2월 26일 아침 일찍 조찬을 들기 위해 로지 밖으로 나왔다. 15미터쯤 앞에 작은 새끼 사슴 한 마리가 나를 반기고 있는 게 아닌가. 야생인데도 놀라는 기색도 없이 한동안을 서 있기만 했다. 마치 동양에서 온 노인을 신기한 듯 쳐다보고 있었다.

세렝게티 국립공원은 탄자니아 서북쪽에 위치해 있다. 케냐 쪽 마사이마라 국립공원과 아래위로 서로 맞닿아 있다. 평원의 크기는 총면적 1만 4,763평방킬로미터로 우리나라 경상북도 규모의 넓이로 알려져 있다. 그러나 실제로는 탄자니아와 케냐 양국에 걸쳐 있는 약 3만 평방킬로미터(남한의 약 3분의 1 크기)가 넘는 거대한 땅이다. 세렝게티의 남쪽 75%는 탄자니아 국경 내에 있으며, 나머지 25%는 케냐(마사이마라)에 속해 있다. 동물들은 풀을 찾아 남북으로 이동하는데 2월 하순에는 탄자니아 세렝게티 쪽으로 이동해온 지 한참 됐다고 했다.

다시 차를 타고 평원으로 달려 나갔다. 아침 9시가 조금 지났는데도 임팔라 떼가 보이기 시작했고 뜻밖에도 재칼이 두 마리나 보였다. 평원의 중심부에 들어서니 큰 동물들이 보이기 시작했다. 바로 버팔로떼가 나타나 한가롭게 풀을 뜯고 있었다. 그때 미카엘이 쌍안경으로 버팔로 주변을 살피더니 사자가 보인다고 가르쳐줬다. 우리도 쌍안경으로 그곳을 주시하며 사자의 동태를 살펴봤다. 임팔라 형님뻘인 토피

'응고롱고로' 대평원에서 암컷사자 한 마리가 새끼들에게 젖을 물리고 있다.

떼도 더러 보였고, 검은 독수리가 큰 나무 꼭대기에서 휴식을 취하고 있기도 했다. 또 어느 곳을 가니 큰 물웅덩이에 하마 100여 마리가 우글우글 대고 있었다.

대자연 속의 동물들은 그저 평화롭게만 보였다. 내가 보고 있는 동안 강자가 약자를 잔인하게 잡아먹는 광경은 한 번도 보지를 못했다. 점심을 먹으려고 다시 로지에 들렸다가 이번에는 오전과 달리 평원 반대편으로 이동했다. 오후 사파리 게임을 마치고는 응고롱고로(Ngorongoro)에 있는 로지로 숙소도 옮길 예정이었다. 이쪽으로 나오니 초원의 초목들이 키가 컸다. 드문드문 기린과 개코원숭이가 보였고 영양과 다른 동물들도 많이 보였다.

미카엘은 차를 멈추고 또 쌍안경을 눈에 대고 뭔가를 살펴보았다. 그러더니 쌍안경을 건네주면서 보라고 했다. 바로 그토록 보고 싶던 표범이 저만치서 기어가고 있는 것이었다. 첫날 나무 위에 착 달라붙어 꼼짝도 않던 그 영물을 드디어 보고야 말았다. 운이 좋았다고나 할까.

풀의 키가 더 큰 지대를 갈라놓은 비포장도로를 한참을 달리다가 미카엘이 갑자기 차를 세웠다. 무슨 일이 있나. 길 한쪽 편에 암사자 한 마리가 웅크리고 앉아 있는 게 아닌가. 우리는 1미터 앞에 있는 이 맹수를 한편으로 겁을 집어 먹으면서도 넋을 빼고 관찰했다. 사자는 더위를 피해 풀섶 그늘 쪽으로 고개를 처박고 있었다. 어떻게 보면 병든 사자 같기도 했다. 불쌍했다. 공포가 연민으로 바뀌는 순간이었다.

황톳길을 다시 한 시간쯤 달리자 한 무리의 누 떼가 나타났다. 더 나아가자 누 떼는 좌우 여러 곳에서 보였다. 그들은 '동물의 왕국'에서처럼 무리를 지어 흙먼지를 일으키며 내달리기도 했다. 그중에는 얼룩말도 더러 섞여서 춤을 추기도 했다. 모두 합쳐서 수천 마리 아니 수만 마리가 풀을 뜯거나 군무를 연출했다. 정말 장관이었다. 아프리카에 온 것이 실감 났다. 누는 목에 수염처럼 아래쪽으로 갈기를 하고 있는 것이 특이했다. 얼룩말은 줄무늬 엉덩이에 살이 올라 예쁘기도 했다. 나도 모르게 카메라 셔터를 눌러댔고 동영상도 찍었다. 감동에 젖어 신바람이 저절로 났다.

사람이 속세에 짓눌려 사는 것이 얼마나 답답한 삶인지를 대자연을 보고서야 알 수 있을 것 같았다. 스트레스가 빠져 달아나는 것이 눈에 보이는 것 같기도 했다. 사파리 차가 오른쪽 길로 꺾어서 얼마를 가니 소나무 같은 나무가 우거진 작은 바위산이 나타났다. 이미 많은 차들이 와서 구경하고 있었다. 사자 7마리 정도가 나무 숲속에 웅크리고 앉아 있는 게 아닌가. 어떤 놈은 길게 누워 있기도 했다.

그곳은 가히 관광 명소였다. 안내를 듣고 보니 사자보호구역이라고 했다. 어떤 사자 목에는 인식표가 붙어 있었다. 처음에는 먹이를 주

인류의 요람으로 불리는 '올두바이'협곡. 철분이 많아 붉게 보인다.

고 보호 사육을 하는 게 아닌가 하고 의심도 했다. 그러나 그게 아니었다. 사자의 이동 경로를 알기 위해 인식표를 달아놓았을 뿐 먹이는 일체 주지 않는다고 했다.

일단 사파리 투어를 마치고 우리 일행은 인간이 지구상에서 가장 먼저 살았다고 알려진 인류의 요람인 올두바이(Olduvai) 협곡으로 내달렸다. 차량이 비포장도로에 너무 시달렸는지 유적지 입구 바로 앞에서 그만 펑크가 나고 말았다. 수리하는 사이 다른 팀의 차를 타고 올두바이 협곡으로 들어갔다.

철분이 많아서인지 붉게 물든 협곡은 마치 그랜드캐니언의 축소판 같았다. 구석기시대 전반기인 '호모 하빌라스' 시대에 이곳에서 살았던 인류의 시조는 아프리카 북쪽으로 이동했다고 한다. 그 뒤 유럽 쪽으로 향한 인류는 네안데르탈인이 되었고, 동쪽으로 이동한 인류는 아시아인의 조상이 됐다고 한다. 까마득한 태고의 일들을 한동안 생각해 보니 인류의 발전사가 파노라마처럼 스쳐 지나간다. 인간은 정녕 어떤 동물일까.

다음 행선지는 그 유명한 마사이 부족의 마을이었다. 한 30분을 달려가니 울긋불긋한 옷을 입은 마사이족 남녀 50여 명이 기다리고 있었다. 그들은 껑충껑충 뛰는 환영의식을 마친 뒤 우리를 마을 안으로 안내했다.

먼저 유치원으로 갔다. 20여 명의 어린이들이 우리를 반겼다. 젊은 선생도 있었는데 칠판에 뭔가가 쓰여 있는 것이 수업 중인 것 같았다. 작은 교실 한복판에는 성금함도 놓여 있었다. 기부금을 기대하는 듯했다. 우리 일행은 이미 한꺼번에 성금을 냈는데도 또 내는 이도 몇몇 있었다.

이어 우리 부부는 한 청년을 따라 어느 집으로 안내됐다. 부엌과 침상만 보일 뿐 숟가락과 가재도구는 전혀 보이지 않았다. 아마 관광 상품용으로 이 마을을 운영하고 있는 것 같기도 했다. 마사이족의 집은 독립 움막집으로 나뭇가지와 갈대 등으로 얽어 만든 것이었다. 비는 새지 않는다고 했고 추위는 양가죽으로 막는다고 했다. 청년의 친절한 안내가 고마워서 집 밖에 걸어놓은 기린 조각상을 15달러를 주고 샀다.

그들과 작별하고 숙소인 응고롱고로 세레나 로지로 향했다. 산길을 1시간가량 올라가는데 기린 떼가 왜 그리도 많은지 놀라울 뿐이었다. 또 버팔로 떼도 보였다.

산중턱쯤에 올라가니 진짜 마사이족의 집들이 보였다. 해발 1,700미터 고지는 될 듯싶었다. 숲이 간간이 이어져 동네가 한눈에 훤히 보

마사이족 여인네들이 전통복장을 하고 관광객을 환영하고 있다. 가운데 모자를 쓴 이가 필자.

였다. 관광촌과는 달리 여유와 운치가 있어 보였다. 해가 거의 떨어질 무렵 우리는 응고롱고로 산 정상에 가까운 로지에 도착했다.

저녁을 먹기 위해 식당에 가니 세계 각국에서 온 관광객이 법석대고 있었다. 유럽에서 온 듯이 보이는 쌍지팡이를 짚은 할머니와 키가 작은 일본인 할머니가 특히 인상적이었다. 아프리카를 관광하는 데 나이나 건강은 아랑곳없는 것 같았다. 이번 로지는 이전과 달리 방이 연달아 붙어 있는 형태였다. 피곤한 탓인지 이내 꿈나라로 빠져들고 말았다.

사파리 셋째 날
2월 27일, 응고롱고로의 아침은 장엄했다. 6시 반에 조반을 먹는데 식당 창 너머로 보이는 분화구의 웅장한 모습은 붉은 여명 속에서 거대하게 불타고 있었다.

응고롱고로 분화구는 화산 활동으로 생겨났다. 화구의 턱 표고 2,300~2,400미터, 바닥 표고 1,800미터, 깊이 600미터인 세계 최대 규모다. 지름은 26킬로미터, 면적은 264평방킬로미터로 여의도 크기의 10배에 달한다. 이곳은 마사이족의 땅이며 유럽인으로 처음 이곳에 들어온 사람은 1892년 독일인 바우만(Oscar Baumann) 박사였다.

다시 차를 타고 분화구 쪽으로 내려가는데 키 큰 선인장이랑 이름 모를 아름다운 꽃들과 새들의 합창이 환상적이었다. 또다시 혹멧돼지가 보였고 톰슨가젤도 나타났다. 여러 마리의 누가 보였고 얼룩말도 보이기 시작했다.

조금 더 가니 세 마리의 얼룩말이 죽은 얼룩말 곁에 서서 애도하고 있는 모습이 보였다. 맹수의 공격을 받고 죽었는지는 확실치 않았다. 그러나 인간 못지않은 얼룩말들의 가족애를 지켜보고는 감탄하지 않을 수 없었다. 그런데 바로 그 옆에서는 누 두 마리가 아침부터 뿔을 맞대고 싸움판을 벌이고 있었다. 한쪽은 애도, 다른 한쪽은 전투. 인간 세상과 다를 것이 없었다.

한참을 내려가서 거대한 분화구를 살펴보니 홍학(플라밍고) 수천 마리가 호수 위에 떠 있는 게 아닌가. 그 옆으로 거대한 코끼리 한 마리가 우리 쪽으로 달려오고 있었다. 가까이서 보니 옛날 창경원 동물원의 코끼리는 명함도 내밀 수 없을 정도로 참으로 덩치가 컸다.

이때 쌍안경을 보고 있던 미카엘이 코뿔소가 있다고 소리쳤다. 나도 그쪽으로 자세히 살펴보니 코뿔소 두 마리가 서 있는 것이었다. 300미터쯤 떨어진 곳에 사이좋게 서 있었는데 내가 아프리카에서 본 유일

'응고롱고로' 대평원의 얼룩말과 누 떼들. 숨진 누 한 마리를 안타깝게 쳐다보고 있다.

한 코뿔소였다. 지금 코뿔소는 인간의 남획으로 멸종 위기에 처해 있다고 한다. 우리가 어렵사리 본 것은 참으로 행운이었다고나 할까. 우리 일행은 3일간에 걸쳐 사자, 코끼리, 표범, 버팔로, 코뿔소 등 소위 빅 파이브(Big Five)를 모두 볼 수 있었다. 운이 참으로 좋고도 좋았다.

대분화구의 호수 쪽에 사파리 차량이 잔뜩 모여 있었다. 가까이 가서 보니 암컷 사자가 새끼에게 젖을 물리고 있었다. 수컷 사자는 저만치 떨어져서 망을 보고 있었다. 이 신기한 장면에 넋을 빼앗기지 않을 사람이 있겠는가. 사파리 관광객들은 떠날 줄을 모르고 감탄을 연발했다.

그 옆으로 치타 한 마리가 저 먼발치에서 뛰어갔다. 또 그 뒤편으로는 초원의 청소부 하이에나가 어슬렁거리고 있었다. 이제 보고 싶은 동물은 거의 다 본 듯했다. 현지 가이드인 미카엘은 민첩하고 성실했다. 대분화구를 빠져나오다가 우리를 차들이 많은 곳으로 안내했다. 조금 기다렸다가 잽싸게 빈자리를 차고 들어갔다.

사자들이 사파리 차량 그늘 밑에서 쉬고 있었다. 이상하리만큼 온순해 보였다. 8마리가 두 대의 차량 그늘에서 햇볕을 피하고 있었다. 저 멀리 있던 수컷 사자도 어슬렁거리면서 걸어와 휴식에 합류했다. 우리는 고개를 내밀어가며 이 신기하고 재미있는 장면에 한동안 빠져들었다.

그런데 이상한 일이 벌어졌다. 우리 차가 빠져나온 뒤 다음 차가 우리 자리에 들어갔는데 나중에 나오다가 차바퀴가 그만 사자의 꼬리를 밟았다고 한다. 그랬더니 웬걸 그 사파리 차가 펑크 나고 말았다는 것이다. 놀라고 화가 난 사자가 그 날카로운 발톱으로 차바퀴를 찍었다는 것이다. 우리 팀의 뒤차를 탄 일행의 전언이었다.

응고롱고로 대분화구는 야생동물의 천국이요 집합소이자 동물들의 유엔 총회장 같았다. 없는 동물이 없었다. 살아 있는 동물의 대박물관이었다. 분화구 관광을 마치고 아루샤로 가기 위해 반대편 산등성이로 차를 몰았다. 한 무리의 버팔로 떼를 뒤로하고 능선 위를 달리기 시작했다. 가도 가도 끝없이 보이는 분화구 분지는 넓고도 넓었다. 한 시간쯤 달리자 응고롱고로 국립공원 관리사무실이 보였다.

출입 신고를 마치고 흙먼지가 풀썩거리고 덜컹대는 비포장도로를 세 시간 정도를 달려서 어느 작은 호텔에서 늦은 점심을 들었다. 다시 세 시간 반을 흙먼지를 마셔가며 본격적으로 고생한 끝에 오후 6시 30분경에 아루샤에 있는 '레이크 두루티 세레나' 호텔에 도착할 수 있었다.

3일 동안 우리를 안내해준 미카엘과 헤어질 시간이 왔다. 온갖 고생을 한 그가 그토록 고마울 수가 없었다. 그의 차를 탄 우리 일행 6명은 돈을 조금 거두어 감사의 뜻을 전했다. 그가 진심으로 고마워하는 것을 보니 흐뭇했다. 미카엘은 영어에 능통했는데 모두 알아듣지 못한 것은 나의 실력 문제였다. 그날 저녁은 사파리 여행을 끝냈다는 기분에 식사도 많이 하고 맥주도 많이 마셨다. 그리고 곯아떨어져 그대로 잤다.

다시 케냐로

이튿날인 2월 28일, 탄자니아의 문화유산인 조각품박물관을 관람하고 커피농장도 둘러봤다. 조각품도 훌륭했지만, 커피 맛은 좀 부드러워 내 기호에는 맞지 않았다. 다시 왔던 길을 4시간 동안 차를 타고 케냐의 나이로비로 돌아왔다. 귀환 길은 포장도로라서 고생이 적었다. 나이로비에 오니까 몸바사 항구에서 오는 물동량이 많아서 교통 체증이 심했다. 숙소 도착 시간이 1시간가량 지체됐다.

그런데 여기서 건강상의 문제가 생겼다. 소화가 안 되고 체한 것 같기도 했다. 때론 구역질도 났다. 은근히 걱정됐다. 배탈인가 아니면 말라리아에 걸린 걸까. 온갖 생각이 다 났다. 그래서 말라리아 예방약인 말라론 복용을 중단했다. 저녁에는 숙소인 사파리파크호텔(한국계 파라다이스그룹 자회사)에서 공연하는 사파리 캣츠 쇼를 보면서도 연신 배가 아팠다. 식사도 거의 못할 지경이었다.

케이프타운으로

3월 1일, 삼일절 아침이었다. 아침 식사를 흰죽으로 때우고 나이로비 시내 관광에 나섰다. 전망대에 올라 시내를 바라보니 큰 건물 꼭대기에 'SAMSUNG'이라는 광고 간판이 크게 보였다. 얼마나 반가운지 몰랐다. 곳곳에 'LG' 간판도 보여 기쁨이 두 배였다. 우리 기업들이 이

멀고 먼 아프리카에서도 열심히 뛰고 있으니 마음이 든든했다.

이어 『아웃 오브 아프리카』의 저자인 카렌 블릭센(Karen Blixen)이 살았던 집에 들렀다. 그 집은 그녀의 기념관으로 잘 보존되고 있었다. 덴마크의 부잣집 딸이 바람둥이 스웨덴 남작과 결혼하여 나이로비에 온 뒤 파란만장의 삶을 산 그녀의 일대기를 알고 나니 동정심이 일었다. 그 비극적인 고통이 그녀를 거물 작가로 성장하게 한 자산이 됐는지도 모르겠다. 그녀의 두 번째 애인인 조종사와의 사랑 이야기와 파산 스토리는 아름답고도 애절했다.

카렌 기념관 방문을 마친 뒤 한국인이 하는 일식당에서 점심을 먹었다. 일본 사람이 식당을 하다가 장사가 잘 안 돼 우리나라 사람에게 넘겼다고 한다. 이곳에서의 식당 사업 솜씨는 한국 사람이 더 좋은 듯했다.

나이로비에서 남아공 비행기를 타고 요하네스버그에 도착한 것은 네 시간 만인 그날 밤 9시였다. 두 시간을 기다려 케이프타운행 비행기를 탔다. 아프리카에서 가장 발전한 도시라고 하는 그곳 호텔에는 자정을 넘겨 도착했다. 어두운 밤인데도 깨끗하고 잘 정돈된 도시 같았다.

케이프타운 첫째 날

3월 2일, 일요일 아침이 찾아왔다. 배탈은 계속됐고 기운이 떨어졌다.

케이프타운의 최대 명물은 뭐니 뭐니 해도 역시 '테이블마운틴'이었다. 편편한 테이블 같은 뒷산이 보기에도 늠름하고 장대했다. 그런데 문제가 생겼다. 날씨가 흐리고 바람이 불어 케이블카 운행이 중단됐다는 것이다. 그래서 스케줄을 바꿔 볼더스 비치에 있는 펭귄 서식지로 먼저 갔다. 그곳에서 사는 '자카스 펭귄'은 몸이 작고 신장은 70센티미터 내외밖에 되지 않았다. 아장아장 걸어가는 펭귄의 모습이 귀

남아공의 '희망봉'. 뒤편으로 '바스쿠 다가마'가 정박을 하고 휴식을 취한 비치가 보인다.

여웠다.

다음 행선지는 꿈의 관광지인 아프리카 최남단에 있는 '케이프 포인트'와 희망봉이었다. '후니쿨라'를 탄 지 얼마 안 돼 케이프 포인트 정상에 올랐다. 등대 전망대에 오르니 시야가 사방으로 탁 트였다. 왼쪽으로는 인도양, 오른쪽으로는 대서양이 서로 맞붙어 있었다. 수온이 더 높은 인도양 물빛이 다소 누렇게 보였다. 저 아래 희망봉이 나지막하게 보였다.

1488년 포르투갈의 바르톨로메우 디아스가 발견한 희망봉 왼쪽 뒤편으로 아름다운 해변이 보였다. 1497년 바스쿠 다 가마가 디아스와 함께 희망봉을 다시 찾아와 이 해변 앞바다에 닻을 내리고 휴식을 취했다고 한다. 그 뒤 그는 이곳을 통과하여 인도로 가는 항로를 개척했다.

지금보다 500여 년 전의 일이지만 임진왜란(1592년)보다 거의 100년이나 앞서니 금석지감이 교차하지 않을 수 없었다. 우리는 그때 그렇게 세상 물정에 어두웠지만 지금은 10대 경제대국으로 성장했으니 장한 일이 아니고 무엇인가. 그러나 세상일은 누구도 알 수 없는 것이 아닐까. 앞으로 또 500년 뒤에 포르투갈이 우리보다 훨씬 잘사는 부국이 될지 누가 알겠는가. 한 나라의 흥망성쇠는 사람의 운명처럼 돌고 도는 것이니까.

케이프 포인트 구경을 마치고 희망봉으로 내려갔다. 'Cape of Good Hope' 팻말 앞으로 다가가자마자 소나기가 강풍과 함께 몰아치는데 우산이 꺾일 정도였다. 하는 수 없이 희망봉 등반을 포기할 수밖에 없었다. 아쉽고도 섭섭했다.

케이프타운으로 돌아가려고 버스를 타고 한참을 달리니 비가 그쳤다. 들판을 바라보자 멧돼지와 개코원숭이가 우리를 위로해주듯 재롱을 떨며 놀고 있었다. 시내에 들어서자 역시 날씨가 흐려 테이블마운틴 산행은 불가능했다.

우리는 또 다른 관광 명소인 '워터프런트'에 가기로 했다. 쇼핑몰도 번화했고 상품도 즐비했다. 남아공 와인이 좋다고 해서 카페에 앉아 대중주 와인인 '피노타지' 한 잔을 시음했다. 와인 중급생인 내 입에도 맛이 좋게 느껴졌다. 한 잔을 하고 나니 배탈도 좀 멎는 것 같았다. '웨스틴 아라벨라 콰이즈' 호텔에 돌아와 이내 잠자리에 들었다.

케이프타운 둘째 날

다음 날(3월 3일) 아침은 조금 여유가 있었다. 오전 9시에 버스를 탔다. 도전 목표는 역시 테이블마운틴인데 또 강풍이 불어 케이블카 운행이 안 된단다. 순서를 바꾸어 '홋베이(Houtbay)'에 있는 물개섬에 가기로 했다. 그동안 우리 가이드는 연신 마운틴에 연락하여 케이블카 운행 여부를 체크했다.

케이프타운의 가이드는 안내 설명을 요령 있게 잘하는 사람이었다. 용모도 반듯했는데 전직 고교 교사였다고 한다. 무역업을 하고 싶어 그곳에 왔단다. 홋베이는 유색인과 흑인의 빨간색 주택이 들어서 있는 산비탈 앞에 자리 잡고 있었다.

그곳 부두에서 발동선을 타고 15분쯤을 가니까 작은 바위섬이 나타났다. 이 섬에 물개 수백 마리가 살고 있었다. 물속에 들어갔다가 바위섬에 올랐다가를 반복하는 광경은 볼 만했다. 항구로 돌아오는 배 위에서 보니 마이클 잭슨이 한때 부동산 투자를 했다는 짙은 고동색 성곽 건물이 산자락에 을씨년스럽게 서 있었다.

돌아오는 길에 캠프베이에도 들렸다. 대서양 연안의 꽤 높은 테이블 마운틴 연봉 뒤쪽 바로 아래에 자리 잡은 그곳은 케이프타운에서도 가장 부유한 타운으로 경치가 절경이었다. 할리우드 스타들이 집을 사놓을 정도로 깨끗하고 아름다운 마을이었다.

그곳에서 시간을 벌면서 케이블카 회사에 연락을 취해 봐도 운행은 어렵다고 했다. 테이블마운틴에 올라가기가 이렇게도 어려운 것인가 하고 안타까워해도 소용이 없었다. 강풍이 문제였다. 그래도 바람이 잦아들어 운행할지도 모르니 산중턱에 있는 케이블카 역까지 가서 기다려보자는 의견이 많아 가보기로 했다.

산중턱 전망대에서 보니 케이프타운이 한눈에 들어왔다. 아! 도시가 이렇게 아름다울 수가 있을까. 청아하고 정숙한 맛을 풍기는 그곳은 시드니와 같은 느낌이 들었다. 수에즈 운하가 없었을 때에는 케이프타운은 물동량이 많아 흥청대기도 했었단다. 그러다가 얼마 전까지 한동안 한가한 항구로 전락하기도 했었다. 그러나 최근에는 소말리아 해적들의 난동 때문에 물동량은 다소 늘어나는 추세에 있다고 한다.

한 시간을 기다려도 케이블카는 요지부동이었다. 마지막 운행 시간인 오후 4시가 넘어가자 이젠 포기할 수밖에 없었다. 그래서 테이블마운틴에서 가까운 곳에 있는 '사자꼬리'산 쪽으로 내려갔다. 관광객이 몰려들어 법석을 피우고 있었다. 그곳에서 테이블마운틴을 배경으로 사진 찍기가 좋았기 때문이었다.

남쪽 바다 저 멀리에는 넬슨 만델라 대통령이 과거에 27년간 복역한 로벤 아일랜드 감옥이 있는 에스퀴티니 섬이 눈 아래로 보였다. 인종차별 철폐 운동을 비폭력적으로 벌였는데도 그 길고 긴 세월을 그 작은 섬에서 보냈으니 백인은 그 무엇으로 반성을 해야 할 까. '아파르트헤이트(인종차별) 정책' 때문에 만델라 사후에도 남아공은 아직도 그 후유증에서 벗어나지 못하고 있었다.

흑백간의 갈등은 언제쯤 해소될까. 그 과정에서 겪는 보복과 역차별은 소모와 낭비밖에 더 가져오겠는가. 그것이 곧 국가와 사회 발전의 저해로 이어지지 않을지 걱정이 됐다. 우리나라도 일본·중국과 과거의 원한 관계를 어떻게 조정해나가느냐에 따라 나라의 가는 길이 달라지지 않겠는가.

테이블마운틴의 섭섭함을 삭히면서 우리는 어제에 이어 워터프런트로 다시 나가 시간을 활용하기로 했다. 나는 어제처럼 카페에 앉아 '피노타지' 한 잔을 또 시켜 마셨다. 전날처럼 맛이 적절하면서도 좋았다. 와인 맛에 빠지다보니 테이블마운틴과의 불운을 어느 정도 잊을 수 있었다. 어떤 사람들은 쇼핑 재미에 빠져 바쁘기만 했다. 저녁을 들고 나서 좀 쉬었다가 곧바로 호텔로 이동했다.

빅토리아 폭포

3월 4일, 이날 여행은 케이프타운을 떠나 요하네스버그를 거쳐 잠비아의 리빙스턴까지 가야 하는 강행군 코스였다. 그래서 새벽 3시 반에 일어나야 했다. 졸린 눈을 비비면서 도시락을 한 개씩 받아들고 공항으로 내달았다. '조벅'(요하네스버그의 속칭) 공항에서 잠시 기다렸다가 비행기를 타고 낮 12시 반쯤 잠비아 리빙스턴 공항에 도착했다.

비자 수수료는 무려 80달러나 됐다. 아프리카 국가 중 가장 비쌌다. 그러나 낙후된 국가 기반 시설 등을 볼 때 그렇게 받을 수도 있겠다고 생각했다. 공항을 나서자마자 얼마 가지 않아 다시 짐바브웨에 입국했다. 비자 수수료는 또 50달러.

잠비아와의 국경에 다리가 하나 놓여 있는데 그곳을 지나면서 보니까 오른쪽으로 물안개가 피어올랐다. 그곳이 바로 빅토리아 폭포라고 했다. 30분 정도 걸려 짐바브웨의 '엘리펀트 힐즈 인터컨티넨탈' 호텔에 여장을 풀었다.

수면 부족으로 지친 다리를 이끌고 점심을 뷔페식으로 먹은 다음 빅토리아 폭포 구경에 나섰다. 짐바브웨 쪽에서 보면 폭포 건너편에서 보기 때문에 더 잘 보인다고 했다. 관광객 환영탑 앞에서 기념 촬영을 했다. 빅토리아 폭포는 영국의 탐험가 데이비드 리빙스턴이 발견하고 빅토리아 영국 여왕의 이름을 따서 명명했는데 현지에서는 '모시 오아 툰야(Mosi-Oa-Tunya)'라고 부른다. 이 말의 뜻은 '천둥 치는 물안개'라고 한다.

모시 오아 툰야 폭포 국립공원 안으로 들어가자 밀림이 우거졌다. 리빙스턴 동상을 지나니 폭포의 웅장한 모습이 보이기 시작했다. 거대한 물기둥이 천 길 낭떠러지 아래로 떨어지는 광경은 빅토리아 폭포의 명성에 걸맞았다. 폭포를 구경하는 코스는 모두 13개. 한 바퀴 도

웅장한 빅토리아 폭포 앞에 선 필자. 비가 온 뒤라 흙탕물로 물이 붉게 보인다.

는데 한 시간이 조금 더 걸렸다. 가장 가깝게 볼 수 있는 곳은 11번 코스. 우의를 입고 물안개를 맞아야 하는데 바위에 이끼가 많이 끼어 있어 위험하기 짝이 없었다.

폭포의 원천 상류는 잠베지 강인데 폭포의 너비(폭)는 1.7킬로미터, 높이(협곡의 깊이)는 180미터에 달한다. 강의 폭도 잠비아와 짐바브웨가 4대1의 비율로 나누어 갖고 있어 두 나라는 천혜의 관광자원을 공유하고 있다. 그 덕분에 두 나라의 관광 수입이 짭짤하다고 한다.

빅토리아 폭포는 세계 3대 폭포의 하나인데, 우리가 방문한 시기가 우기 끝자락에다 마침 비가 많이 와서 물 떨어지는 소리와 수량은 연중 최고 수준이라고 했다. 남미의 이구아수 폭포, 북미의 나이아가라 폭포도 가봤지만 보는 시기와 위치 그리고 수량에 따라 큰 차이가 나기 때문에 정확하게 비교·평가하기는 쉽지가 않다. 아무튼 빅토리아 폭포의 장관은 그 매력과 묘미에서 두 번째 가라고 하면 서러워할 것이다.

폭포 관광을 마치고 목각과 돌조각 제품 상점으로 갔다. 손재주가 좋다는 소문처럼 갖가지 물건이 많았다. 값도 싸서 20달러를 넘는 것은 보기 드물었다. 우리 일행 중 일부는 호가의 반값에 샀다고 좋아하기도 했다.

다음 날(3월 5일)은 인접국인 보츠와나로 가서 초베 강 국립공원에서 보트를 타고 사파리를 하는 일정이었다. 약 1시간쯤 걸려 보츠와나 출입국 관리사무실에 도착했다. '이지마' 짐바브웨 가이드가 보츠와나까지 동행했다. 그는 흑인이었지만 인상도 좋고 성격도 밝을 뿐만 아니라 우리에 대한 서비스에도 빈틈이 없었다.

보츠와나는 비자 수수료가 무료였다. GDP가 높아 일인당 국민소득이 1만 달러나 되어 다른 나라에 비해 조금 잘살기 때문이라고 했다. 이 나라는 최근 유엔에서 북한에 대한 인권 탄압 중지 결의안이 통과된 뒤 북한과 단교를 선언하여 우리를 기쁘게 해주었다.

보츠와나의 이언 카마 대통령은 독립운동을 한 초대 대통령의 아들로 영국에 유학한 지식인 출신이다. 보츠와나를 남아공과 함께 아프리카에서 민주주의가 가장 발달한 나라로 리드하고 있다고 했다. 그래서 많은 사람이 보츠와나에 대해 호감을 가지고 있는 것이 당연하다는 생각이 들었다.

20인승 보트에 나눠 타고 초베 강을 한 바퀴 돌면서 하마와 악어, 가마우지 및 물총새 등의 야생동물이 살아가는 현장을 두루 살펴보았다. 강 건너편에는 또 다른 국가인 나미비아 땅이 보였다. 두 나라 사이에 있는 조그만 섬 하나를 둘러싸고 영토 분쟁이 일어나 시끄럽다고 했다.

강변의 식당에서 점심을 먹었다. 그곳 맥주 맛이 그렇게 좋을 수가 없었다. 브라질 맥주 품평회에서 4년 연속 그랑프리를 수상했다고 했다. 나는 우리를 위해 수고해주고 있는 가이드 이지마에게 맥주 한 잔을 권했는데 그는 사양했다. 기독교 신자이기 때문에 마시지 않는다고 했다. 역시 그는 책임감이 강한 성실한 사람이었다.

점심 식사를 마친 뒤 우리는 다시 자동차로 잠베지 강 상류로 이동했다. 이번에는 노을이 지는 아름다운 강 상류에서 선상 크루즈를 한다는 것이었다. 황혼이 지는 노을을 바라보며 주변 경관을 음미하는 맛이 괜찮았다. 여기서 1킬로미터만 더 내려가면 바로 빅토리아 폭포라고 했다.

이날 저녁은 아프리카 전통의 '보마식'이었다. 악어, 영양, 타조 등 야생고기 바비큐가 나왔다. 그러나 나는 구운 야생 멧돼지고기가 좋았다. 현지 부족들이 나와 춤 공연도 해주어 여독을 푸는 데 도움이 됐다.

이튿날(3월 6일)은 일정에 여유가 좀 생겼다. 헬기를 타고 빅토리아 폭포 상공을 한 바퀴 돌아보는 일정이 있었는데 선택 관광이었다. 나는 타고 싶지 않았다. 15분 동안의 비행인데 왠지 미덥지가 않았다. 자칫 사고라도 나는 날이면 하고 생각하니 타지 않는 게 옳을 듯했다. 그러나 일행 중 절반인 8명이 타겠다고 했다. 그래서 가지 않는 사람들은 여유가 생겨 아침밥도 천천히 먹을 수 있었다.

오늘의 첫 일정은 잠비아로 가서 폭포를 더 가까이에서 보는 것이었다. 헬기를 탔던 일행이 무사하게 돌아와 잠비아로 함께 떠날 수 있었다. 그쪽 국립공원 입구를 통해 입장하니 리빙스턴 동상이 짐바브웨처럼 또 서 있었다.

폭포 낙하지점 가까이서부터 시작되는 관광은 모두 8개 코스로 나뉘져 있었다. 첫 코스의 잠베지 강물은 여느 강물과 별 차이가 없어 보였다. 완만하게 흐르는 듯이 보이더니 곧이어 요란한 굉음을 내면서 물안개와 물보라를 만들어내는 게 아닌가. 제3코스에 오니 물보라로 무지개 꽃이 피었고 조금 있더니 쌍무지개가 나타났다. 그 오른쪽으로 보이는 폭포는 불과 100미터 정도로 손이 닿을 듯했다. 짐바브웨 쪽에서 볼 때에는 가장 가까운 곳이 약 300미터 정도였는데 그곳보다 훨씬 가깝게 볼 수 있었다.

그러나 제4코스의 작은 다리를 건널 때에는 우의로 완전무장을 했는데도 물벼락을 피할 수 없었다. 몸 전체가 물에 흠뻑 젖었는데도 어린아이처럼 감동에 취해 연신 감탄사를 쏟아냈다. 엄청난 폭포의 장관 앞에 그만 넋을 잃고 만 것이었다.

대자연의 힘은 위대했고 인간의 존재는 왜소하기만 했다. 물벼락은 5·6코스까지 계속됐다. 사파리 구경도 좋았지만 폭포 관광은 초자연력을 동반하고 있어 또 다른 묘미를 맛보게 해줬다. 바로 감동이었다. 지금도 빅토리아 폭포의 그 거대하고 웅장한 모습이 눈에 선하며 그 정기를 듬뿍 받은 것 같은 느낌마저도 든다.

다시 '조벽'으로 가기 위해 리빙스턴 공항으로 갔다. 우리 일행은 폭포에서 젖은 옷을 공항 화장실에서 갈아입느라고 부산을 떨었다. 나는 견딜 만해 갈아입지 않았다. 오후 1시 5분에 떠날 비행기가 1시간 반이나 연발했다. 그러나 누구 하나 항의하는 사람이 없다. 아프리카에서는 흔한 일이어서 으레 그러려니 한다는 것이었다.

잠비아·짐바브웨·보츠와나, 이 세 나라의 기후는 얼핏 보기에는 비슷했지만 잠비아는 열대에, 나머지 두 나라는 아열대에 속한다. 온도는 3월 초순 탓인지 섭씨 12~26도로 활동하는 데 쾌적했다.

남아공의 오늘

'조벅'에 도착하여 버스로 40여 분을 달려 남아공의 행정수도 프레토리아에 도착했다. 시내 구경에 이어 대통령 집무실이 있는 유니언 빌딩으로 갔다. 웅장한 건물과 큰 정원이 잘 가꾸어져 있었다. 그 정원에서 만델라 대통령의 큰 동상이 두 팔을 벌리고 우리를 반겨주었다.

저녁을 먹고 공항 인근에 있는 숙소로 가는데 현지의 우리나라 가이드가 두 가지 사실을 알려줬다. 한 가지는 남아공의 전력 사정이 나빠 밤에 두 시간 정도는 정전된다는 것이었다. 이 나라는 수력발전소와 원전이 없어 전력난이 극심하다고 했다. 또 한 가지는 인력이 남아도는데도 집집마다 우편물 배달을 하지 않는다는 것이었다. 동네 한 곳에 마련된 사서함에 우편물을 갖다놓으면 주민들이 직접 찾아 간다는 것이었다.

조벅이나 프레토리아에서 보고 느낀 것은 길거리에서 백인을 찾아볼 수가 없다는 것이었다. 치안이 불안해서 혼자서는 다니지 않는 것이 일상화되어 있다고 했다. 인종차별 정책이 가져온 보복적인 현상이었다. 이 얼마나 한심하고 안타까운 일이란 말인가.

이제 우리 일행의 중요한 관광 일정은 거의 끝나가고 있었다. 호텔 방에 누워 잠을 청하면서 아프리카가 당면한 문제를 개괄적으로 생각해봤다. 첫째, 장기간에 걸친 백인의 식민 지배로 경제가 피폐하여 사회 기반 시설이 매우 부족하다. 둘째, 주력 산업이 목축업과 농업에 머물고 있어 경제 발전이 지지부진하다. 셋째, HIV(인체면역결핍바이러스)가 만연하여 평균 수명(30대 중반)이 짧아져 젊은 노동력이 현저하게 부족하다는 것 등이었다. 국가마다 차이는 있겠지만 최대공약수는 거의 비슷하게 보였다.

아프리카 사람들은 순박하고 성실하며 착하다는 인상을 받았다. 출입국 관리사무소의 공무원들, 호텔 종업원들, 상인들, 여행사 종업원들, 내가 만난 아프리카 사람들은 모두 좀 더 잘 살아보려고 애를 쓰고 있는 것처럼 보였다. 그들의 모습을 보고 종전에 흑인에 대해 가지고 있던 나의 선입견은 많이 달라졌다. 그들도 우리와 똑같이 생각하고 열심히 일하며 미래에 대한 꿈과 희망을 가지고 있었다. 다만 현재 그들이 가지고 있는 현실적인 환경과 조건이 너무나 열악하다는 것이 문제였다.

3월 7일, 이제 막바지 귀국 일정이 기다리고 있었다. 아침 10시 10분 '조벅'에서 비행기를 타고 4시간이 걸려 케냐의 나이로비 공항에 도착했다. 공항을 떠날 때 승객 대합실 벽면에는 그 유명한 아프리카 속담이 크게 쓰여 있었다. "빨리 가려면 혼자 가고, 멀리 가려면 함께 가라(If you want to go fast, go alone. If you want to go far, go together)."

비행기에 오르니 바로 내 옆 자리에는 젊은 케냐 청년이 앉아 있었다. 그는 호주 '퍼스'에서 대학을 마치고 퍼스시청에서 근무하는 전도유망한 M씨(32세)였다. 베트남 출신의 같은 시청 공무원과 결혼하여 어린 딸 하나를 두었다고 했다. 집도 두 채나 마련하는 등 가정생활에 재미를 붙여가고 있는 성실한 사람이었다. 그런데 그는 나이로비에 사는 모친의 부음을 듣고 황급히 달려가는 길이라고 했다. 지적이고 핸섬한 그 청년과 이야기를 나누다보니 금방 케냐에 도착할 수 있었다. 짧은 영어 회화 실력으로 떠듬거리며 이야기를 나눴지만 의사소통은 되는 것 같았다. 나이로비 공항에서 입국 수속을 밟는데 비자 수수료로 20달러(24시간 이내 체류할 경우)를 또 내라고 했다.

호텔에 짐을 풀고 저녁을 먹으려고 차를 타고 나이로비 시내 중심가로 달려갔다. 이번 여행에서 세 번째로 나이로비에 온 것이었다. 도심

지역의 매연 냄새가 얼마나 지독한지 참을 수가 없었다. KAL의 우리나라 직원 한 사람은 하루빨리 귀국해서 국내 근무를 했으면 좋겠다고 하소연했다. 요즘 나이로비에는 외국인 투자가 늘어나 소득이 조금 올라가자 차량 수가 대폭 증가했다고 한다. 그래서 심지어 30만 킬로미터 이상을 뛴 차가 많아 매연이 코를 찌를 정도로 대기 오염이 심각하다고 했다.

저녁을 먹은 식당은 '빅 마마'라고 하는 한국 식당이었다. 여걸같이 생긴 사장님은 마당까지 주택을 통째로 식당으로 개조해 큰 사업을 벌이고 있었다. 그녀는 긴 여정에 지친 우리를 위해 서비스를 진두지휘하는 등 정성을 쏟았다. 우리 일행은 마음 편하게 아프리카에서의 마지막 저녁을 들었다. 물론 맥주를 곁들인 해단식도 가졌다.

다음 날인 3월 8일 아침 10시 30분, 우리 일행은 나이로비 공항에서 KAL 비행기를 타고 귀국길에 올랐다. 12시간여의 비행 시간이 기다리고 있었다. 2주 동안에 걸친 대망의 아프리카 여행. 물론 수박 겉핥기식의 주차간산(走車看山) 패키지 여행에 지나지 않았다. 그러나 아프리카 대륙은 나에게 '경이와 감동' 그리고 '연민과 희망'이라는 메시지를 강하게 심어주었다.

3월 9일 새벽 4시 30분, 우리가 탄 비행기가 인천공항에 착륙할 때 기내 모니터에 비치는 활주로에는 춘설이 난분분했다.

붉은 광장의 아이러니한 교훈

칠순이 넘도록 모스크바에 가보질 못했다. 지금까지 세상 구경을 많이 해본 셈이지만 러시아의 수도에는 갈 기회가 없었다. 몇 년 전 운좋게도 상트페테르부르크에는 들렀으나 바로 가까이에 있는 모스크바에는 가볼 수가 없었다. 그래서 늘 한 번은 가보고 싶은 생각이 간절했다. 퇴직하면 반드시 가보겠다고 벼르고 있었다. 70년 이상이나 공산사회주의를 실험한 종주국인 소련의 변화된 모습을 내 눈으로 직접 보고 싶었기 때문이었다.

그러던 차에 마침내 2014년 6월 20일, 소망의 꿈을 이루게 됐다. 미지의 도시 모스크바에도 가보고, 노르웨이의 피오르도 구경해보기로 했다. 평생 동안 내조해준 집사람과 함께 떠나기로 통 큰 결심을 했다. 여행 경비가 만만치 않기 때문이다.

러시아에 도착한 다음 날인 6월 21일 오후, 모스크바의 '붉은 광장'에 서게 된 나는 러시아가 보통 큰 나라가 아니구나 하고 마음속으로 놀라고 있었다. 섬뜩하기까지 했던 붉은 군대는 간데없고 광장에는 각국의 관광객들이 법석대고 있었다.

그날 오전에 패키지 관광 일행과 함께 크렘린 궁전 안쪽을 구경 한 바로 뒤였다. 사진 속에서만 보던 성바실리성당이며 대통령 집무실 그리고 역사박물관(구 모스크바국립대학교) 건물이 그럴싸하게 어우러져 있었다. 붉은 광장의 모습은 세계의 관광객을 끌어 모으기에 충분하고 도 남았다.

러시아 사람들은 붉은색을 유난히 좋아하기 때문에 광장 이름을 그 렇게 지었다고 했다. 넓고 넓은 광장 중앙 자리이자 크렘린 궁 바로 앞 에 공교롭게도 러시아 혁명가 레닌의 묘소가 자리 잡고 있었다.

레닌이 누구인가. 그는 무능하고 부패한 러시아 차르 제정을 무너뜨 린 세기의 혁명가다. 그의 야망을 무턱대고 비난할 생각은 추호도 없 다. 다만 그 방법론에 대해서는 할 말이 참으로 많다. 바로 허구에 찬

———
모스크바의 붉은 광장. 오른쪽 깃발 달린 건물이 크렘린 궁이다.
그 아래 건물 입구 지하에 레닌의 무덤이 있다.

공산주의 혁명 이론과 잔인무도하기 짝이 없는 피의 대학살 비극이 바로 그것이다.

레닌은 마르크스주의에 입각한 볼셰비키 혁명을 통해 "능력과 형편에 따라 일하고 필요에 따라 공평하게 분배받는 사회를 만들겠다"고 주장했다. 그러면서 농민·노동자계급을 선동했다. 그의 혁명은 마침내 가까스로 성공했다.

그러나 그의 공산주의 혁명 이론을 잘 파헤쳐보면 실현이 불가능한 유토피아적 공상 이론에 지나지 않는다는 것을 알 수 있다. 그 엉터리 이론으로 인해 오늘날까지 죽어야만 했던 인류의 숫자는 과연 얼마나 될까. 정확하지는 않지만 가히 수천만 명 이상에 달할 것으로 추정된다.

레닌은 1917년 혁명에 성공하여 소비에트연방의 초대 국가원수 겸 소련공산당 초대 당수가 된다. 그는 1924년 1월 21일 뇌졸중으로 사망한다. 그 뒤 스탈린, 마오쩌둥, 티토, 카스트로, 김일성, 체 게바라 등이 그의 혁명 이론을 전수받는다. 그들은 무자비한 폭력혁명으로 집권에 성공하여 불행하게도 장기 독재 체제의 포로가 되고 말았다.

그러나 유감스럽게도 레닌이 씨를 뿌리고 만들어놓은 소련은 1991년 12월 25일 극적으로 해체되어 역사의 뒤안길로 사라지고 말았다. 레닌의 공산주의 혁명 이론은 실제 실험에 들어간 지 74년 만에 그 허구성이 만천하에 드러나게 됐다. 공산주의는 경제력의 한계에 봉착하여 마침내 종말을 고하고 말았다. 일을 열심히 해도 안 해도 국가로부터 받는 월급(배급)이 똑같다는 이 간단한 모순 때문에 공산사회주의 경제는 더 이상 버틸 수가 없었던 것이다.

그렇지만 아직도 그 미몽에서 깨어나지 못하고 있는 북한과 쿠바를 비롯한 소수의 남미 국가들. 국민을 인질로 잡고 시대에 역행하는 사회주의 사회 건설 타령을 하고 있으니 이 어찌 어리석은 일이 아니고 무엇인가. 오죽하면 그 이념의 종주국인 러시아와 중국마저도 경제 시스템으로는 시장경제 체제를 채택하고 있는 이 시대에 말이다.

공산사회주의는 언젠가는 냉정하게 역사적인 재평가를 받아야만 할 대상이다. 200년 가까이 이어온 자본주의 시장경제 체제를 전 세계 대부분의 나라가 기본 경제 체제로 삼고 있는 것을 보면 우리는 이 체제의 우월성을 인정하지 않을 수가 없다.

말도 많고 탈도 많은 자본주의 시장경제 시스템. 그렇다고 이 체제를 비효율적이고 실현이 불가능한 공산사회주의 체제와 비교할 필요는 없다. 자본주의 시장경제 체제가 확실하게 비교우위에 서 있는 것으로 이미 역사적인 검증과 판정을 받았기 때문이다.

공산사회주의의 핵심 이론인 유물사관과 자본론은 객관적으로 볼 때 사리에 맞는 부분도 어느 정도는 있다. 그러나 사회 공동소유나 국가 관리·분배 시스템은 현대 사회에 맞지 않는 정적(靜的)이고 수동적인 가치에 불과하다.

이에 반해 자본주의 시장경제 체제는 사유제도를 인정하고 영리 추구도 가능하게 하고 있어 동적(動的)이고 능동적인 가치를 가지고 있다. 바로 '나의 것'과 '잘 살아보자'는 인간의 자연스런 욕망이 작동하는 시장경제 시스템이 인간 사회에서 승리하는 것은 당연한 것이 아닐까.

사실이 이렇다면 레닌의 공산주의는 그 시대에 국민을 선동하여 권력을 잡는 '집권 도구 이론'에 불과하다고밖에 평가하지 않을 수 없다. 그렇다고 자본주의 시장경제의 최대 약점인 '탐욕'을 합리적으로 조정하는 일을 게을리 해서는 안 될 것이다. 서민과 빈곤층을 위해 양질의 일자리와 사회안전망을 확충하는 생산적인 복지 정책을 지속적으로 펴나가야 할 것이다.

레닌 이야기가 길어졌지만 공교롭게도 붉은 광장의 레닌 묘소의 바로 맞은편에는 자본주의 시장경제의 꽃이라고 할 수 있는 러시아 국영백화점 '굼'이 자리 잡고 있었다. 세계의 명품을 한자리에 모아 화려하게 진열해놓은 이 백화점은 규모나 질적인 면에서 세계적 수준이었다.

레닌 묘소와 '굼' 국영백화점의 이상야릇한 운명적인 대칭, 오늘날 붉은 광장의 이 극적인 현장이 레닌의 공산사회주의 혁명 이론의 역사적 참패를 웅변으로 잘 말해주고 있었다. 레닌은 죽어서도 엄청난 수모를 당하고 있는 셈이었다. 참으로 아이러니한 역사적인 교훈이 아닐

레닌의 묘소 바로 맞은편에 자리 잡고 있는
'굼' 국영백화점(왼쪽 건물). 세계 각국의 명품을 진열하고 성업 중이다.

수 없다. 아울러 러시아 당국이 붉은 광장에 국영백화점을 허가해준 진의가 참으로 궁금하기도 했다.

나는 그때 묘소에 안치되어 있는 레닌을 향해 충고하지 않을 수 없었다. 그곳에 누워 있지만 말고 벌떡 일어나서 "내가 졌소. 내가 잘못했소. 인류와 역사 앞에 사죄합니다"라고 말하라고. 그는 혁명가로 집권에 성공해 성취감과 영광을 누렸을지는 모르겠다. 그러나 수천만 명 아니 그 이상에 달하는 무고한 인류는 인간의 본능을 무시하는 바로 그 '허상 이념' 때문에 떼죽음을 당하는 참극을 맞이해야만 했다. 역사는 이렇게도 비정하고 무책임하며 정의롭지 못하단 말인가.

자작나무의 나라 러시아, 그곳의 심장부 모스크바의 '붉은 광장'에 서서 나는 많은 생각을 하지 않을 수 없었다. 공산사회주의는 이제 죽어서 박물관에 갔노라고.